全国高职高专规划教材·艺术设计系列——动漫篇

# 三维动画创作全过程剖析

宋静远　主　编

北京大学出版社
PEKING UNIVERSITY PRESS

## 内 容 简 介

本书是高职高专动画专业系列教材之一。本书以理论与实践相结合为目标，在创新工作室的教学模式下，带领同学们创作三维动画系列短片——童年的记忆之《向阳花》。学习动画短片制作过程中的整合管理、艺术创意、技术革新以及教学理念等知识。其中结合童年的记忆《向阳花》的具体创作过程和工作室的管理理念，掌握建模、材质、骨骼、灯光三维技术的实际应用，以及参考此过程中的前、中、后期的一些不同的配合图例进行相应分析，为学生提供动画创作经验，同时有利于同学们互助学习、成长。

本书既是高职高专动画类等相关专业的教材，也可供从事相关专业的工作人员阅读和参考。

**图书在版编目(CIP)数据**

三维动画创作全过程剖析/宋静远主编. —北京：北京大学出版社，2011.2

（全国高职高专规划教材·艺术设计系列——动漫篇）

ISBN 978-7-301-18029-7

Ⅰ. ①三… Ⅱ. ①宋… Ⅲ. ①三维—动画—设计—高等学校：技术学校—教材 Ⅳ. ①TP391.41

中国版本图书馆CIP数据核字（2010）第215825号

**书　　名**：三维动画创作全过程剖析

**著作责任者**：宋静远　主编

**策 划 编 辑**：成　淼

**责 任 编 辑**：成　淼

**标 准 书 号**：ISBN 978-7-301-18029-7/J·0346

**出　版　者**：北京大学出版社

**地　　址**：北京市海淀区成府路205号　100871

**网　　址**：http://www.pup.cn

**电　　话**：邮购部 62752015　发行部 62750672　编辑部 62765126　出版部 62754962

**电 子 信 箱**：zyjy@pup.cn

**印　刷　者**：北京宏伟双华印刷有限公司

**发　行　者**：北京大学出版社

**经　销　者**：新华书店

889毫米×1194毫米　16开本　12.25印张　342千字

2011年2月第1版　2017年9月第3次印刷

**定　　价**：45.00元

---

# 编纂委员会名单

# 丛书总序

随着信息时代的到来，人们的生产生活方式及观念都发生了深刻的变化，市场竞争日趋全球化，企业也处在立体化的竞争状态，企业对艺术设计人才的需求也会更高，这为艺术设计教育带来了广阔的发展空间和严峻的考验。我国高校艺术设计专业随着经济社会发展的需要和文化事业需求的不断升温，高素质艺术设计人才的培养备受关注。

一个国家产业的发达，必然和它的人才培养体系密不可分。在教学体系中，优秀的教师不可或缺，而一套好的教材对于艺术设计教育也同样重要，它关系到培养出来的学生是否能成为业界有影响力的骨干和实干人才，因而直接关系到产业的发展。教材是实现教育目的的主要载体，是教学的基本依据，是学校课程最具体的形式。同时高质量的教材也是培养高质量优秀实战型专项人才的基本保证。

本套“全国高职高专规划教材·艺术设计系列”教材的编写，就是为了适应行业企业需求，提高艺术设计专业人才职业能力和职业素养而编写的。从选题到选材，从内容到体例，都制定了统一的规范和要求。为了完成这一宏伟而又艰巨的任务，由北京大学出版社、北京汇佳职业学院组织一批有志于这方面研究的设计专业教师和具有实践经验的一线设计师及专家，经过近年的教学实践和专题研究，编写了本套教材。合理的作者团队结构，使本套教材能够紧密结合教学实际，讲解知识深入浅出，注重理论与实践的结合，引导学生独立思考，激发学生的创造性和积极性，形成其特色鲜明的一面。

这套教材的特点在于：

**1．内容的职业性**

本套“全国高职高专规划教材·艺术设计系列”教材融入了足够的实训内容。编写的时候，编委会成员详细地分析了课程的能力目标：以同一职业领域的不同职业岗位为出发点；以培养学生的岗位动手操作应用能力为核心；以发现问题、提出问题、分析问题、解决问题为基本思路；以实际工作中的设计项目或案例为载体，设计足量的应用性强的实践内容；以就业为导向，强调能力本位的培养目标，是这套教材贯彻始终的基本思想。因此，各类高校和培训机构都可以根据自身的教育教学内容的需要选用这套教材。

**2．契合专业特点**

教材内容的选择充分地考虑了学生的需要、兴趣和能力，同时适当地运用了与专业特点相适应的现代教学方式。适合艺术设计学科的规律，有理论又有实践，理论与实践相结合。突出实践教学环节，从实际出发，强化职业技能培养。力求符合高职高专层次、突出高职高专特点、贴近高职高专学生实际、满足高职高专学生就业需求。

**3．注重实用性**

本套教材着重体现实用功能，强调实用技能和技术在学生未来工作中的实用效果，试图在理论知识与专业技能的结合点上重新组合，并力图达到完美的统一。根据教学目标、课程类型、课程进程（包括教学内容、教学方法、时间分配、作业习题、课题设计、基础训练、操作技巧）、作品分析以及教具等进行编写，具有鲜明的个性。

**4．新颖性**

在编写时考虑了本套教材的表现形式问题：从文字角度来说，力求通俗易懂，新颖活泼；从版面编排角度来说，力求图文搭配，版式灵活。为的是能够激发学生的学习兴趣，有助于消化教学内容。

本套教材，各书既可以独立成册，又相互关联，具有很强的专业性。它既是艺术设计专业教学的强有力的工具，也是引导艺术设计专业的学习者走向艺术设计成功之路的良师益友，更是北京汇佳职业学院教学与科研成果的集中展示。我们欣慰和喜悦于这样一套技术与艺术紧密结合的教材的出版，因为它为高职高专艺术设计人才的培养提供了一个有益的教学参照，同时对高职高专艺术设计教育的发展起到了推动作用。

教育永远是一个变化的过程，本套教材也只是多年教学经验和新的教育理念相结合的一种总结和尝试，难免会有片面性和不足。希望各位老师和同学在使用中指出我们的问题和错误，以求在修改中不断完善，提高再版质量，为我国的艺术设计人才培养贡献一套高水平有特色的教材。

徐恒亮

2010年5月

（徐恒亮：北京汇佳职业学院院长，教授，中国职业教育百名杰出校长之一）

# 序一

目前，各类讲授三维动画软件和制作技术类的教材和书籍实在不少。但是针对高职高专院校动画专业的，以动画创作为主导，以一部具体作品从构思创意开始到实施制作完成的全过程来进行三维动画创作的实属鲜见。这对以培养实际操作能力的应用型人才为主的高职高专院校，不能不说是一个较大的缺憾。

然而，令人欣慰的是北京汇佳职业学院动画系向阳花工作室负责人宋静远，在徐恒亮院长的带领下，通过一年的努力，不仅完成了一部动画片《向阳花》的创作，而且在这部片子的整个创作过程中完成了这本《三维动画创作全过程剖析》的教材。这本教材理论联系实际，以学生实际参与的切实感受为基础，易于学生接受与理解，得到了可喜的教学效果。可以说，这本教材对高职高专的三维动画创作教学方面进行了颇有价值地探索，并将对我国培养实用型人才的高职教育起到很好的启迪作用。

宋静远是我的学生，她在中国传媒大学动画学院毕业设计三维动画短片《草帽子》是在我的指导下完成的。与她接触，我发现这个外表平实、质朴的女生有一种很强的韧性、恒心和爆发力。她以优异的毕业设计和毕业答辩走出校门，现任职北京汇佳职业学院动画专业教师。这本《三维动画创作全过程剖析》教材，是这个倔强聪颖的女教师又一个辛勤执著劳作的结晶。

希望能有更多这样的年轻人在动画界迅速成长，为我国动画教育的发展添砖加瓦，为中国的动画事业的振兴切实作出贡献。

中国传媒大学动画学院

路盛章

2010年7月4日

# 序二

《三维动画创作全过程剖析》一书是宋静远老师在创作三维动画片童年的记忆系列之《向阳花》过程的基础上总结出的经验之作。这是一本关于动画片制作的整合管理、艺术创意、技术革新等理论与实践相结合的高职院校的教材。

动漫产业，是指以“创意”为核心，以动画、漫画为表现形式，是动漫新品种和动漫衍生产品的生产和经营的产业，它有着广阔的发展前景，因此动漫产业被称为“新兴的朝阳产业”。从全球来看，动漫产业已经成为一个庞大的产业。中国动漫市场还有1000亿元人民币的产值空间等待开发。面对如此巨大的市场商机和文化影响力，为了推动民族动画产业奋起直追，我们国家相继制定出台了一系列扶持动画产业振兴发展的政策措施。中国动画产业正面临着政策有力推动、市场强力拉动、“互动效应”十分突出的形式。

发展动漫产业，人才是关键。近几年，动漫产业在国家政策的大力扶持下得到了迅猛发展，也由此带来了社会对高水平专业动漫人才的需求。人才的培养，教育是关键。宋静远从工作室教学模式上总结出来的《三维动画创作全过程剖析》一书就很好地从产、学、研三个方面把如何培养动漫专业的学生进行深入地探讨。更可贵的是她能认识到“大自然所赐予人类的所有自然资源当中，人力资源是第一宝贵的资源”，并把动画制作团队的搭建作为第一项工作来抓，建立一个独立的人力资源管理体系和一个“百花齐放、昂扬上向”的理念。这是一个专业的高级管理者所具有的潜质，更是一个动画制作团队所不可缺少的精神气质。

记得初识静远，那时她正在中国传媒大学做毕业论文。她向我咨询如何在多个比较好的工作中做一个选择时，我告诉她或许从事教育是比较好的选择。也许是我的话起了作用，还是别的什么原因，后来她选择了留在学校。之后因为工作关系，几次交谈中我发现这个女孩子总是自信满满，难道是我无意中那句“自信比黄金还重要”起了作用，还是这个女孩本来就先天具有自信和向上的激情。通过此书我不仅看到了一个从艰苦中走出来，一路靠自己的努力赚取学费成长起来的姑娘的坚强的心，也看到了她那小小心胸里所容纳的那份坚持、宽容与博爱。

当下，在中国动漫产业这样良好的发展机遇中，优秀的动漫人才是必不可少的。只要我们能够保持动漫产业这片土壤的肥沃，兼容并包、兼收并蓄，就一定会有一批像静远一样的优秀年轻人，在动画产业的发展中不断成长起来。真正为我们国家的动画教育事业作出贡献，为我们国家的动漫产业的发展铺开一条新路。

李跃林

2010年6月20日　于北京

# 前言

目前，各类动画类的软件和相应的技术类学习的教材和书籍很多，但是还没有一本是针对高职高专院校动画专业的以具体动画创作过程为基础；以产、学、研三位一体的教学模式为依托；培养理论与实践相结合的专业人才的教材。

百花齐放、昂扬向上是3D动画创作工作室的指导思想。

向阳花动画短片创作工作室在百花齐放、昂扬向上思想指导下，以充分发挥每位同学的优势，修正每一位同学的不足为主要宗旨；以学习先进的三维动画技术为前提；以创作三维动画为主要目的；在充分调动每一位同学的积极性和创造性的基础上，按自觉、自愿、自律的原则组建的以三维动画系列短片童年的记忆之《向阳花》的创作过程为主线的关于产、学、研三位一体的教学模式。

百花齐放：百家争鸣，百花齐放出自东汉·班固《汉书·艺文志》："凡诸子百家，……蜂出并作，各引一端，崇其所善，以此驰说，联合诸侯。" 原指先秦时代各种思想流派自由争论，互相批评，在这里引用意喻，这是一片自由、鲜活、清新的土壤。每个人的长处和优势得到充分施展，每一个人都能在这个小小的天地里完全地绽放。

昂扬向上：3D动画短片创作工作室的一个全新理念，一个整体的氛围，是工作室中每位同学精神的状态。

图1 向阳花工作室合影

三维动画短片系列《向阳花》讲述了主人公小雨在爸爸的帮助下回到学校继续上学。偶然一次要交学费的时候，爸爸又出了事故，没法再去上学，家里没有能力再支付学费。在老师和同学们的帮助下，小雨又回到学校去上学的故事。

向阳花工作室恰恰是以这个创作为载体组建的一个教学与实践相结合的三维动画短片创作团体。《三维动画创作全过程剖析》是在以工作室的教学模式下带领同学们创作三维动画系列短片童年的记忆之《向阳花》创作过程的基础上总结出来的动画短片的制作过程中的整合管理、艺术创意、技术革新以及教学理念为主要内容的理论与实践相结合的教材。让同学们通过学习能明白基于工作过程的三维动画创作工作室教学的优势，清晰明了地学习到一部动画片是如何一步一步地诞生的。

### 产：我们创作

顾名思义，三维动画短片童年的记忆之《向阳花》的生产制作过程分为创意初期、前期创作、中期制作、后期合成几个阶段，每一个阶段都是情感与创作互动的过程。创意初期来自于有感而发；前期创作在初期创意的基础上做一些理性的升华与提炼；创作中期是一个不断出现问题，分析问题，解决问题的过程；而后期合成则是一个博观而约取，厚积而薄发的整体融合的收尾阶段，在这个阶段创作与情感、技术与艺术达到了完美地融合。

图2　向阳花海报

### 学：我们学习

也就是在整个动画片《向阳花》的生产制作过程当中，学到在各阶段应有的理论与实践知识。在工作室开设之前，所有的知识我们都还不健全，但是在生产制作过程之后，同学们都能充分学习，并把所学知识充分应用于实践。

### 研：我们研究

基于工作过程的工作室教学模式，是高职高专院校在教学改革中的一次创新。希望通过三维动画短片工作室的生产、学习、研究和在此过程中的特殊实例、特殊效果相结合总结出一条适合高等职业教育的理论与实践充分相结合；实际工作整合管理、艺术创意、技术革新等全方位的发展道路。

简而言之，三维动画创作工作室的教学目的是让同学们亲自感受、参与、体会整个动画片的制作过程，掌握整个三维动画片的制作流程。同学们在参与制作完成这部动画片以后可以基本胜任三维动画的建模、材质贴图、动作调试、灯光渲染、后期合成等工作。更重要的是让同学们学会在实践中发现问题，带着问题去学习，在学习中解决问题，然后应用于实践。如此周而复始，形成一个学习与实践之间的良性循环。

本书主要分为四个部分：

第一篇：管理篇

这个部分主要由管理部门的同学们负责。主要介绍了三维动画创作工作室的目的、性质、意义以及工作室的人力资源管理制度，工作制度和工作计划等。其中还简单扼要地介绍了一些相关的工作室管理模式和成功经验的相关案例。

第二篇：前期创作

这个部分不同的过程由相应的参与创作的同学负责。讲述了三维动画短片系列《向阳花》创作的创意初期、前期创作的阶段。每一个阶段都是情感与创作互动的过程。每一个阶段都做了相应的分工和详尽的分析、策划和整理工作。每一个过程同学们都对自己相应的工作、学习做了阐述，包括他们在工作室当中学了些什么，做了些什么和从中得到什么样的体会，并对以后的生活、学习产生怎样的影响。

第三篇：中期创作

技术篇主要由技术部门和对三维动画技术有相关独到见解的同学们负责。主要介绍了动画制作过程中三维技术革新和影视特效的相关研究和整合。其中还加上对动画制作不同阶段中遇到的不同问题所提出的解决方法。

第四篇：后期合成

这个部分主要从特效、色彩、剪辑、音效不同的角度讲述三维动画片后期的创作过程。

总之，本书的编写，结合着工作室的管理理念，三维技术的实际应用，童年的记忆《向阳花》的具体创作过程，以及此过程中不同阶段的一些配合图例进行相应分析，希望能给相关高职院校相关专业的教学提供一些创作经验，并为同学们的学习、成长提供一些帮助。

笔者具有深厚的动画创作方面的实战功底，并将创作积累的具有实用价值的知识点、经验、操作技巧等毫无保留的奉献给了广大读者。

特别感谢北京大学出版社工作人员对本书全部内容进行的编校、出版等工作，还要感谢中国传媒大学动画学院和北京汇佳职业学院对本书的支持。

由于作者水平有限加之时间仓促，书中难免存在错误和不足之处，恳请广大读者和专家批评指正。

请将意见反馈、分享发至jyee_0@yahoo.com.cn，谢谢！

编　者

2010年10月

# 课时参考

| 章　节 | 课程内容 | 课程目标 | 知识要求 | 课时分配 |
|---|---|---|---|---|
| 第1章 | 三维动画创作工作室的性质、目的、意义 | 1. 认识工作室教学的优势，明确工作室的分工。 | 定位<br>交流<br>合作 | 16 |
| 第2章 | 剧本创作 | 1. 学会做故事创意；<br>2. 学会写动画剧本。 | 视听语言 | 64 |
| 第3章 | 造型与分镜设计 | 学会如何根据剧本做角色与场景设计；如何做分镜。 | 良好的造型能力和视听语言基础 | 96 |
| 第4章 | 模型与材质 | 学会角色建模，<br>学会调材质，<br>学会骨骼绑定。 | 3D基础 | 96 |
| 第5章 | Layout设计与完善背景 | 1. 学会如何打Layout；<br>2. 学会如何粗调动画。 | 摄像基础知识 | 96 |
| 第6章 | 精调动作、表情、机位 | 学会精调动作、表情、机位 | 表演基础 | 96 |
| 第7章 | 灯光渲染 | 学会根据实例打光 | 3D灯光基础 | 64 |
| 第8章 | 后期合成 | 学会后期特效、剪辑、音效、合成等。 | 后期软件的技术 | 32 |

# 目录

## 第一篇　三维动画创作工作室的管理篇



## 第二篇　前期创作

# 第三篇 中期创作

# 第一篇

# 三维动画创作工作室的管理篇

人力资源管理，就是指运用现代化的科学方法，对与一定物力相结合的人力进行合理地培训、组织和调配，使人力、物力经常保持最佳比例，同时对人的思想、心理和行为进行恰当地诱导、控制和协调，充分发挥人的主观能动性，使人尽其才，事得其人，人事相宜，以实现组织目标。

——百度词条

在人类所拥有的一切资源中，人力资源是第一宝贵的，自然成为现代管理的核心，也是三维动画创作工作室的重中之重。人无完人，每个人都有自己的优势，关键在于如何充分发挥每位同学的优势，弥补每个同学的不足。用人就要用人的长处，扬长避短，这样才能“1+1 ＞ 2”。

不断提高人力资源开发与管理的水平，不仅是当前发展经济、提高市场竞争力的需要，也是一个国家、一个民族、一个地区、一个单位长期兴旺发达的重要保证，更是一个现代人充分开发自身潜能、适应社会、改造社会的重要措施。所以向阳花工作室的搭建一个最重要的任务就是如何做好人力资源管理。

# 第1章　三维动画创作工作室性质、目的、意义

【学习目标】

1. 认识工作室教学的优势，明白工作室教学的重要性；
2. 学会在工作室教学过程中给自己定位；
3. 明确工作室的分工。

## 1.1　性质、目的、意义

### 1.1.1　性质

本工作室以“百花齐放昂扬向上”为创作理念，本着“以人为本”的发展思想激发每一位同学的创作灵感、创作激情，努力使每一位同学的创作想法得到最大限度地发挥。

图1-1　故事三维场景

创作题材源于生活，以一个山村小女孩儿对学校对未来的憧憬为大背景，真实地反映了社会现实，唤醒人们对贫困地区、对偏远山区失学儿童的同情；激起人们的爱心，为希望工程的发展献出自己的一份力量。这里主要以在动画短片童年的记忆《向阳花》创作实践过程中总结出的观点为主，结合创作体会、创作情感和一些较具体的创作细节，有时会配合图解来进行相

应说明。将阐述为什么成立这个工作室，为什么创作这部动画片，创作的过程和创作过程中不断地出现问题的困惑，然后通过分析问题又解决问题的感动来论述情感是创作的动力。

作品的实现方式以三维和二维结合的方式，大全景手绘来实现，小场景通过三维手段来实现，人物用三维建模、调动作、然后灯光特效渲染。创作过程中，作品在成长的同时相信同学们也在成长。每遇到一个困难，每前进一步都饱含着努力、辛苦、感动甚至泪水。同学们看着自己的作品一点点地完成，心中充满无比的喜悦与无与伦比的成就感，如图 1-1、图 1-2 所示。

图1-2　故事三维场景

简而言之，整个工作室教学的性质就是在实践中发现问题，带着问题去学习，在学习中解决问题，然后应用于实践。如此周而复始，让其自觉形成一个学习与实践之间的良性循环。

### 1.1.2　目的

三维动画又称 3D 动画，是近年来随着计算机软、硬件技术的发展而产生的一新兴技术。三维动画软件在计算机中首先建立一个虚拟的世界，设计师在这个虚拟的三维世界中按照要表现的对象的形状、尺寸建立模型以及场景，再根据要求设定模型的运动轨迹、虚拟摄影机的运动和其他动画参数，最后按要求为模型附上特定的材质，并打上灯光。当这一切完成后就可以让计算机自动运算，生成最后的画面。

三维动画短片工作室目的让同学们亲自感受、参与、体会整个动画片的制作过程，掌握整个三维动画片的制作流程；让同学们在参与制作完成这部动画片以后可以基本胜任三维动画的建模、材质贴图、动作调试、灯光渲染、后期合成等工作。

#### 1.电脑角色动画制作步骤

电脑角色动画制作一般经以下步骤完成：

（1）根据创意剧本进行分镜头，绘制出画面分镜头运动，为三维制作做铺垫。

（2）在 3D 中建立故事的场景、角色、道具的简单模型。

（3）3D 简单模型根据剧本和分镜故事板制作出 3D 故事板。

（4）角色模型、3D 场景、3D 道具模型在三维软件中进行模型的精确制作。

（5）根据剧本设计对 3D 模型进行色彩、纹理、质感等的设定工作。

（6）根据故事情节分析，对 3D 中需要动画的模型（主要为角色）进行动画前的一些动作设置。

（7）根据分镜故事板的镜头和时间给角色或其他需要活动的对象制作出每个镜头的表演动画。

（8）对动画场景进行灯光的设定来渲染气氛。

（9）动画特效设定。

（10）后期将配音、背景音乐、音效、字幕和动画一一匹配合成，最终成完整部角色动画片制作。

根据实际制作流程，一个完整的影视类三维动画的制作总体上可分为前期制作、动画片段制作与后期合成三个部分。

制作过程中使同学们了解什么是3D；如何制作3D动画片；为什么要学习3D；3D的学习能未其为来带来哪些变化。

### 1.1.3　意义

艺术来源于生活，而又高于生活。艺术创作的冲动来源于生活中的真情实感，正是这种真情实感不断地促使大家去完成这个创作，而且在这过程中不断出现更多的意外与惊喜，又更加让人欲罢不能，沉醉其中，直到最后完成，这过程本身就让人回味无穷。

更重要的是工作室是一个集体，一个因项目需要而成立的工作和学习组织。所以要让工作室的每一位成员深刻地理解三个词：定位Orientations、交流Communication、合作Cooperation。

#### 1. 定位Orientations

每个同学都要确定自己在工作室中的位置，就像产品在市场中定位、人物在组织中的定位、物品在某一地理位置的定位。定位的真谛就是“攻心为上”，而人往往最不了解的就是自己，我们很难掌握自己，只有拿自己与周围的人比较，或者从与人的交往中逐渐看清楚别人眼中的自己。明确自己在工作组织中的重要性把握自己的生活目标，对自己有一个全面地认识。然后在三维动画创作工作室中有一个正确的定位，并在此位置上发挥出相应的能力，学到更多的知识，只有这样，同学们才能真正明确在三维动画创作工作室中所存在的价值。

#### 2. 交流Communication

在三维动画创作工作室里学习时，同学们学会如何与别人交流与沟通远比学习技术和艺术理论更为重要。人际关系是人生中不可缺少的一种重要资源，在与人交流的过程中你能从他人那里得到不同的东西，技术、艺术理论、经验、快乐、悲伤，等等。而要想在一个集体中建立良好的人际关系就要学会如何与人良好沟通。已故的哈佛大学心理学权威威廉·詹姆斯教授，他曾说过这样一段话：“一个人的心情，固然能够影响一个人的行为。但是，行为也可以用来调整一个人的心情。所以，一个心中烦恼的人，如果要变得愉快，最好的办法，就是努力在谈话和动作之中，表现出一种愉快的态度来。那么，这种态度自然会影响你的心境，使你变得真正的快乐。”

#### 3. 合作Cooperation

唐代孙过庭《书谱》称：“一时而书，有乖有合，合则流媚，乖则雕疏。”旧时行家们习惯于将书写得理想和精彩的作品称为“合作”。而现在是指个人与个人、群体与群体之间为达到共同目的，彼此相互配合的一种联合行动。三维动画创作的特性一般是就传统工艺而言，具有更严格的操作方法和技术分工。三维动画工作不像其他艺术技巧，动画的综合技术艺术性使得每一个工作环节不能够产生完整的作品，只有把所有人的成绩或者是个别人的许多优点和艺术成果集合起来，并且通过三维技术呈现后才能形成一个完整的动画作品。所以说，合作在动画创作过程中尤为重要。

因此，三维动画创作工作室的真正意义在于，引起同学们对于三维的重新认识和兴趣；学会如何在一个群体中给自己定位；在工作、学习、生活中如何与人沟通、合作；如何捕捉住生活中的感动，从而深入创作。

## 1.2 三维动画短片工作室人力资源管理

### 1.2.1 责任感、真实感、安全感的建设

如何让同学们得到主人翁般的责任感、真实感、安全感？

在我们的生活当中每个人都需要掌声，而这掌声对于一个青春洋溢、踌躇满志的热血少年尤为重要。

首先要同学们明白自己在这个工作室里是有别于其他人的，这是一个可以实现自己价值的良好平台。那么如何让同学们找到自己存在的感觉；如何在这个集体中定位；如何在这个平台上自由地发挥聪明才智；这是在工作室里首先要解决的问题。

在工作室所有同学的职位确定下来以后，让每一个同学在班上做一个就职演讲。先做一下自我介绍，然后讲一讲对自己职务的理解和对工作室的一个认识、期望等。

如此一来，可以让同学们明确自己的目的，确立自己的学习方向。与此同时，再予以合理有序地实践引导，这样团队将很快地成长起来。

所以，向阳花工作室教学首先要做的不是教也不是学，而是先学做人。要建立完好的人力资源管理制度，真正权责分明、分工明确、责任到人、赏罚分明，让每位同学在实际工作中体会主人翁的快乐。

### 1.2.2 工作室人力资源管理的基本任务

三维动画创作工作室人力资源管理的根本任务主要是吸引、激励、保留、开发每位同学的潜能、心志。具体就是把同学们改造成工作室工作、学习中所需的人力资源，让他们在工作室这个集体组织之内充分地发挥他们的积极性、创造性；最大限度地开发他们的潜能，从而获得人力资源的高效率利用。

为了让同学们更加了解自己的位置，更加明确各部门互相之间的关系，下图为工作室人力资源管理树形结构，如图 1-3 所示。

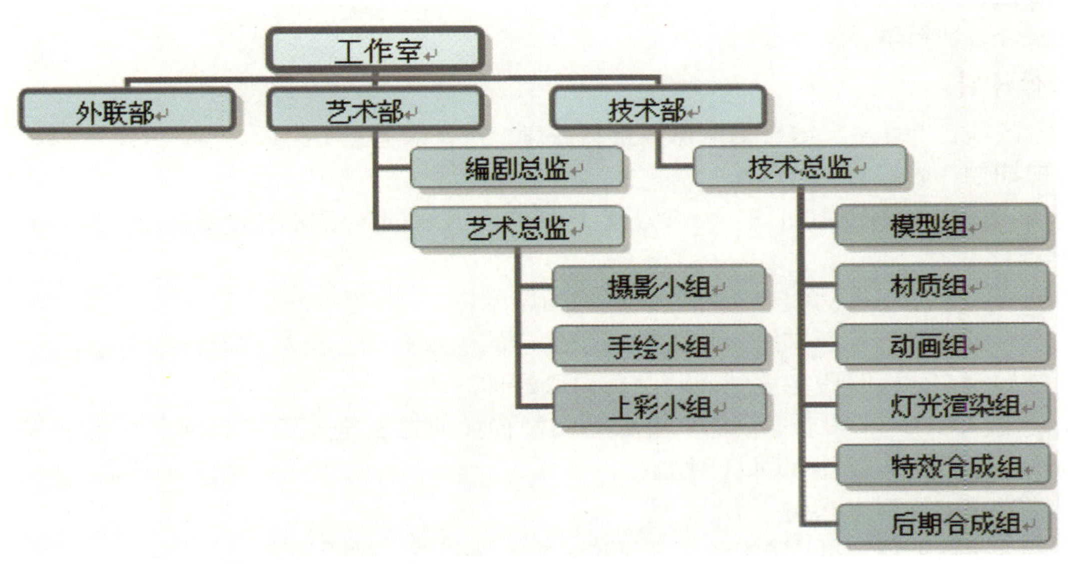


图1-3 工作室人力资源管理树形结构

### 1.2.3 各部门职责

在这里简明扼要地对各部门的职责做一下介绍。

管理部：负责工作室的综合管理，协调各部门之间的分工与协作。下设两名秘书：

一名负责工作室考勤、记工作室日志、组织会议等日常事务；

一名负责文案的整理工作，督促同学们提交工作计划、工作总结、备份每个工作任务的工程文件等。

艺术部：负责工作室项目的艺术风格、定位、整体的艺术格调的把握、人物设计以及分镜绘制等相关工作。下设人员如下：

编剧总监（两名）：负责收集同学们讨论过后的故事梗概，做进一步地整理发挥，与导师讨论后形成完整的剧本；

艺术总监（两名）：负责和老师一起把握在项目进展过程中的整体工作，如艺术风格，分镜本的最后敲定等；

摄影师两、三名：负责拍摄工作室日常生活中的点点滴滴；

剪辑师两名：负责剪辑 LAYOUT 样片以及后期合成等工作。

技术部：负责解决项目进程中的技术难题，并不断地提出新的技术观点解决新的问题，工作室设备的管理问题等，原则上讲一个片子的技术含量取决于技术部门的水平，下设六个技术小组：分工名单具体见附录三。

模型组：组长，副组长；

材质组：组长，副组长；

动画组：组长，副组长；

灯光渲染组：组长，副组长；

特效合成组：组长，副组长。

### 1.2.4 工作计划和作业制度

一般来说，计划是指人们为了实现某种目的而对未来的行动所做的设想和部署。一些常识告诉我们，三维动画创作工作室的内容越是复杂，参与实施计划的行为主体和涉及的环节越多，越需要计划性。我国古代就有“凡事预则立，不预则废”的思想。西方经济学家也阐明了这个道理：“虽然我们无法预见未来，但如果我们没有根据当时所得到的信息而制定相应的未来计划，我们就无法合理地行事。

#### 1. 工作计划

工作室以项目为依托，结合相关课程进行教学，分为以下三个阶段。

（1）前期创作阶段。

① 故事梗概：故事创意阶段，让学生参与创作，汲取同学们优秀的创意点，汇成一个完整的小故事；

② 动画剧本：在现有的故事基础上改成动画剧本；

③ 形象、场景设计：所有同学每人做一个自己的形象设计，之后按设计图建模；

④ 分镜设计：分镜阶段各显神通，然后提取最佳方案；

⑤ 动态版 LAYOUT 设计：根据分镜教会同学们如何在三维里面打 LAYOUT 设计稿，让他们亲手操作，输出动态版 LAYOUT 视频；

⑥ 前期时间：一到十八周

⑦ 课程：动画创作、3DMAX 动画、3DMAX 模型制作、视听语言

⑧ 实训项目达成目标：完成《向阳花》的动态版 LAYOUT 设计。

（2）中期动画制作阶段。

① 材质和贴图调整；

② 动画创作；

③ 灯光和渲染．

这一阶段的工作量是最大的，也是实现的主要环节，要求统一。这一环节，最能体现合作精神，也锻炼同学们的毅力和耐性，每一个角色、每一个特效、每一个动画、每一个背景都将凝结巨大的汗水。所以，进行分工协作粗调动画的动作和表情，然后不断地放在剪辑里看已经调好的效果。

中期时间：十八周到三十六周

课程：Preimere，3D 骼动画；3D 特效等。

（3）后期动画合成阶段。

① 剪辑中的节奏整体控制；

② 短篇整体的色彩把握；

③ 后期音效创作；

④ 后期时间：三十六周到五十四周

⑤ 课程：AFTER EFFECT，动画色彩、影视声音的制作等 .

（4）最后成果

① 最终输出三维动画短片童年的记忆系列之《向阳花》；

② 论文《三维动画创作全过程剖析》；

③ 每一个参与制作和创作过程的同学提交一份不少于 3000 字的创作报告。

### 2. 作业制度

（1）要求。

① 一个阶段的考核标准以作业能不能在片子中得到应用为界定；

② 在影片制作过程中和其他同学的配合程度；

③ 每周工作任务分配小组长、老师检查合格打分；

④ 每周动画创作课上导师给各小组长分配工作任务，各小组长再给组员分配工作任务。周末各小组长负责把完成的工作任务经老师检查过后归到秘书处存档。

（2）评分标准：每位同学需按照要求完成任务，根据作业质量参评如下给予最终评分。

| 出勤率 | 平时作业 | 小测验 | 期中成绩 | 实践成绩 | 期末成绩 |
|---|---|---|---|---|---|
| 5% | 5% | 5% | 10% | 15% | 60% |

## 本章小结

“企业只有一项真正的资源，就是人。”

——管理大师 彼得·德鲁克

简而言之，整合管理是向阳花动画创作工作室有效地运行所必不可少的条件；而人力资源是动画创作工作室发展的命脉。如何最大程度地做好人力资源管理，调动学生的积极性，是三维动画创作工作室管理部门必须思考的问题。

向阳花工作室里的每一位同学的成长依赖于管理，管理是在集体工作中协调各部分的活动，并使之与环境相适应的主要力量。所有的管理活动都是在集体中进行。有组织，就有管理，我们一个只有 25 人的学生动画创作工作室更需要管理。所以在开始之初最重要的不是介绍项目，而是要以项目为媒介搭建一个完好的管理平台。这样才能为以后工作、学习的顺利进行取得精神动力和智慧上的支持。

三维动画制作的本身就是一个合作的过程，一个人几乎没有可能做成一个动画片，就像一个人几乎没有可能一个人盖一座大厦。三个人就是一个集体，那么我们的工作室有 25 个人，25 朵花。如何让 25 朵花同时盛开，这是我们工作室的理念建设的重中之重：“百花齐放，昂扬向上”。

向阳花动画创作工作室就是为同学们搭建一个舞台，这个舞台自由、鲜活、清新。每个人的长处和优势得到充分施展。我们建立公平、分正、合理、灵活的人力资源管理制度；每一个人都能在这个小小的创作天地里自由地呼吸和奔跑。

## 技能训练

1. 根据你目前所有的班级或工作室三维动画短片创作团队做一份管理策划案。
2. 小组讨论中国动画制片管理的概念。

# 第二篇

# 前期创作

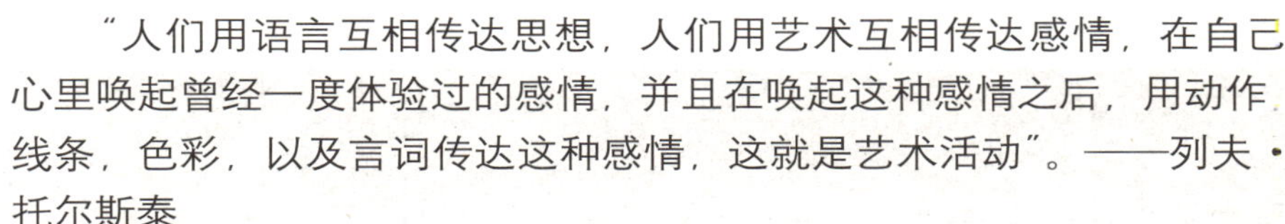

“人们用语言互相传达思想，人们用艺术互相传达感情，在自己心里唤起曾经一度体验过的感情，并且在唤起这种感情之后，用动作、线条，色彩，以及言词传达这种感情，这就是艺术活动”。——列夫·托尔斯泰

艺术是什么？美国符号论美学家苏珊·朗格说：“艺术是人类情感的符号形式的创造”。艺术创作的冲动来源于生活中的真情实感，正是这种真情实感不断地促使我去完成这个创作，而且在这过程中不断出现更多的意外的小困难和小惊喜，又更加的让人欲罢不能，沉醉其中，直到最后完成，这过程本身就是很美妙的，可以给人有无尽的回味的。

# 第2章　剧本创作

**【学习目标】**

1. 学习在工作室教学中如何做故事创意；
2. 学习如何制做动画剧本。

## 2.1　故事创意

三维动画短片童年的记忆是一个系列动画片，它是一个来源于真实生活的系列小故事。分为上、下两个部分。"上"童年的记忆《草帽子》：目前已经制作完成，讲述的是小女孩儿因为头上长虱子而被爸爸剃了光头。第一天去上学而被同学嘲笑，从此不愿再去上学。后来在爸爸的帮助下又勇敢的回到学校的故事。以此段小故事从生活的一个细微的角度来表达一对普通父女的深情，以此来给父亲的生日献礼。下部童年的记忆之《向阳花》是在上部故事基础上的一个延续。讲述了女孩儿回到学校上学后，又因为交不起学费而面临辍学，最后在大家的帮助下又再次回到学校的故事。以此来给我们的希望工程献礼。

任何动画创作的前期的重点就是动画剧本的创作。当同学们看完三维动画片童年的记忆系列之《草帽子》之后。给同学们布置了一个作业，场境设置为小女孩儿回到学校后，交不起学费面临辍学。要求每人做一个故事梗概。

### 1. 作业要求

（1）时间、地点、人物。

（2）起因、经过、结果。

（3）不少于 200 字，用最简洁、准确的语言讲述故事。

在此之后，每个人把自己写作的故事梗概在课堂上分享大家。每个同学讲完之后大家提出意见和建议。然后，大家分组讨论，从而提取出好的创意和想法，再由编剧小组汇成新的故事。

之后，由编剧同学带领同学们一起把一些好的创意点串起来组成完整的情节。再次经过大家讨论，取其精华，去其糟粕，直到最后讨论出大部分同学都满意的完整故事创意。

### 2. 作业浅析

以下选取了几个同学的故事梗概来做一下浅析。

（1）同学一故事梗概。

啊啊，好漂亮草帽，在大家的羡慕夸赞声中她又扬起了头。老师也没有再为难她，她带着这顶充满了父亲的爱的草帽，享受着学习的快乐，可是好景不长……

一学期很快过去了，父亲又皱起了眉。由于赶上了百年不遇的大旱，辛辛苦苦种的庄稼颗粒无收，怎么办？家里唯一的收入来源没有了，望着女儿单纯的目光，下学期的学费要怎么办……上不了学，她只能在家帮着打打下手，更多的时间是对着门口上学的路口发呆……父亲不忍看她这样，心中默默下了一个决定。听说在不远的山谷上有百年人参，如果能采到，就能负担女儿的学费。可是山势险峻，从没有人敢上去。但是为了她，为了这个家，为了明天，他毅然决然地走向了这座山谷……

一连好几天都没有父亲的消息，小雨天天从清晨盼到黄昏。小女孩是多么想看到父亲那高大的身影，她摘下草帽，轻轻抚摸那朵别在草帽上已经枯萎的小花……

“小雨！你爸爸跌落山谷正在村医院急救，快去看看他吧！”话音未落，她已经疯狂地跑了出去……赶到医院的时候，父亲已经奄奄一息……他看到满脸泪水和泥土的她。一丝笑容在父亲脸上划过……闭上了眼睛……在他手中紧紧抓着一样东西，她走进捧起来一看……

并不是什么千年人参……在父亲手心握着一朵小花，上面还流淌着分不清是露水还是她的泪的水珠……

全班同学在听说这个感动人心的故事后都全力帮助小姑娘，一起举行募捐活动。重返校园的小女孩走在上学的路上……依然是清晨7点的阳光……但是再也没有父亲那慈祥的笑容和高大的身影，但是她并不绝望，因为父亲虽然没能找到千年人参，却找到了更珍贵的东西——希望之花，它在草帽上迎着风，永远陪伴在她的身边……（完）

此同学对于艺术、文学、影视有着浓厚的兴趣和独到的想法。他认为编剧的创作应该是特别的，而不是一般意义上的泛泛写作。要快乐就要把气氛推向高潮；要悲伤就要把主人公的境地推到最惨，这样才能引起观众的共鸣。

所以他在戏中给小女孩的父亲设计了一个事故而身亡，然后小孩子面临孤苦无依的境地从而激起观众的同情，这样才能达到一个完美的效果。

（2）同学二故事梗概。

小女孩要开学了，同学们纷纷交上学费，只有小女孩交不起。爸爸对于自己的无能显得无奈，他摇了摇头不禁掉泪。这时，村子里传来了隔壁村东西被偷的消息，又因为女儿向爸爸一再的耍赖，所以爸爸无奈之下也想尝试这种方法。

深夜，爸爸把小女孩哄睡着之后，他去了一个地主家。进了地主家后，他所见到的东西都是自己不敢想的东西，他被眼前的东西迷惑了。他定了定神决定开始偷东西，这一夜他成功了，这时的他已经尝到了甜头。第二天他把偷来的东西变卖，但是卖完的东西只能交一半的学费，回家后决定再干一票。依旧把女孩哄睡着之后他又去了那个地主家，这时的地主家已严加防范，爸爸被人抓住了，并且送到了公安局。小女孩醒后发现爸爸不在家，她打算出门找，刚走出大门一位大婶把这事告诉了她。话音未落，小女孩跑向公安局，她见到了爸爸，小女孩很后悔不该向爸爸耍赖，父女俩抱头痛哭。爸爸的不法行为被拘留了15年，这件事传到了红十字协会和希望工程。他们觉得孩子爸爸违犯了法律，但是他们认为父爱是伟大的并决定帮助这位孩子，一帮就是帮到大学毕业为止，孩子终于得以上学了。

此同学想到把女主人公的父亲描写成一个因为女儿而走上了一条不归路的父亲，从而达到情与法之间的纠结的想法。使父与女的这种亲情得到一种升华。

（3）同学三故事梗概。

一个农村小女孩家里没有什么钱，母亲在她刚出生的时候就去世了。父亲编草帽赚一点钱，赚的钱不足以谋生。小女孩慢慢地长大了，到了该上学的年纪。村里的小学收费虽然不贵，但是对于这样一个家庭来说也不是一笔可以轻松拿出来的钱。小女孩很懂事，她为了给家里节省钱，决定不去上学了。小女孩的父亲想让孩子受到良好的教育。于是，他东拼西凑借来了学费，让小女孩去上学。

小女孩高高兴兴在学校里生活了一段时间，父亲也拼命工作为她赚出了下个学期的钱。突然有一天，小女孩上课的时候昏倒了，父亲把她送到医院，医生得出的结论是小女孩得了白血病，父亲很心痛，用攒下的学费交了医药费。白血病是要化疗的，小女孩的头发被剃光了，当没有头发的小女孩来到自己的班里，原来跟她关系不错的同学们却都开始嘲笑她，乡下的孩子没文化，觉得小女孩的病会传染给他们。于是再也没有人愿意跟小女孩接触，连老师也慢慢地疏远了她。父亲这个时候压力很大，但是为了孩子的健康成长，他把自己心爱的草帽剪了，给了小女孩，让她带着去上学。

有一个下乡采访的记者发现了这件事，于是他写了一篇报道，回到自己的城市里给小女孩募捐。城市里的人知道了小女孩的故事都很同情她，于是纷纷的捐款。记者把钱拿到了小女孩的家里，小女孩的父亲留下了感激的泪水。令人欣喜的是，小女孩儿的病被治愈了，小女孩又可以开开心心地上学了。

此同学的这个创意很有主旋律的色彩，他的完整之处就在于他在故事创意的结尾做了一个总结。把故事产生的社会效果映射到小女孩儿身上，让人们看到了希望和光明，满足了观众期待的那完美结局的心情。

总之，在故事创意阶段每个同学都拿出对同一事物的独到的想法。真正的做的百花齐放、百家争鸣。从每一个创意里，都能感受到他们创作的初衷、热情、甚至从中可以了解到他们的性格和经历。岁月无痕，当我们蓦然回首，翻阅着自己的心灵，总有一段段记忆在生命中留下深深的痕迹，无法忘却，每当我们拾起它时，心里总涌动着一丝久违的冲动，这便是感动。其实，在生命的长河中，每时每刻都有感动存在。把所有的这些感动提炼升华转成真实的具体的故事创意，然后再映射、发展、提炼、升华成一个完整的动画剧本。所以故事创意阶段就是动画艺术创作前期一个重中之重。

## 2.2 动画剧本

"一个讲得美妙的故事有如一部交响乐，其间，结构、背景、人物、类型和思想融合为一个天衣无缝的统一体。要想找到它们的和谐，作家必须研究故事的诸要素，把它们当成一个管弦乐队的各种乐器——先分别练习，然后再整体合奏。" ——罗伯特·麦基［美］

动画剧本更是动画创作的根本。美国最畅销的电影剧作家悉德·费尔德，在谈到电影剧本这一基本概念的时候，首先就强调了"它既不是小说，也不是戏剧……而是由画面讲述出来的一个故事。"因此，在同学们小组讨论结果的基础上加上富于视听表现力的情节设置，简洁准确的语言才是动画剧本所需要的特征。才能给我们下一步的三维动画创作提供良好的基础。

文学剧本，是动画片的基础，要求将文字表述视觉化即剧本所描述的内容可以用画面来表现，不具备视觉特点的描述是禁止的。动画片的文学剧本形式多样，如神话、科幻、民间故事等，要求内容健康、积极向上、思路清晰、逻辑合理。

### 2.2.1 《向阳花》第一版剧本

打开动画片童年的记忆系列之《草帽子》和同学们一起一个个数镜头，让他们明白他们几乎感觉不到的动画片中一闪就是一个镜头；一个隐黑一个闪白那也是一个镜头；一秒钟一个特写是一个镜头；几下秒的一个长动画也是一个镜头。之后又简单给大家普及了一下关于景别、机位、拍摄手法等相关的知识。一些深入的相关知识同学们会在专门为工作室设置的动画剧作课和视听语言课程当中作深入地学习。

分镜头剧本，是把文字进一步视觉化的重要一步，是导演根据文学剧本进行的再创作。分镜头剧本体现导演的创作设想和艺术风格。分镜头剧本的结构："图画 + 文字，"表达的内容包括镜头的类别和运动，构图和光影，运动方式和时间，音乐与音效等。其中每个图画代表一个镜头，文字用于说明如镜头长度、人物台词及动作等内容。下面是两位编剧同学们整理出来的第一版故事后的文字分镜剧本：

➢ 向阳花剧本第一版

剧中人物：小女孩、父亲、调皮的小男孩、小男孩的父亲

场景一：昼，阴，火车车窗前

镜头 1，特写，女记者（就到鼻子以下，不照眼睛）望着窗外，嘴角上扬。

镜头 2，特写，女记者的手，翻开一个名为“希望”的相册，镜头拉近到一张向日葵花丛的相片。相片逐渐由阴天的灰调子变为彩色，暖调子。

场景二：昼，晴，学校门口小路上

镜头 3，中景，小女孩和爸爸打招呼，挥手让他回家，她要上学去了。

镜头 4，特写，爸爸的脸，对女儿憨厚的一笑，转过脸去，把帽子摘下。

镜投 5，特写，女孩看着爸爸的背影，笑着也把草帽摘了下来。转身欢快地跑进了学校。

场景三：昼，教室内

镜头 6，近景，课堂上老师在黑板上出了很多题，他在考班上的小朋友谁会做这些题。

镜头 7，近景，小女孩为中心，周围的小朋友都在挠头，只有她在看了题以后自信地笑笑，举起了小手。

镜头 8，镜头 9，镜头 10，特写，各分为三堆小朋友惊奇和嘲笑的脸。

镜头 11，特写小女孩的脚走上讲台。

镜头 12，特写小女孩的手在黑板上答题。

镜头 13，特写小女孩的头，在答完题以后转过来面向镜头，然后依然是自信的一笑。

镜头 14，近景小朋友们脸上的嘲笑变为了敬佩的笑。

镜头 15，近景他们簇拥上来围着小女孩，请教她这些题应该怎么做。

镜头 16，近景，教室一角一个小男孩的身影，坐在原地，和其他簇拥上来的人形成鲜明对比。

镜头 17，特写，小男孩的眼睛，眼神中流露出不爽和鄙视。

场景四：夕阳下，晴，放学的路上

镜头 18，中景，小女孩在前面走着，突然从后面追上了一个人把她的小草帽抢了去。

镜头 19，特写，小女孩拼命追他。

镜头 20，特写，小女孩的脚被石头绊了一下，摔倒在地。

镜头 21，逆光，镜头从下至上，那个人停下了脚步，转过身来，男孩脸上露出胜利的笑容，手指上转着草帽。

镜头 22，近景，小女孩的腿摔伤了，她的眼神中流露出疼痛的悲伤，还有希望他能把草帽还给她的哀求。

镜头 23，特写小男孩的嘴，从坏笑转变为生气地咬牙。

镜头 24，特写，小男孩的脚下，帽子被他扔在地上，踩了一脚，踹给了小女孩。

镜头 25，近景小男孩大笑着离开了，小女孩忍着眼泪拿起了沾满灰尘的草帽。

镜头 26，特写草帽，一滴眼泪滴了下来。

场景五：夜，大雨，稻田。
镜头 27，大全，风雨交加。
镜头 28，第二天，天晴。
镜头 29，特写残破不堪的稻田一角。

场景六：小女孩的家中
镜头 30，近景，父女二人在饭桌前，吃着简单的晚饭。
镜头 31，近景小女孩无心吃饭，她把成绩单和一份交费通知递给了爸爸。
镜头 32，特写父亲的脸，看到成绩单欣慰一笑，转眼看到缴费通知，眉头紧锁。
镜头 33，近景父亲拿出一个存钱盒。
镜头 34，特写存钱盒，打开，空空如也，所剩无几。
镜头 35，近景，父亲的背影，无声的叹息。

场景七：昼，晴，小男孩家前小路
镜头 36，近景小女孩在路边散步，听到有人说话，来到墙后偷听。
镜头 37，特写，小女孩瞪大的眼睛。
镜头 38，小女孩的视角拉近到父亲正在向欺负她的小男孩的父亲低头借钱，父亲显得十分卑微，不断地向他鞠躬，在小女孩的眼中，父亲像是快趴在他的脚边了。
镜头 39，特写，小女孩的怨恨的泪水流了下来，她不顾一切地跑回了家。

场景八：小女孩家中
镜头 40，近景，饭桌前，父亲把饭菜端到小女孩面前，却遭到她的白眼，转身离开。

镜头 41，小女孩躲在被窝里哭泣。
场景九：昼，晴转暴风雨，山上
镜头 42，近景父亲拿着斧头在山上砍树，希望能挣些钱养家。
镜头 43，近景，小男孩的父亲上山郊游，路过父亲身旁，父亲向他鞠躬打招呼，他们只是给了他一个白眼。
镜头 44，近景，傍晚，一大片黑云笼罩整座山，父亲砍完柴匆忙下山。
镜头 45，大全，一个大闪，暴风雨开始。
镜头 46，中景，父亲匆忙下山，突然听到有人呼救，急忙掉头。
镜头 47，特写，小男孩掉到一个大坑中，他的父亲在坑边怎么也够不到他。
镜头 48，近景，父亲跑来二话不说，跳入坑中把小男孩拖出坑外。
镜头 49，特写，父亲的瞳孔看到就当父亲正要爬上来的时候，随着暴风雨的冲刷，一大股泥石流从山上冲了下来……

场景十：暴雨，夜，小女孩叫门口
镜头 50，特写，小女孩的背影，从下至上，她手中抱着那顶草帽子，上面那朵父亲亲手别上去的小花被风卷走了……
镜头 51，近景，小女孩的背影，邻居大叔匆忙跑来，手指向村口医院……
镜头 52，特写，小女孩的眼睛。
镜头 53，特写，大叔喘息的脸，一个影闪过，他转头。
镜头 54，近景，小女孩疾奔的背影消失在大雨中……

场景十一：大雨，夜，村口医院

镜头55，小女孩的视角，推开一扇又一扇的门，映入眼帘的父亲躺在病床上，身上裹满了绷带。

镜头56，特写，小女孩颤抖地走到父亲床前，跪下……泪水在眼中打转……

镜头57，父亲的手缓缓松开，一朵美丽的小黄花映入眼帘。

镜头58，特写小女孩张大的眼球。

镜头59，特写小女孩的下半张脸，泪水倾盆而下。

镜头60，特写泪水洒在小花上。

镜头61，近景，在病房门口，小朋友们正在同情地望着小女孩，交头接耳。

场景十二：晴，夕阳下，小女孩的家门口

镜头62，近景，小女孩哭红哭肿的双眼，茫然地望着眼前的地。一道长长的影子进入到镜头，进入到小女孩的视线。

镜头63，特写，小女孩抬头，然后惊讶的眼神。

镜头64，特写，从下至上，逆光，在老师高大的身躯后面探出小朋友们狡谐的笑脸。

镜头65，特写，老师拿出一个小募捐箱。

镜头66，特写，从募捐箱的投币缝中，看到小朋友争先恐后的捐钱，（都是一块两块的）。

镜头67，近景，大家正在愁眉不展之时，人群中挤出两个身影，是小男孩和他的父亲。

镜头68，近景，他们缓缓走近。

镜头69，特写一叠一百大钞塞入募捐箱……

镜头70，近景，小伙伴们簇拥着小女孩。

镜头71，特写，小女孩脸上从新浮现出希望的神采。这个镜头逐渐变为照片。

场景十三：晴，天空中闪烁着象征希望的七彩之光，一座小山头上

镜头71，特写，照片中的小女孩逐渐变为现实中的女记者，头顶上带着当年的草帽子。

镜头72，特写，草帽上的小花中，飞出一只蝴蝶，从正面到侧面，再到背面，从山头俯视整个小镇，再从下往上仰望蓝天白云，蝴蝶展翅飞舞，最后飞近镜头。

（全剧终）

### 2.2.2 《向阳花》第二版剧本

从第一版分镜剧本中可以看出编剧同学做的剧本过程当中想了很多，做了很多，付出了很多的努力。每一场戏的每一个镜头都做了仔细地思考和设计，但是，可以看到有些镜头还是不够简练，而有些镜头则需要增加和调整。比如说：第二场当中爸爸送女儿上学的场景，显得有点拖沓。爸爸可以不用再送女儿上学，而是改成两、三个小女孩上学或是放学。再加上一个学校里传来朗朗读书声的大场景镜头。这样画面既交待了大的背景环境又有很强的叙事效果。第四场中小男孩儿欺负女孩子的环节加得很好。还有第十二场中的捐款箱的一些镜头有些托沓，可以用另外的一些东西影射一下，给观众一些想象的空间。

第一版剧本同学们在班上讨论以后又用很短的时间拿出了第二版。

前期创作阶段由同学们集思广益，再融合老师的主线，形成一个即朴实又不失精彩细节的动画短片剧本。在创作初期，由于经验不足，个人对题目的理解不同以及专业知识的缺乏等，剧本迟迟不能完美。下面是对整个创作过程做一个简单的叙述。

剧本的雏形：故事主线围绕草帽子，以情动人，用父亲的死来把小女孩推向贫穷困苦的边缘，最后由同学们伸出援助之手，延续《草帽子》（详见草帽子动画短片）的动人画面，煽情剧情。剧情虽简单但感情浓厚，唯一美中不足的就是捐钱的主线在浓厚的感情渲染下不容易被读

者记住。而且本就是单亲家庭的小女孩失去父亲，生活失去支柱，剧情不够合理。最终被删掉，但优点的部分被保留。

另一个剧本故事主线大胆颠覆传统思维，新加入地主（反面角色）是整个故事剧情跌宕起伏。最后以坏人伸出援助之手衬托出，人之初，性本善，激发出人们心底的善心。随着最后被淘汰，但保留其反面角色，使本来单薄的剧情更加丰富。

还有一个剧本故事主线虽然平淡无奇，小女孩家境贫穷，最后被记者发现，上了报纸，引起人们捐钱。最后感动的小女孩长大后发誓要当记者，帮助更多需要帮助的人。最后也被淘汰，但其让爱延续的想法很好，后被借用。这让大家学到剧本真实，逻辑性的重要。

以上是剧本创作全过程，剧本是整个动画短片的灵魂，也是最重要的环节之一。永远没有完美的剧本，只有最精彩的剧本，最缜密的剧本，最华丽的剧本，最感动人心的剧本。但也不能一意孤行，要吸取有益的提议，慢慢完善自己。每个想要写剧本的朋友，要相信你们自己的创意永远是最好的，但不要做蒙着眼睛飞的小鸟，要做放眼俯瞰蓝天的雄鹰！

➢ 向阳花剧本第二版（修改完整版）

剧中人物：小女孩、父亲、调皮的小男孩、小男孩的父亲

场景一：昼，阴，火车车窗前

镜头 1，特写，女记者的背影，风吹动发梢。

镜头 2，特写，女记者胸前的相机。

镜头 3，特写，女记者的上半身（就到鼻子以下，不照眼睛）望着窗外，嘴角上扬。

镜头 4，特写，女记者的手，翻开一个名为“希望”的相册，镜头拉近到一张向日葵花丛的相片。相片逐渐由阴天的灰调子变为彩色，暖调子。

场景二：昼，晴，学校门口小路上

镜头 5，中景，小女孩和爸爸打招呼，挥手让他回家，她要上学去了。

镜头 6，特写，爸爸的脸，对女儿憨厚地一笑，转过脸去，把帽子摘下，扇着风离开。

镜头 7，特写，女孩看着爸爸的背影，笑着也把草帽摘了下来。转身欢快地跑进了学校。

场景三：昼，教室内

镜头 8，近景，课堂上老师在黑板上出了很多题，他在考班上的小朋友谁会做这些题。

镜头 9，近景，小女孩为中心，周围的小朋友都在挠头，只有她在看了题以后自信地笑笑，举起了小手。

镜头 10，镜头 11，镜头 12，镜头 13，特写，各分为老师和三堆小朋友惊奇和嘲笑的脸。

镜头 14，特写小女孩的脚走上讲台。

镜头 15，特写小女孩的手在黑板上答题。

镜头 16，特写小女孩的后脑勺，在答完题以后转过来面向镜头，然后依然是自信地一笑。

镜头 17，近景小朋友们脸上的嘲笑变为了惊讶和敬佩的笑。

镜头 18，近景他们簇拥上来围着小女孩，请教她这些题应该怎么做。

镜头 19，近景，教室一角一个小男孩的身影，坐在原地，和其他簇拥上来的人形成鲜明对比。

镜头 20，特写，小男孩的眼睛，眉头紧锁，眼神中流露出不爽和鄙视。

场景三：夕阳下，晴，放学的路上

镜头 21，中景，小女孩在前面走着，突然从后面追上了一个人把她的小草帽抢了去。

镜头 22，特写，小女孩拼命追他。

镜头 23，特写，小女孩的脚被石头绊了一下。摔倒在地。

镜头 24，逆光，镜头从下至上，那个人停下了脚步，转过身来，男孩脸上露出胜利的笑容，手指上转着草帽。

镜头25，近景，小女孩的腿摔伤了，她的眼神中流露出疼痛的悲伤还有希望她能把草帽还给她的哀求。

镜头26，特写小男孩的嘴，从坏笑转变为生气地咬牙。

镜头27，特写小男孩的脚下，帽子被他扔在地上，踩了一脚，踹给了小女孩。

镜头28，近景，小男孩大笑着离开了，小女孩忍着眼泪拿起了沾满灰尘的草帽。

镜头29，特写，草帽，一滴眼泪滴了下来。

场景四：夜，大雨，稻田

镜头30，大全，风雨交加的天空和下面的稻田。

镜头31，第二天，天晴

镜头32，特写残破不堪的稻田一角。

场景五：小女孩的家中

镜头33，近景，父女二人在饭桌前，吃着简单的晚饭。

镜头34，近景，小女孩无心吃饭，她把成绩单和一份交费通知递给了爸爸。

镜头35，特写父亲的脸，看到成绩单欣慰一笑，转眼看到缴费通知，眉头紧锁。

镜头36，近景父亲拿出一个存钱盒

镜头37，特写存钱盒，打开，空空如也，所剩无几。

镜头38，近景，父亲的背影，无声的叹息。

场景六：昼，晴，小男孩家前小路

镜头39，近景小女孩在路边散步，听到有人说话，就来到墙后偷听。

镜头40，小女孩的视角拉近，一个男人正在向欺负她的小男孩的父亲低头借钱，他显得十分卑微，不断地向他鞠躬，在小女孩的眼中，他像是快趴在他的脚边了。

镜头41，特写小女孩的后脑勺，一颗石子砸中她的头，她惊讶地转过头。

镜头42，特写小男孩的眼睛以下，坏笑的嘴，镜头慢慢往上拉，整张坏笑的脸映入眼帘。

镜头43，近景，小男孩不紧不慢地走到他父亲身边。

镜头44，特写，那男人转过头来，竟是小女孩的父亲。

镜头45，特写，小女孩的怨恨的泪水流了下来，她不顾一切地跑回了家。

场景七：小女孩家中

镜头46，近景，饭桌前，父亲把饭菜端到小女孩面前，却遭到她的白眼，转身离开。

镜头47，小女孩躲在被窝里哭泣。

场景八：昼，晴转暴风雨，山上

镜头48，近景，父亲拿着斧头在山上砍树，希望能挣些钱养家。

镜头49，近景，小男孩和父亲上山郊游，路过父亲身旁，父亲向他鞠躬打招呼，他们只是给了他一个白眼。

镜头50，近景，傍晚，一大片黑云笼罩整座山，父亲砍完柴匆忙下山。

镜头51，大全，一个大闪，暴风雨开始。

镜头52，中景，父亲匆忙下山，突然听到有人呼救，急忙掉头。

镜头53，特写，小男孩掉到一个大坑中，他的父亲在坑边怎么也够不到他。

镜头54，近景，父亲跑来二话不说，跳入坑中把小男孩拖出坑外。

镜头55，特写，父亲的瞳孔看到就当父亲正要爬上来的时候，随着暴风雨的冲刷，一大股泥石流从山上冲了下来……

场景九：暴雨，夜，小女孩家门口

镜头56，特写，小女孩的背影，从下至上，她手中抱着那顶草帽子，上面那朵父亲亲手别上去的小花被风卷走了……

镜头 57，近景，小女孩的背影，邻居大叔匆忙跑来，手指向村口医院……

镜头 58，特写，小女孩的眼睛。

镜头 59，特写，大叔喘息的脸，一个影闪过，他转头。

镜头 60，近景，小女孩疾奔的背影消失在大雨中……

场景十：大雨，夜，村口医院

镜头 61，小女孩的视角，推开一扇又一扇的门，映入眼帘是父亲躺在病床上，身上裹满了绷带。

镜头 62，特写，小女孩颤抖地来到父亲窗前，跪下……泪水在眼中打转……

镜头 63，父亲的手缓缓松开，一朵美丽的小黄花映入眼帘。

镜头 64，特写小女孩张大的双眼。

镜头 65，特写小女孩的下半张脸，泪水倾盆而下。

镜头 66，特写泪水洒在小花上。

镜头 67，近景，在病房门口，小朋友们正在同情地望着小女孩，交头接耳。

场景十一：晴，夕阳下，小女孩的家门口

镜头 68，近景，小女孩哭红哭肿的双眼，茫然地望着眼前的地。身边放着见底的钱箱和破旧的书包。

镜头 69，特写膝盖上放着她破旧的小书包，手中紧握着交费通知。

镜头 70，俯视，小女孩低下了头，镜头慢慢拉远。

场景十二：晴，阴转晴，学校门口。

镜头 71，近景，小女孩打着残破的雨伞来到学校，眼中充满了无助和茫然。

镜头 72，近景，老师在前面收费，同学们都没有理睬小女孩，她一个人站在角落里……

镜头 73，近景，大家缓缓交完钱，教室的人越来越少，最后只剩下她。

镜头 74，近景，老师走近她，她低下了头。

镜头 75，小女孩的视角，只能看见老师向她伸手要钱的手。

镜头 76，特写，小女孩的脸，眼中含着泪，充满了无助。

镜头 77，特写，小女孩终于低下头哭了出来，身后却涌出了人群。

镜头 78，中景，俯视，同学们不知什么时候从她的背后涌现了出来，大家争先恐后地为她捐钱。

镜头 79，小女孩的视角，看着大家的背影，眼睛模糊了。

镜头 80，特写捐钱箱，里面赫然有一叠百元大钞。

镜头 81，特写小男孩的嘴，泛起了一丝得意的笑。

镜头 82，特写小男孩和他的父亲在门框边微笑，然后转身离开。

镜头 83，从小男孩的背影拉到以小女孩为中心的镜头，画面逐渐变为照片。

场景十三：晴，天空中闪烁着象征希望的七彩之光，一座小山头上

镜头 84，特写，照片中的小女孩逐渐变为现实中的女记者，头顶上带着当年的草帽子。

镜头 85，特写，草帽上的小花中，飞出一只蝴蝶，从正面到侧面，再到背面，从山头俯视整个小镇，再从下往上仰往蓝天白云，蝴蝶展翅飞舞，最后飞近镜头。

（全剧终）

可以看出第二版在第一版的基础上又对一些情节的设置和镜头的运用作了很细致的修改。经同学们讨论虽然有些情节的设置取舍方面还有一些争议，但基本已经是在现实的基础上经过同学们的努力和编剧同学的辛勤工作而得到的第一个创作过程中的精华。是我们向阳花动画创作工作室所取得的第一份成绩。它为我们下一步的工作开展奠定了坚实的基础。

总之，动画剧本是动画片创作的根本。一个好剧本，遇到平庸的导演，可能被拍成二流的

影片，但是面对一个不够好的剧本，无论多么天才的导演，多么努力，都无法拍出一部出色的影片。在这个过程当中仅有对好故事的爱，对同学的期待还是不够的。我们向阳花工作室的现阶段的目标是不仅把一个故事讲完，还要讲好。要让同学们在学习剧本相关知识的同时以实训课为媒介做出一个真正的剧本。切身地体会由一个故事创意向动画剧本发展的过程，并能从自身的创作过程中得到成就感和自豪感。

## 本章小结

动画剧本的创作应注意以下几点：

1. 用最简洁、准确的语言讲完故事；
2. 主题升华，也就是作者想要表达的思想感情一定要明确；
3. 文字分镜，充分地把握细节，细节决定成败；
4. 整体节奏，创作之后的一次对于理性的回归，也是创作中最关键的一点。

## 技能训练

1. 你怎么理解艺术来源于生活而又高于生活？
2. 分小组讨论动画剧本创作，并最终形成完整的动画剧本。

# 第3章　造型与分镜设计

【学习目标】

1. 学习一步步地做角色设计；
2. 学习针对剧本做场景设计；
3. 学习针对剧本做分镜头绘制。

## 3.1　形象设计

### 3.1.1　总体美术风格的设定

美术风格的选择必须适合故事题材，也就是要做到内容和形式的统一。这是由于人们的审美经验和文化习惯所决定的，每一种故事风格基本都会有它相应的美术风格。例如，太空幻想的故事一般对应现代科技的造型，传统题材的故事一般对应传统的画风。剧本确定下来以后，首要的工作就是确定片子的美术风格和表现手法。动画片《向阳花》的美术风格根据故事内容来设计，但是要真正做到风格内容的高度统一是不容易的事。经过同学们的讨论、设计，再讨论、再设计，最后确定下来中国北方传统的乡土风格。

美术风格除了要适合故事本身之外，同时也是创作者的一种习惯和喜好，带有强烈的主观色彩。因为最终的创作毕竟是由创作者去完成，而每一个创作者创作的初衷就是为了表达他想要表达的一种特殊情感，所以理所当然地会带有自己的内心倾向。只有当所运用的美术风格符合了创作者本身的情感需要，创作者才能够发自内心地去认真完成。

### 3.1.2　角色造型设计

在三维动画制作中，首要的任务就是要做动画角色形象设计。一个成功的动画形象可以催生一个系列动画产业。动画形象设计是影视动画片前期创作的关键环节，也是国内动漫、游戏等相关专业的必修课。动画的核心是塑造人物角色，动画片最终能否创造巨大的经济效益同样还是依赖影片角色造型是否具有魅力。在做动画造型设计之前让我们先分析一下美国、日本、中国的动画造型设计特色。

20 世纪 30 年代，全国濒临破产的迪斯尼由于推出别具一格的“迪斯尼”形象而缔造了一个庞大的娱乐产业帝国。迪斯尼：米老鼠等动漫形象结合早期卡通人物的特征，圆大的黑色耳朵、细长如软管的四肢，像奥斯华，也像菲力猫。

日本的动漫造型更注重使作品精致小巧，而且一丝不苟的日本文化同样也影响了日本动漫造型的特质。日本动漫造型的特色概括起来可以界定为：细致的角色、造型及场景设计；借助超现实的想象空间，以满足观众对不可能实现之事的幻想；刺中观众幻想的神经。

而中国的动画造型具有传统东方古典气息，带有民族传统，讲究韵律与和谐之美。

了解了这些不同国家不同的造型特点之后，在根据我们的故事做动画造型设计就很有概念了，如图 3-1 至图 3-5 所示。

图3-1　主人公小雨的造型设计

图3-2　人物1

图3-3　主人公小雨的三维造型设计

图3-4 《向阳花》人物比例图设计

图3-5　小雨成年的造型设计

图3-6　爸爸的三维模型设计

为了调动同学们的积极性，首先让同学们先根据自己的形象做自己的漫画造型设计。因为人首先最熟悉的往往是自己，从自己做起往往更容易调动工作室同学们的积极性。下面是一些同学自己的形象设计，如图 3-7 至图 3-11 所示。

图3-7　同学们的一组造型设计1

图3-8　同学们的一组造型设计2

图3-9　同学们的一组造型设计3

图3-10　同学们的一组造型设计4

图3-11　同学们的一组造型设计5

其次，做三维人物卡通模型首先要造型的转面设计，以手绘的转面设计为参照才能很有根据地做出精确的三维模型，如图 3-12 至图 3-32 所示。

图3-12　人物2造型设计

图3-13　人物2

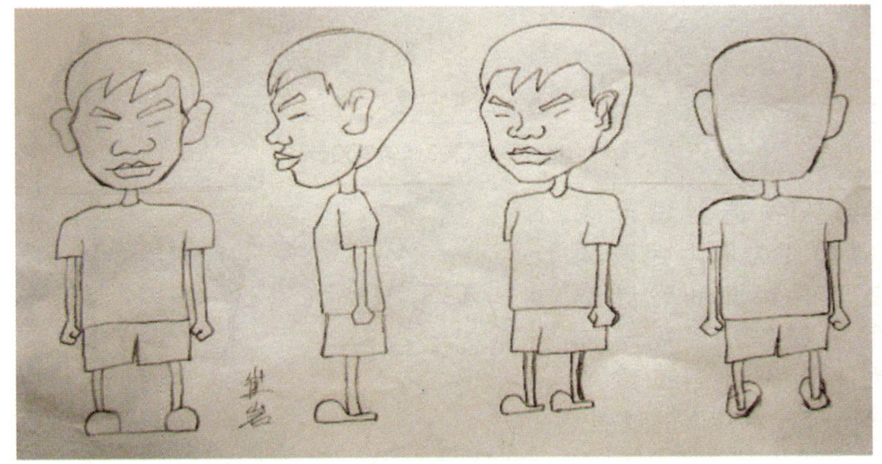


图3-14　人物2的一组造型设计

图3-15　坏爸爸的一组三维造型

图3-16　人物3

图3-17　人物3一组三维造型设计

图3-18　人物3作转面设计

从以上两组人物造型设计来看，同学们从造型能力和对色彩的理解到三维造型的转面和设计都大胆地进行了再创作。可见一幅作品在从二维平面设计到三维的转变过程不仅是一个技术转面的过程，更是一个再加工、再提炼、再创作的过程。

图3-19　人物4一组造型设计

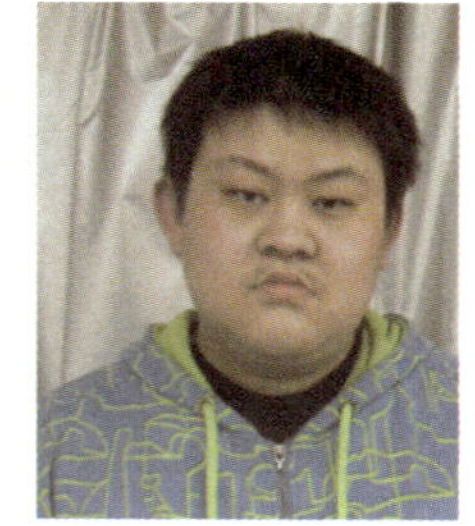

图3-20　人物4

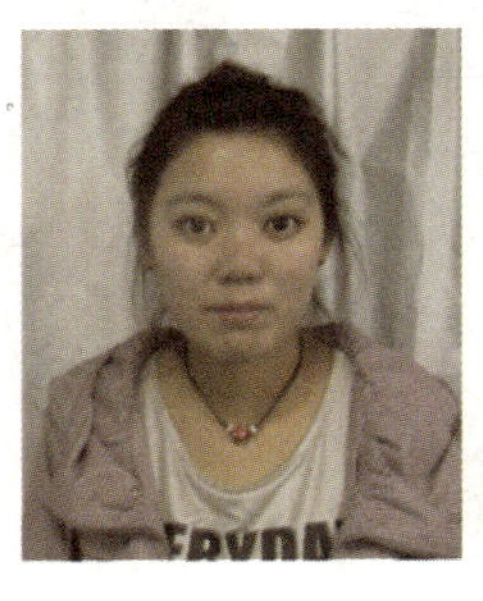

图3-21　人物5

图3-22　人物5造型设计

图3-23　人物5一组造型设计

图3-24　人物6造型设计

图3-25　人物6

图3-26　人物6一组造型设计

图3-27　人物7

图3-28　人物7一组造型设计

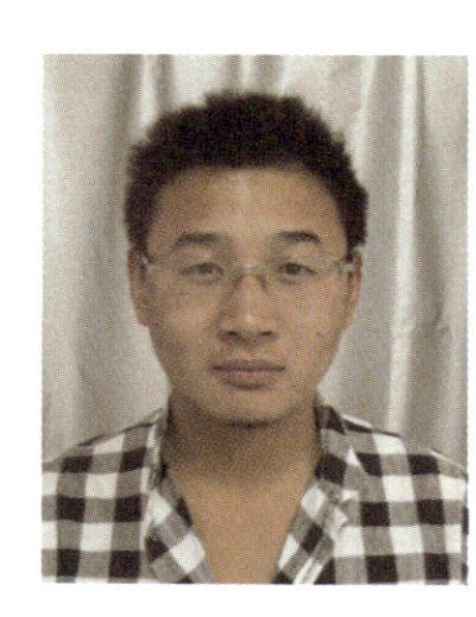

图3-29　人物8

图3-30　人物8的五转面造型设计

图3-31　人物8的四转面造型设计

图3-32　人物8的一组三维造型设计

电影角色造型主要通过真实人物化妆来实现，而动画基本不需要真实演员。动画造型设计是通过特定的手段和材料，创造可“动”可“变”的形象。动画就是动画，动画造型自有其独特性和规律性。动画让造型设计拥有这样的自由：由现实进入幻想，从二维转到三维，或折中混合，天马行空，只要造型设计风格和故事内容是统一的，只要观众接受并喜欢你的设计，那就可以了！

## 3.2 场景设计

不论大小幅，心情造景，顷刻可成。”

——清代画家孔衍轼

影视动画场景设计就是指动画影片中除角色造型以外的随着时间改变而变化的一切物的造型设计。是动画设计中很重要的一部分，作为画面中占大部分面积的场景，它在很大程度上决定着动画的风格。场景就是随着故事的展开，围绕在角色周围，与角色发生关系的所有景物，即角色所处的生活场所、陈设道具、社会环境、自然环境以及历史环境，甚至包括作为社会背景出现的群众角色，都是场景设计的范围。

3.2.1 外景（如图3-33至图3-39所示）

图3-33 《向阳花》外景设计

图3-34 《向阳花》外景三维设计图

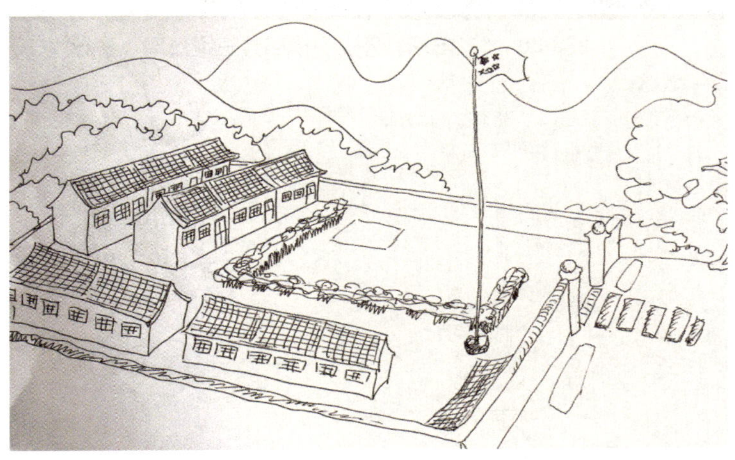

图3-35 《向阳花》外景学校部分设计

图3-36 《向阳花》外景学校部分三维设计

图3-37 《向阳花》外景小桥部分设计

图3-38 《向阳花》外景小桥部分三维效果

图3-39 《向阳花》外景院子部分设计

开始的时候同学们设计芦苇做场景的主角，后来发现芦苇已经被很多前人做到了极致，以同学们有限的水平，很难再有超越。后来就很果断地决定用北方特有的向日葵，意喻健康、昂扬向上、生机勃发的意思。于是同学们查了很多向日葵的资料，综合设计了几个版本，最后就定下了现在的样子。

### 3.2.2 内景（如图3-40、图3-41所示）

图3-40 《向阳花》小雨房间内景设计

图3-41 《向阳花》小雨房间三维内景效果图

## 3.3 分镜头台本的绘制

分镜是非常重要的，好的分镜能够造就一部好的动画片。在剧本定下来以后，先了解一下视听语言课和分镜课上所学的知识。然后开一个专题讲座给同学们重新普及一下分镜的相关专业知识。然后大家开始做分镜，每个同学做一个版本，然后拿出来大家一起探讨。最后统一好想法以后，由艺术总监做统一地分镜整理和设计。之后，剪辑成二维静态的LAYOUT视频。再让大家一起探讨、修改，再探讨……

### 3.3.1 分镜头绘制的过程

下面分几个步骤简单介绍做分镜头绘制的过程。

第一版分镜稿，是想到哪儿就画哪儿，然后串连成完整的故事。找一些没有看过剧本的同学看，看能不能在第一感觉就读懂故事。因为第一感觉往往最重要，如果老师或是同学能通过分镜读懂故事，理解作者想要表达的意图，那就已经是分镜成功的第一步。

第二版分镜稿，在原来的基础上做一些提炼，去粗取精。在综合考虑内容、时间、动作、构图甚至色彩的基础上认真完善的每一个镜头，胸有成竹之后再落在纸上。

第三版分镜稿也是最后一版，综合所有的正确的意见从头至尾把分镜统一一遍。

### 3.3.2 最终版分镜

如果说版本是动画的灵魂，那么分镜就是这个灵魂的载体。《向阳花》动画分镜是这个文字剧本的画面表现形式。以下是最终版分镜稿，如图 3-42 至图 3-58 所示。

图3-42 《向阳花》第三版分镜一

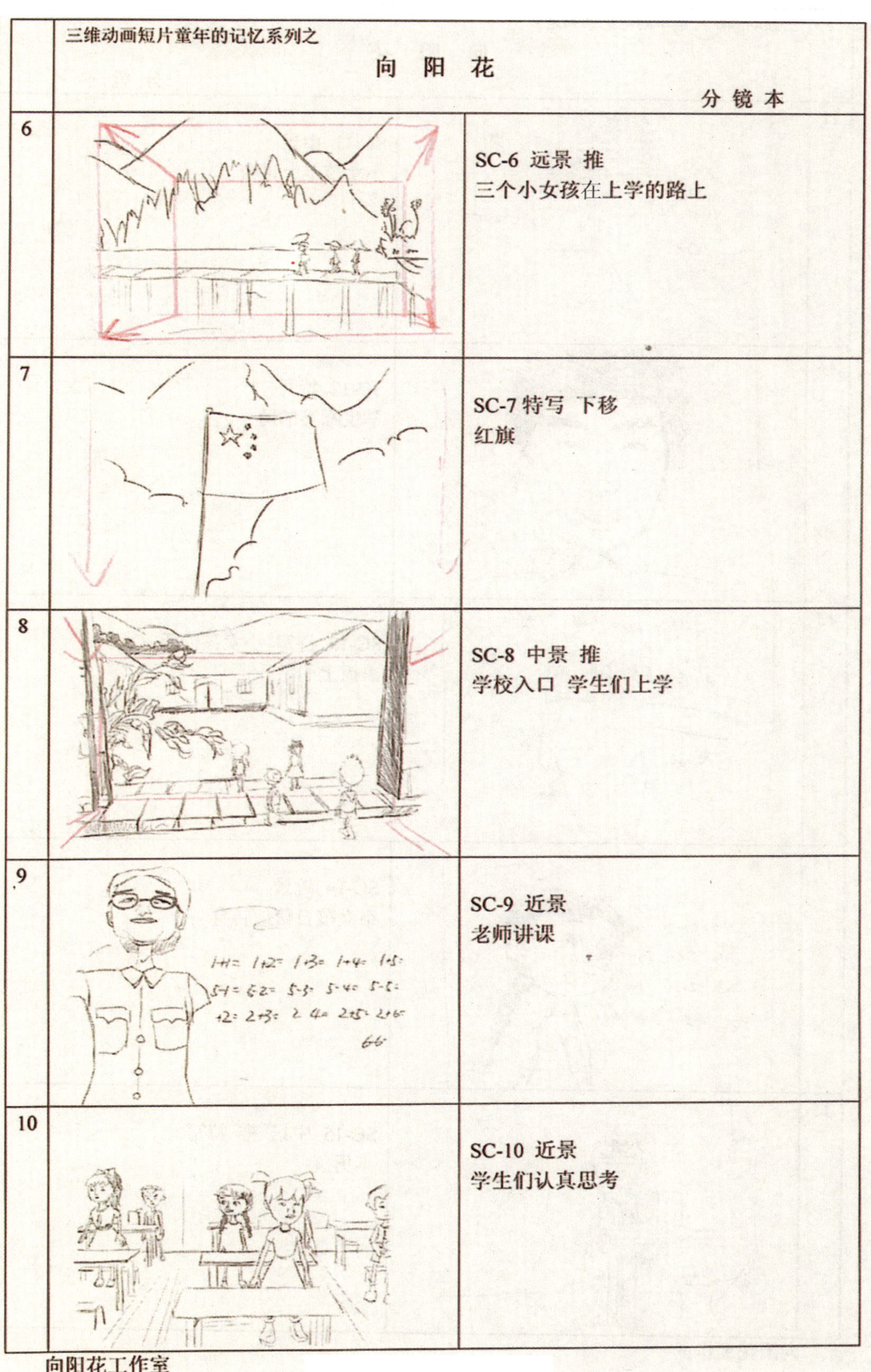

三维动画短片童年的记忆系列之

向 阳 花

分 镜 本

| | | |
|---|---|---|
| 6 | | SC-6 远景 推<br>三个小女孩在上学的路上 |
| 7 | | SC-7 特写 下移<br>红旗 |
| 8 | | SC-8 中景 推<br>学校入口 学生们上学 |
| 9 | | SC-9 近景<br>老师讲课 |
| 10 | | SC-10 近景<br>学生们认真思考 |

向阳花工作室

图3-43 《向阳花》第三版分镜二

| | 三维动画短片童年的记忆系列之<br>向 阳 花<br>分 镜 本 | |
|---|---|---|
| 11 |  | SC-11 中景<br>小女孩走上讲台 |
| 12 |  | SC-12 特写<br>学生嘲笑的脸 |
| 13 | 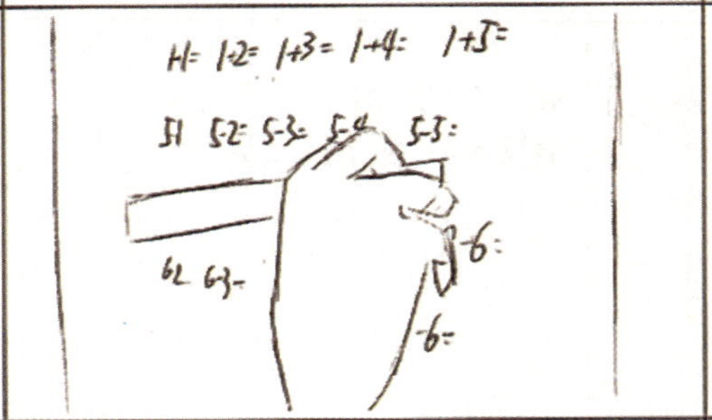 | SC-13 特写 小女孩的手<br>黑板上的字 |
| 14 |  | SC-14 近景<br>小女孩自信地转身 |
| 15 |  | SC-15 中景 推 特写<br>小男孩 |

向阳花工作室

图3-44 《向阳花》第三版分镜三

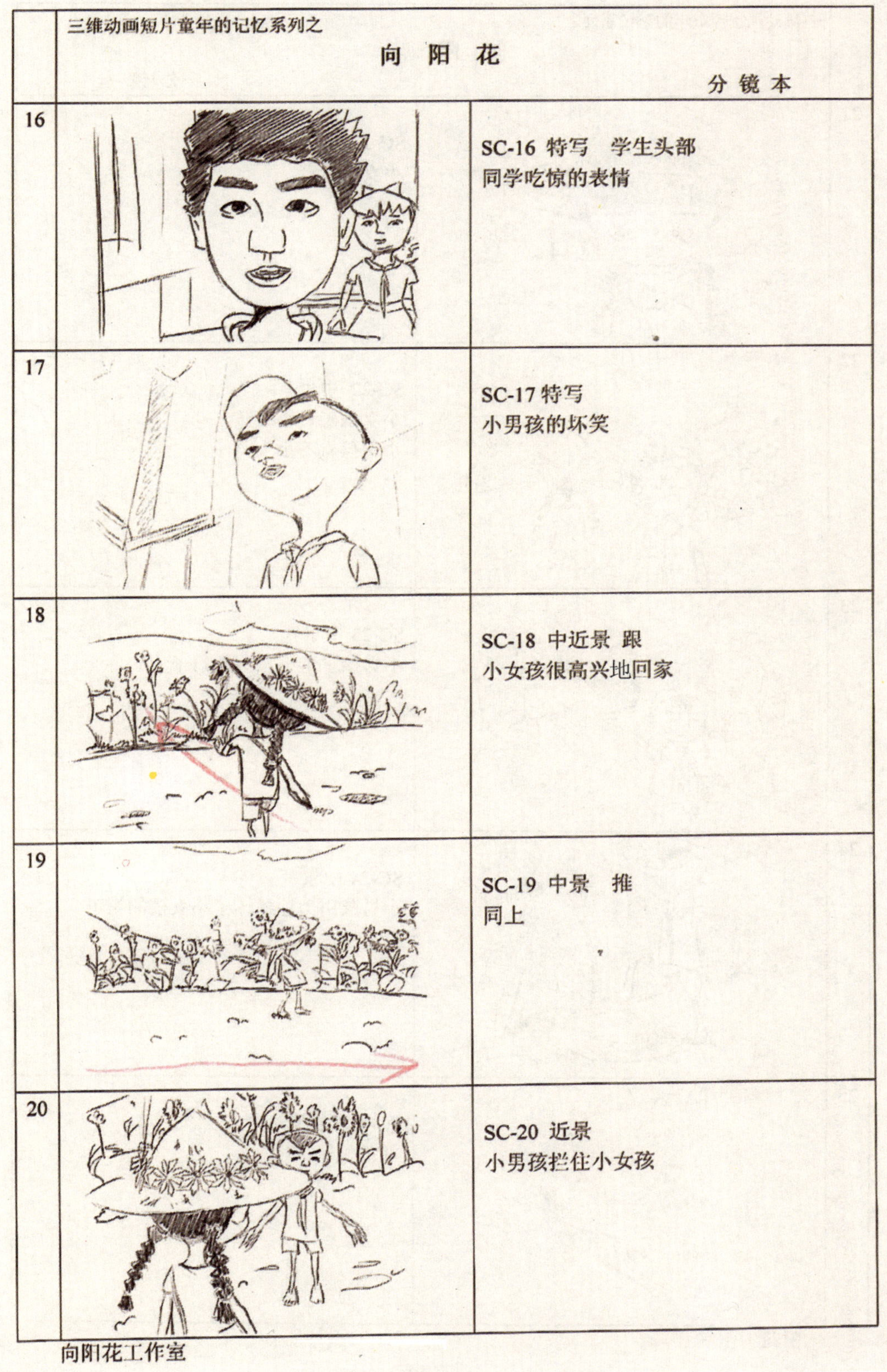
三维动画短片童年的记忆系列之

向 阳 花

分 镜 本

| 镜号 | 画面 | 说明 |
|---|---|---|
| 16 | | SC-16 特写 学生头部<br>同学吃惊的表情 |
| 17 | | SC-17 特写<br>小男孩的坏笑 |
| 18 | | SC-18 中近景 跟<br>小女孩很高兴地回家 |
| 19 | | SC-19 中景 推<br>同上 |
| 20 | | SC-20 近景<br>小男孩拦住小女孩 |

向阳花工作室

图3-45 《向阳花》第三版分镜四

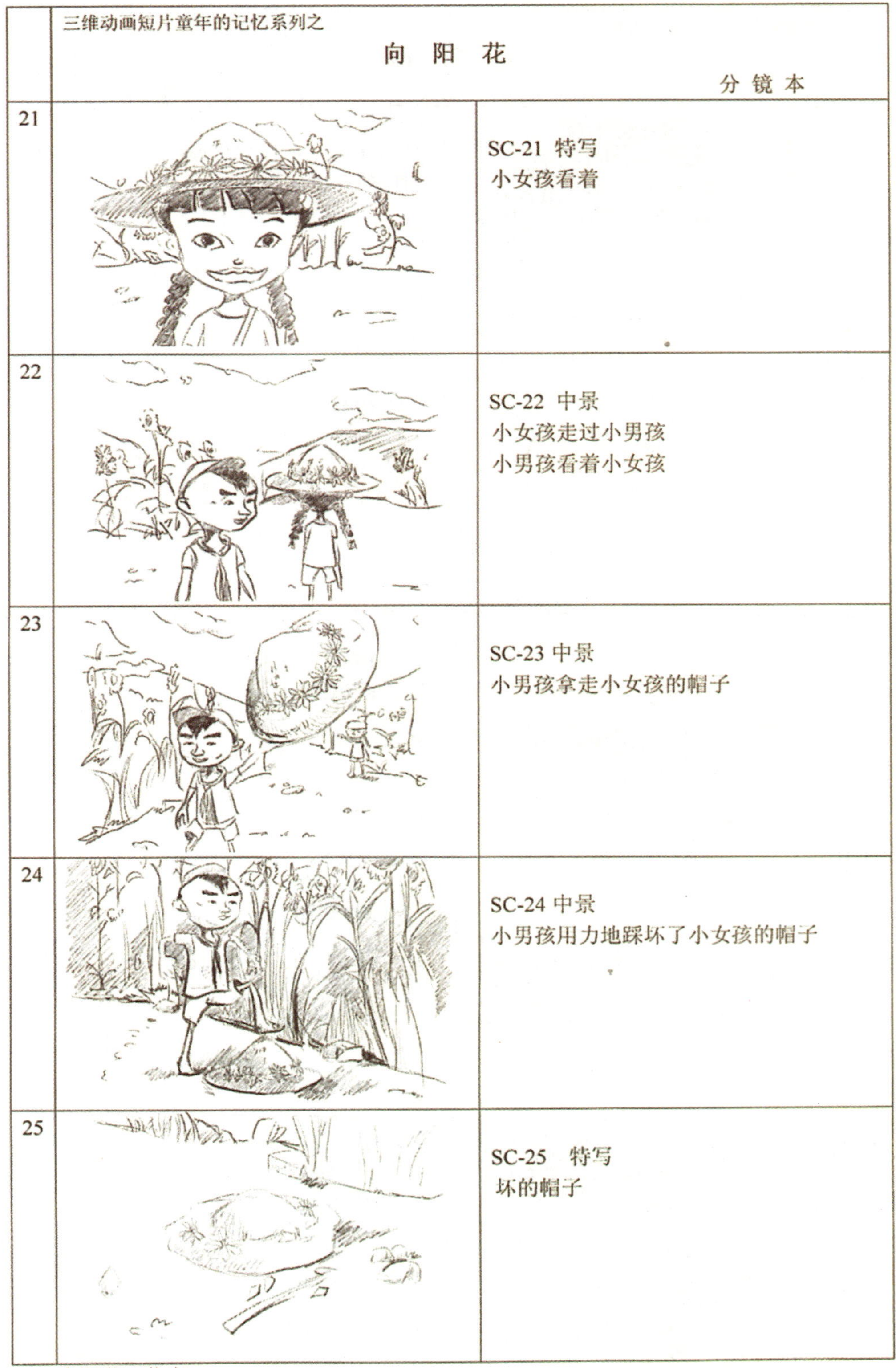

三维动画短片童年的记忆系列之

向 阳 花

分 镜 本

| | | |
|---|---|---|
| 21 | | SC-21 特写<br>小女孩看着 |
| 22 | | SC-22 中景<br>小女孩走过小男孩<br>小男孩看着小女孩 |
| 23 | | SC-23 中景<br>小男孩拿走小女孩的帽子 |
| 24 | | SC-24 中景<br>小男孩用力地踩坏了小女孩的帽子 |
| 25 | | SC-25 特写<br>坏的帽子 |

向阳花工作室

图3-46 《向阳花》第三版分镜五

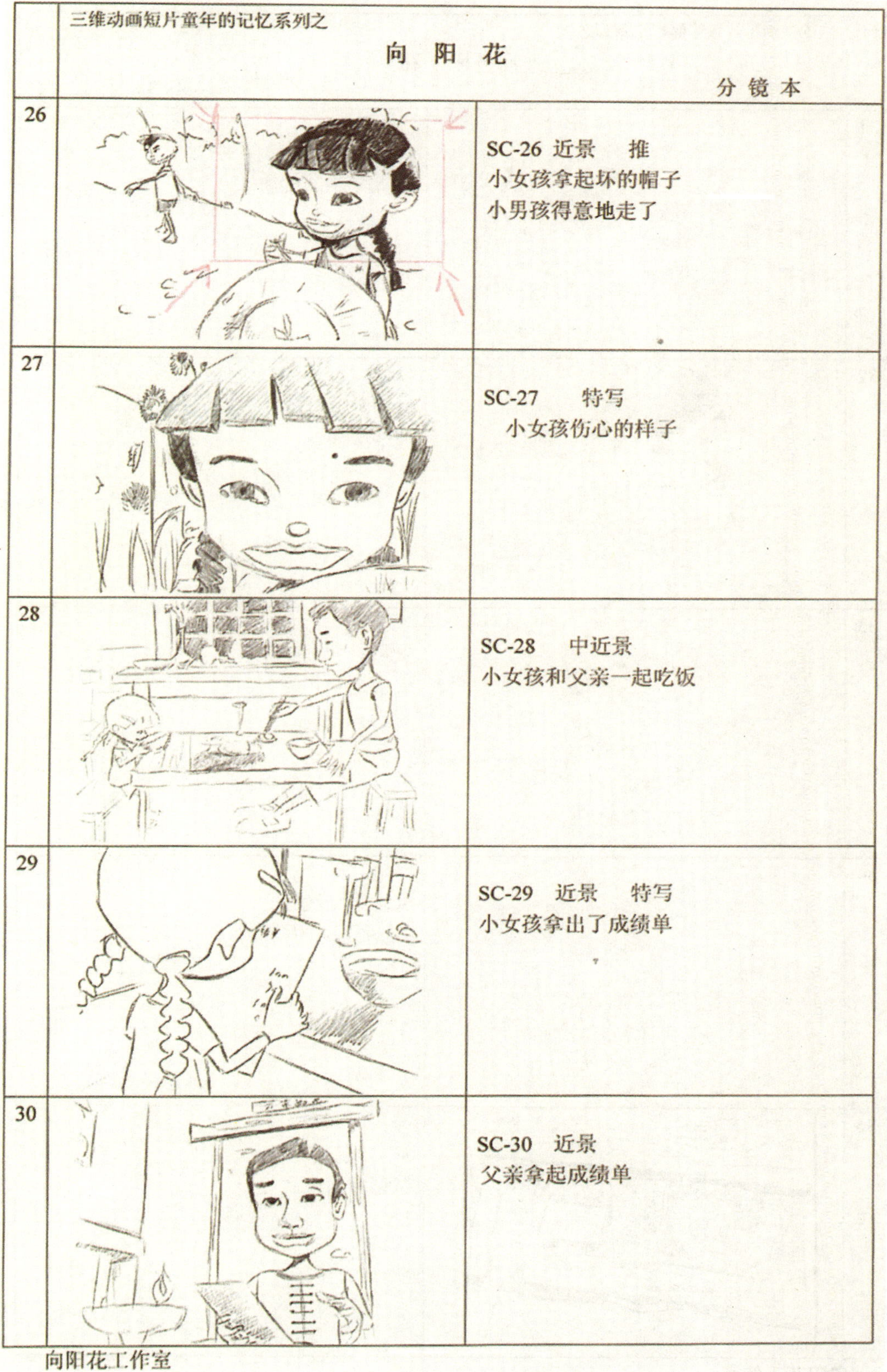

三维动画短片童年的记忆系列之

**向 阳 花**

分 镜 本

| | | |
|---|---|---|
| 26 | | SC-26 近景 推<br>小女孩拿起坏的帽子<br>小男孩得意地走了 |
| 27 | | SC-27 特写<br>小女孩伤心的样子 |
| 28 | | SC-28 中近景<br>小女孩和父亲一起吃饭 |
| 29 | | SC-29 近景 特写<br>小女孩拿出了成绩单 |
| 30 | | SC-30 近景<br>父亲拿起成绩单 |

向阳花工作室

图3-47 《向阳花》第三版分镜六

三维动画短片童年的记忆系列之

**向 阳 花**

分 镜 本

| | | |
|---|---|---|
| 31 | | SC-31 特写<br>父亲手中的成绩单 |
| 32 | | SC-32 近景<br>小女孩低头 |
| 33 | | SC-33 中景 移<br>父亲走向书桌 |
| 34 | | SC-34 近景推<br>父亲打开抽屉 |
| 35 | | SC-35 特写<br>父亲拿出钱盒 |

向阳花工作室

图3-48 《向阳花》第三版分镜七

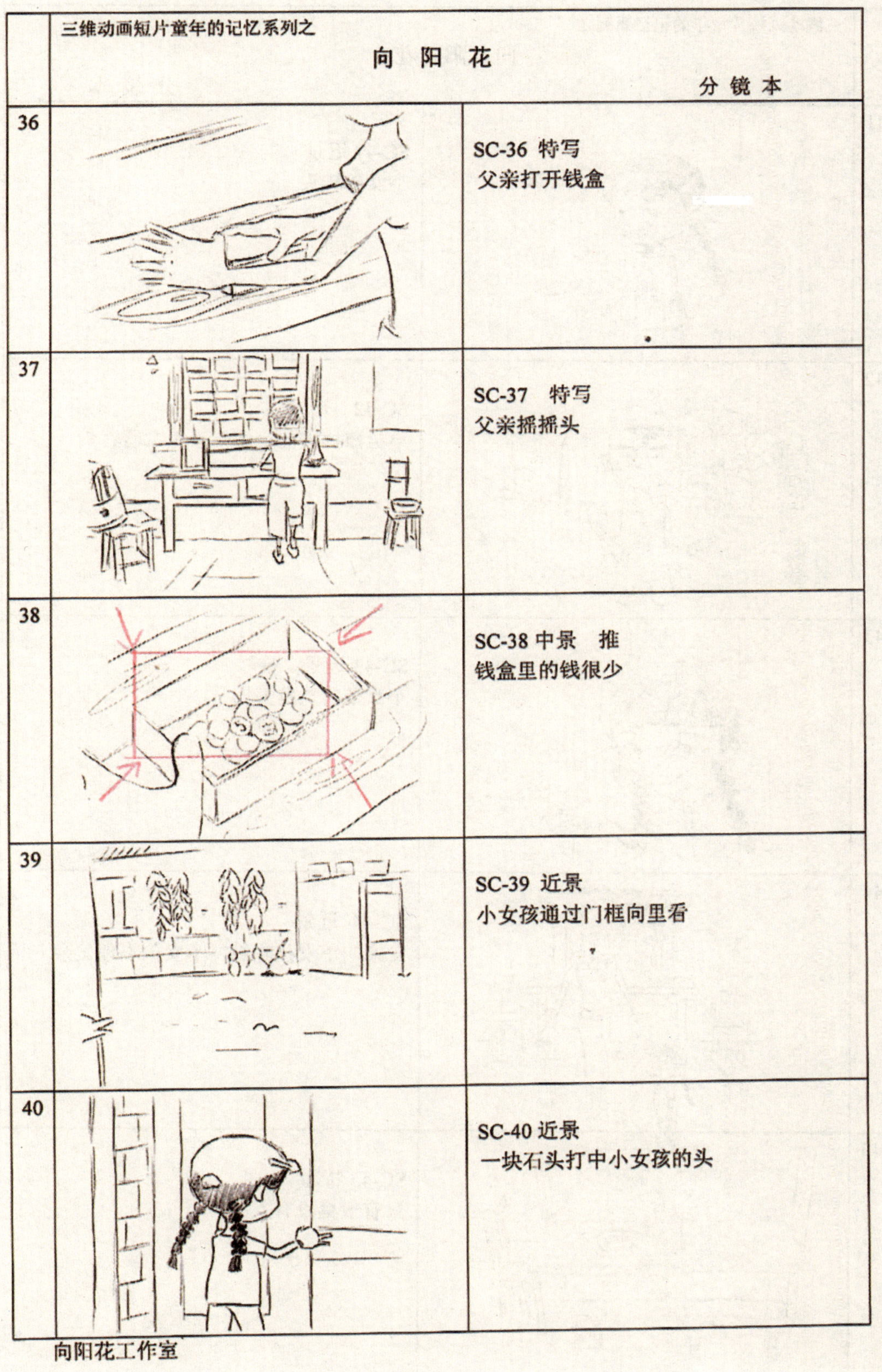


图3-49 《向阳花》第三版分镜八

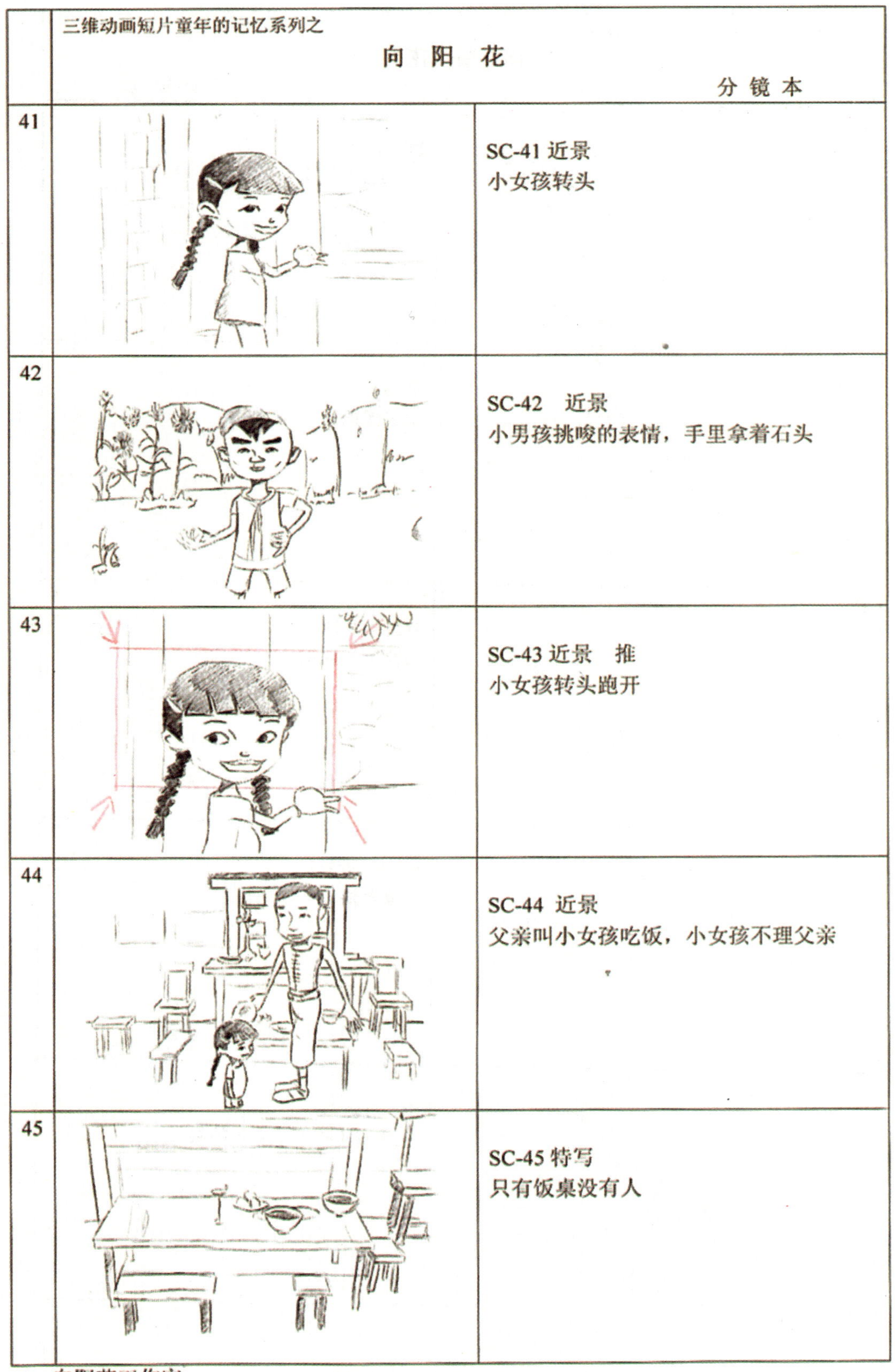

三维动画短片童年的记忆系列之

向 阳 花

分 镜 本

| | | |
|---|---|---|
| 41 | | SC-41 近景<br>小女孩转头 |
| 42 | | SC-42 近景<br>小男孩挑唆的表情，手里拿着石头 |
| 43 | | SC-43 近景 推<br>小女孩转头跑开 |
| 44 | | SC-44 近景<br>父亲叫小女孩吃饭，小女孩不理父亲 |
| 45 | | SC-45 特写<br>只有饭桌没有人 |

向阳花工作室

图3-50 《向阳花》第三版分镜九

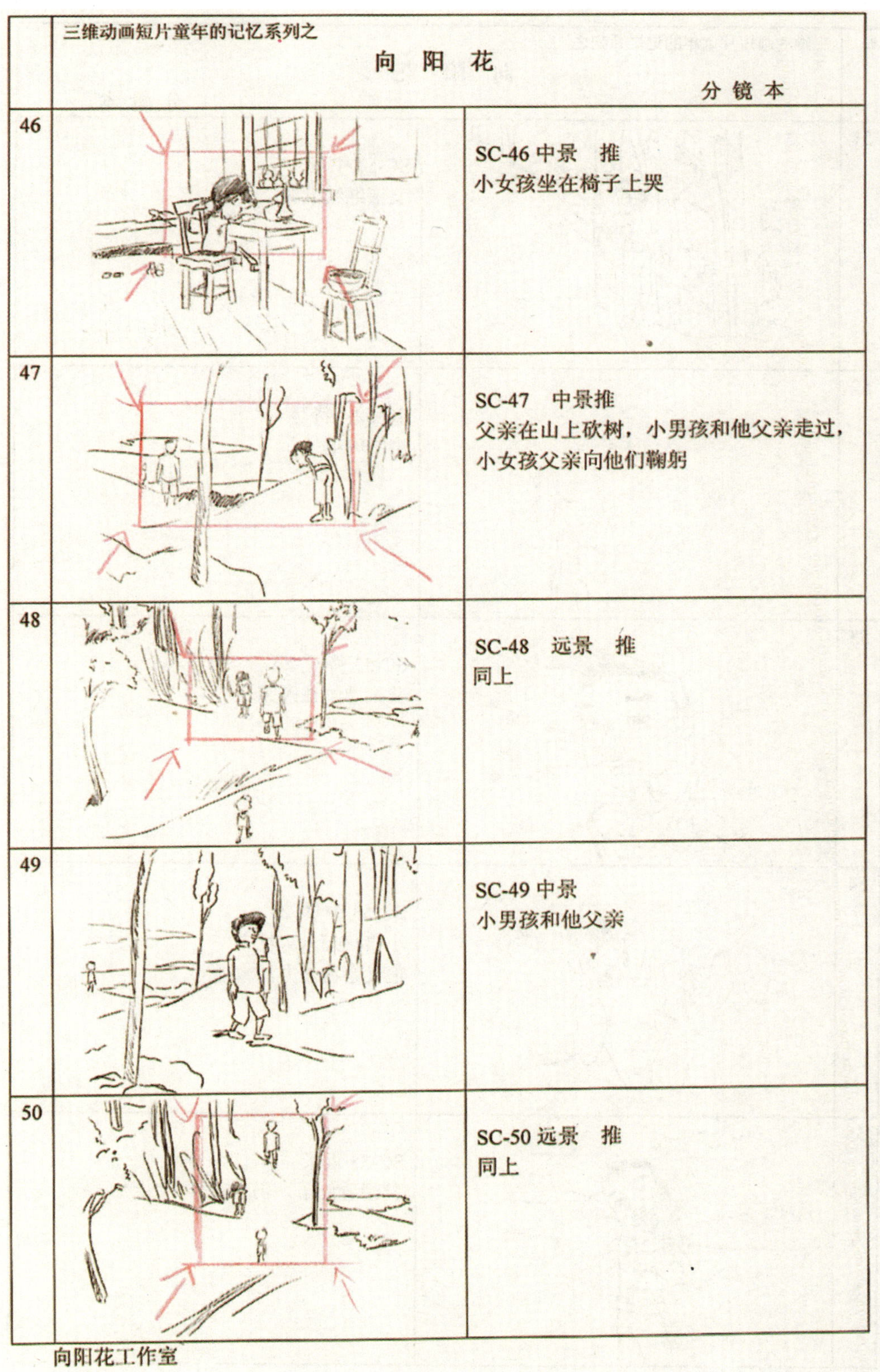

三维动画短片童年的记忆系列之

向 阳 花

分 镜 本

| 镜号 | 画面 | 内容 |
| --- | --- | --- |
| 46 | | SC-46 中景 推<br>小女孩坐在椅子上哭 |
| 47 | | SC-47 中景推<br>父亲在山上砍树，小男孩和他父亲走过，小女孩父亲向他们鞠躬 |
| 48 | | SC-48 远景 推<br>同上 |
| 49 | | SC-49 中景<br>小男孩和他父亲 |
| 50 | | SC-50 远景 推<br>同上 |

向阳花工作室

图3-51 《向阳花》第三版分镜十

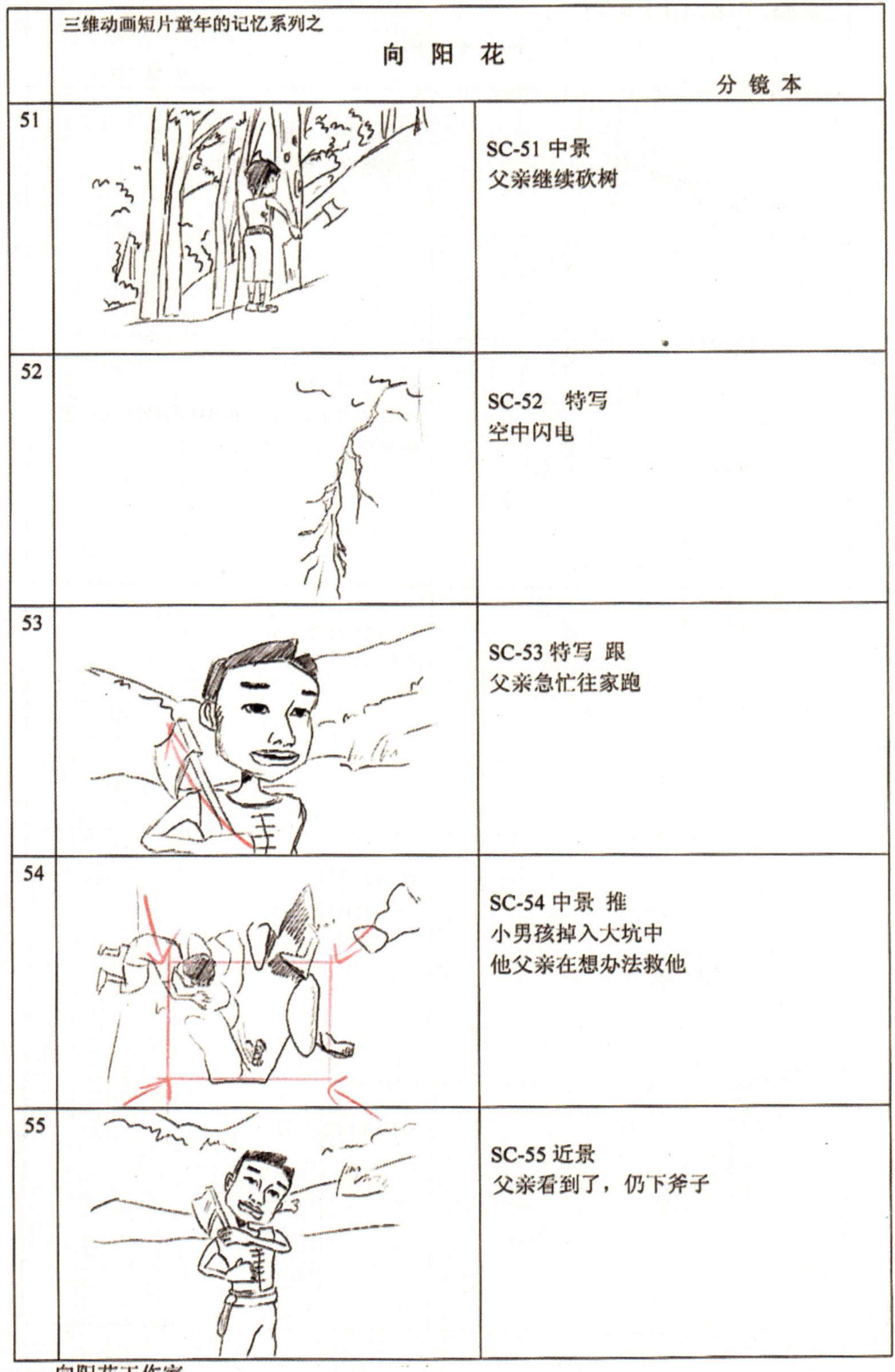

三维动画短片童年的记忆系列之

向 阳 花

分 镜 本

| 镜号 | 画面 | 说明 |
| --- | --- | --- |
| 51 | | SC-51 中景<br>父亲继续砍树 |
| 52 | | SC-52 特写<br>空中闪电 |
| 53 | | SC-53 特写 跟<br>父亲急忙往家跑 |
| 54 | | SC-54 中景 推<br>小男孩掉入大坑中<br>他父亲在想办法救他 |
| 55 | | SC-55 近景<br>父亲看到了，仍下斧子 |

向阳花工作室

图3-52 《向阳花》第三版分镜十一

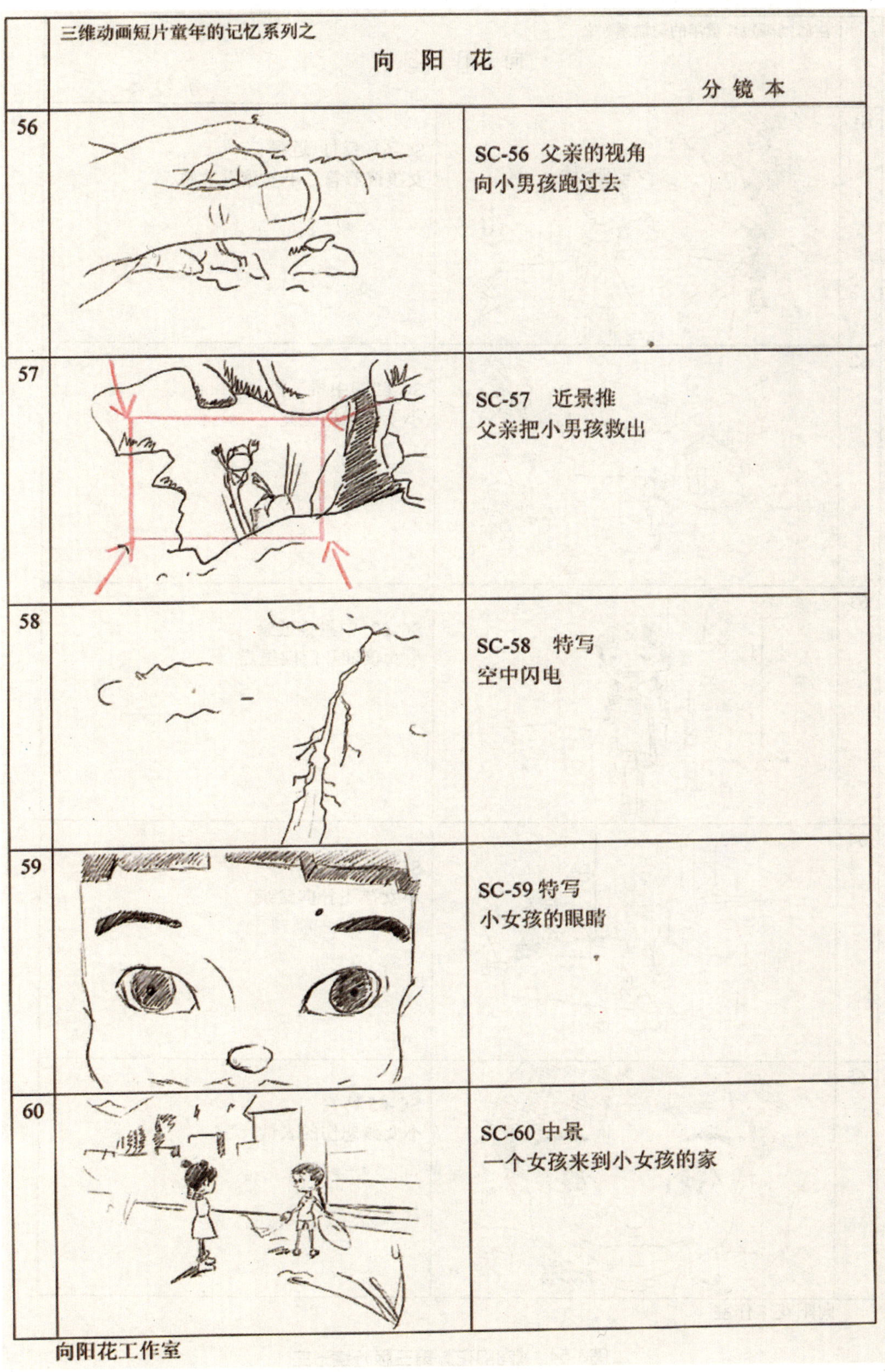


图3-53 《向阳花》第三版分镜十二

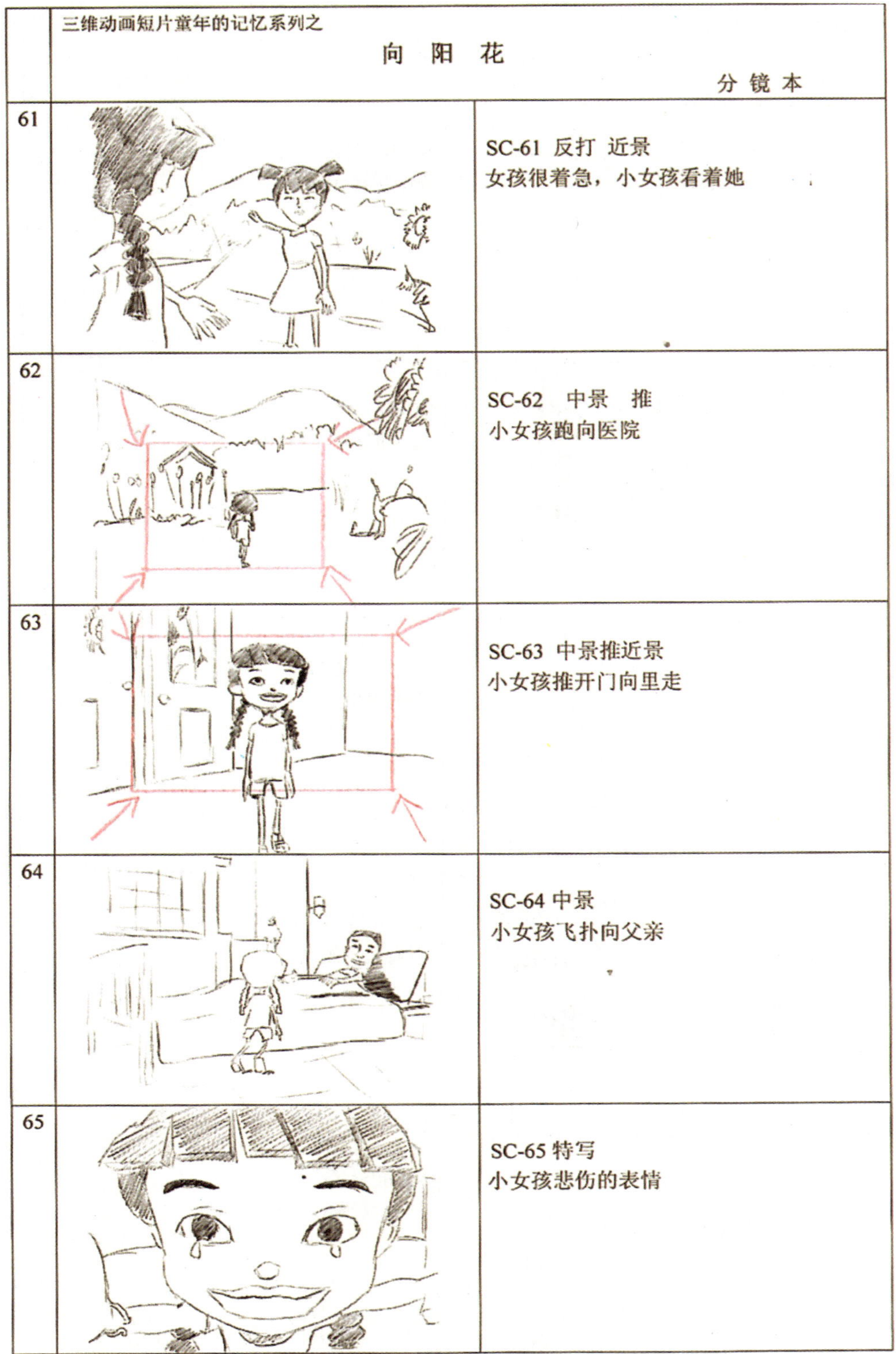

三维动画短片童年的记忆系列之

向 阳 花

分 镜 本

| 镜号 | 画面 | 说明 |
|---|---|---|
| 61 | | SC-61 反打 近景<br>女孩很着急，小女孩看着她 |
| 62 | | SC-62 中景 推<br>小女孩跑向医院 |
| 63 | | SC-63 中景推近景<br>小女孩推开门向里走 |
| 64 | | SC-64 中景<br>小女孩飞扑向父亲 |
| 65 | | SC-65 特写<br>小女孩悲伤的表情 |

向阳花工作室

图3-54 《向阳花》第三版分镜十三

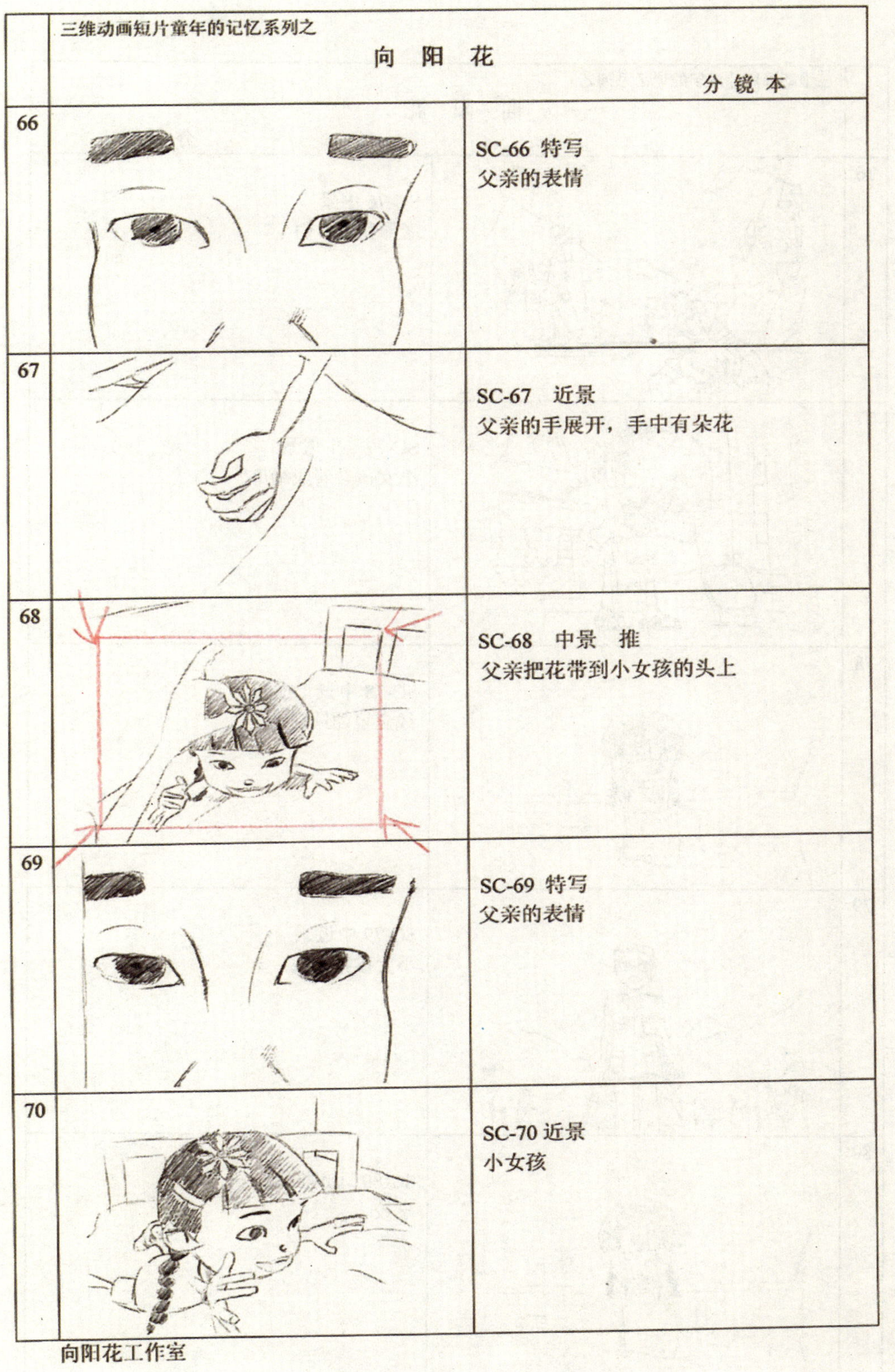


图3-55 《向阳花》第三版分镜十四

三维动画短片童年的记忆系列之

向 阳 花

分 镜 本

| | | |
|---|---|---|
| 76 | | SC-76 中景<br>老师和同学们 |
| 77 | | SC-77　中近景<br>小女孩看着成绩单 |
| 78 | | SC-78 中景　推<br>钱盒里的钱很少 |
| 79 | | SC-79 中近景<br>小女孩抬起头 |
| 80 | | SC-80 远景推<br>学校 |

向阳花工作室

图3-56　《向阳花》第三版分镜十五

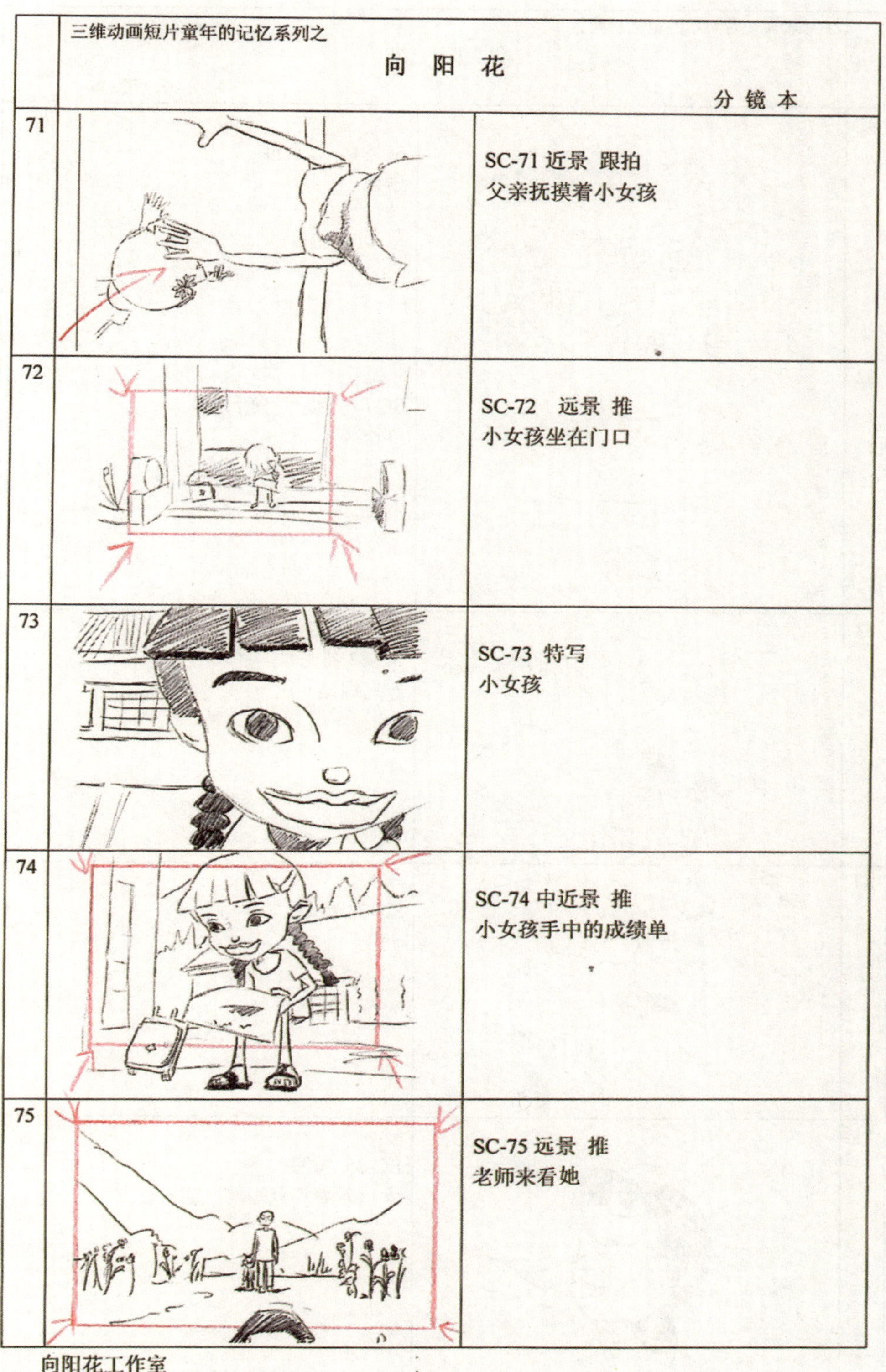


图3-57 《向阳花》第三版分镜十六

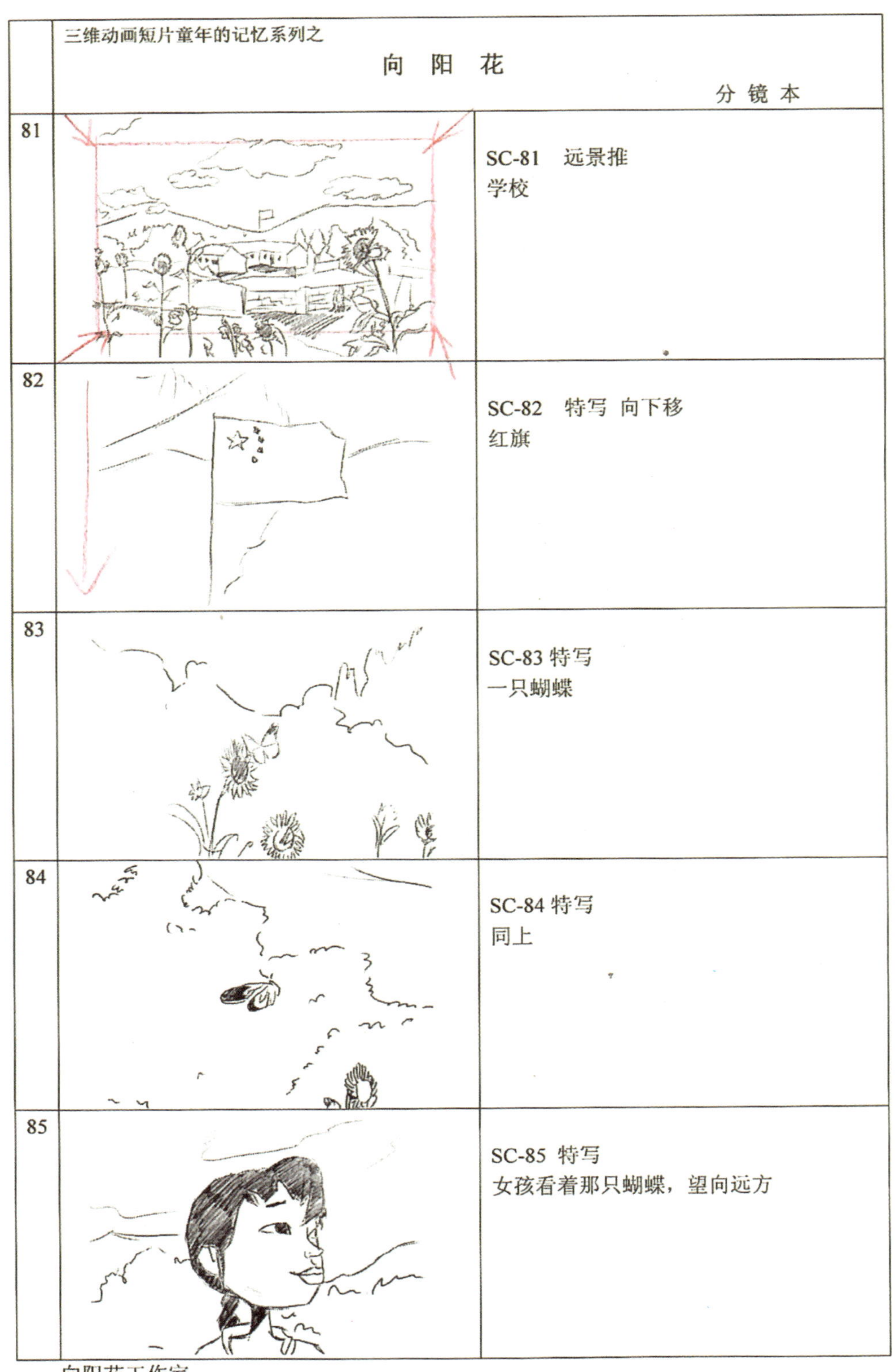

三维动画短片童年的记忆系列之

向 阳 花

分 镜 本

| | | |
|---|---|---|
| 81 | | SC-81 远景推<br>学校 |
| 82 | | SC-82 特写 向下移<br>红旗 |
| 83 | | SC-83 特写<br>一只蝴蝶 |
| 84 | | SC-84 特写<br>同上 |
| 85 | | SC-85 特写<br>女孩看着那只蝴蝶，望向远方 |

向阳花工作室

图3-58 《向阳花》第三版分镜十七

## 本章小结

本章主要介绍了动画片《向阳花》的美术风格的确定、角色设计和分镜绘制的过程。

## 技能训练

1. 小组讨论中、美、日动画各自的特点。
2. 为你自己的动画剧本做分镜头绘制，风格手法不限。

# 第三篇

# 中期创作

# 第4章　模型与材质

## 4.1　角色建模

建模是动画师根据前期的造型设计，通过三维建模软件在计算机中绘制出的角色模型。

**【学习目标】**

1. 学习根据造型设计，一步步进行角色建模；
2. 学习给模型分UV，调材质；
3. 学习绑骨骼。

### 4.1.1　建模常见方式

多边形建模——把复杂的模型用一个个小三角面或四边形组接在一起来表示（放大后不光滑）；

样条曲线建模——用几条样条曲线共同定义一个光滑的曲面，特性是平滑过渡性，不会产生陡边或皱纹。因此非常适合有机物体或角色的建模和动画。

细分建模——结合多边形建模与样条曲线建模的优点而开发的建模方式。建模不在于精确性，而在于艺术性，如《侏罗纪公园》中的恐龙模型。

因为童年的记忆系列之《向阳花》里的角色众多，在这里我们只介绍一下主人公小雨的建模过程。首先创建头部，之后我们再做身体，都做好之后用点、面层级的连接等工具把两者缝到一起。

### 4.1.2　“小雨”头部建模

#### 1. 做头型

（1）首先打开3DS MAX，新建文件“Xiao-yu.max”。在“创建”面板上的“标准基本体”→“对象类型”下，单击“平面”，如图4-1所示。

（2）在Front视图创建平面。然后打开材质编辑器，给这个平面一个材质。在漫反射通道调入主人公小雨的设计稿，如下图4-2、图4-3所示。

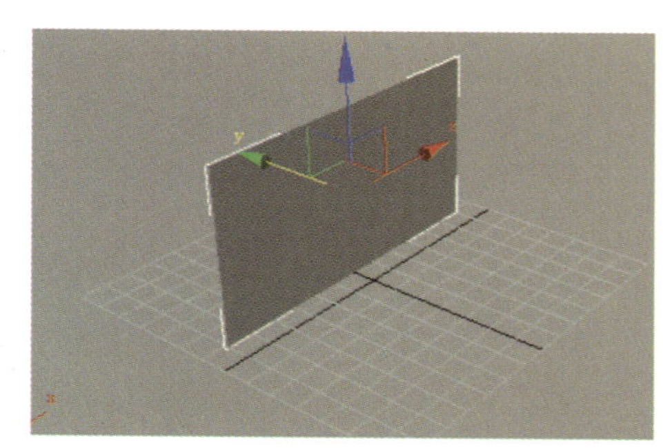

图4-1　创建平面

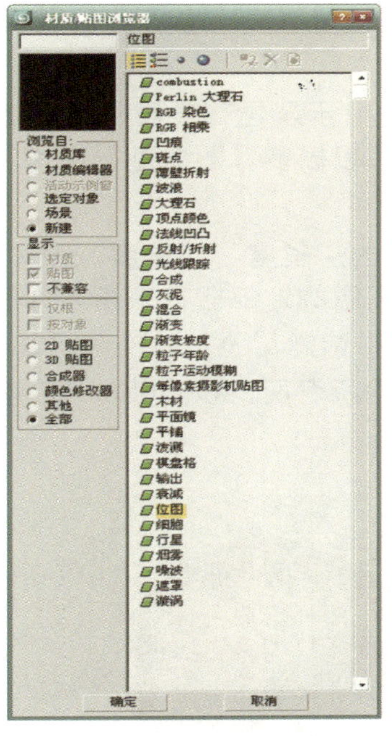

图4-2 材质贴图浏览器

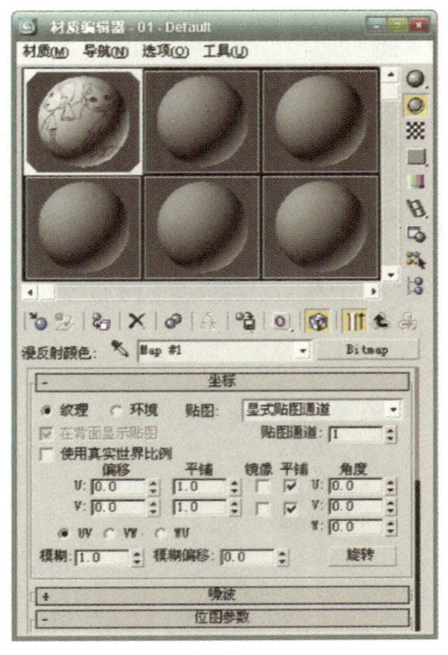

图4-3 材质编辑器

（3）这时我们就可以看到之前手绘原设计图就呈现在前视图当中，复制此平面让它们呈 90 度交叉。下面我们就可以依据此设计稿来建模了，如图 4-4 所示。当然也可以把设计稿的几个转面图分别放成前、后、左视图中以背景呈现。方法有很多，依据个人习惯而定。

图4-4 小雨设计稿

（4）在透视图中创建一个“Box”并取名为“head”，然后在修改面版中加一个球形化修改器，如下图 4-5、图 4-6 所示，显示结果如图 4-7、图 4-8 所示。

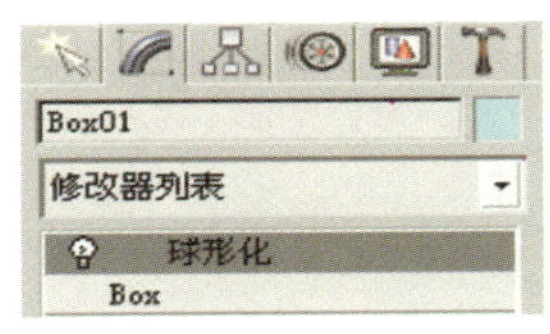

图4-5 球形化修改器

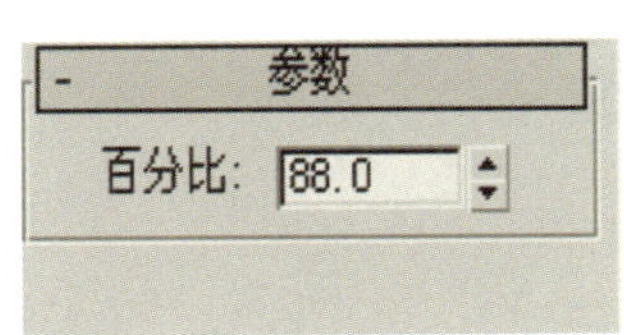

图4-6 球形化修改参数设置

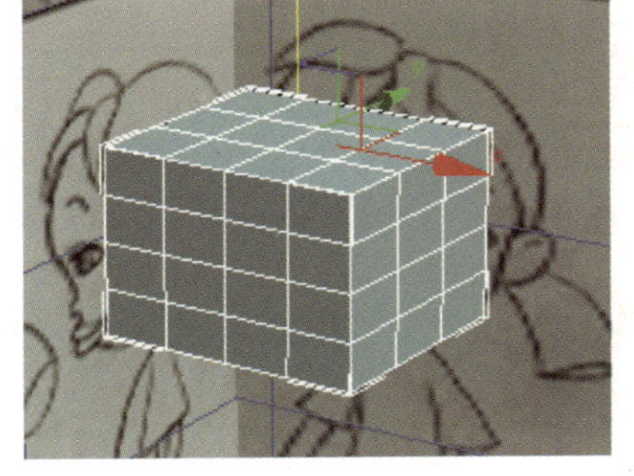
图4-7 Box状态

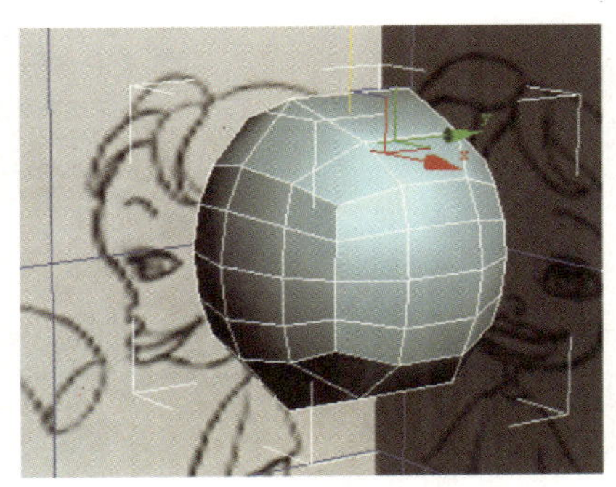
图4-8 加球形化修改器后

（5）单击“移动”工具。然后，在状态栏上，将 X、Y 和 Z 的位置值设为 0.0。这将在世界坐标系原点对齐长方体的轴点。

（6）转到“显示”面板，并根据需要展开“显示属性”卷展栏。然后启用“透明”，让网格在视口中处于半透明状态。现在，可以在建模时根据参考图像进行操作了。

**提示：**使用快捷键 Alt+X 以切换透明模式。

（7）在“修改”面板上，更改参数卷展栏上的“长度”、“宽度”和“高度”值，让长方体覆盖颈部和头骨的大部分位置。你可以使用参考图像的外部栅格来指导你的操作。

（8）选择“head”单击右键，然后从四元菜单中选择“→”转换为可编辑多边形。

（9）选择“面层级”，在前视口中选中右侧的所有面，按 Delete 键删除选定的面，如下图 4-9、图 4-10 所示。

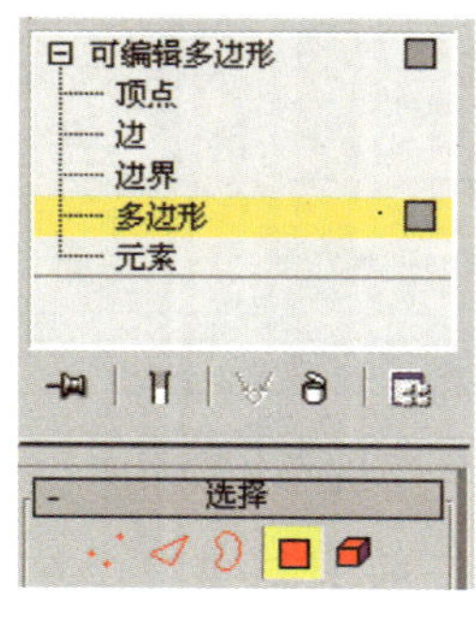


图4-9 选择面层级

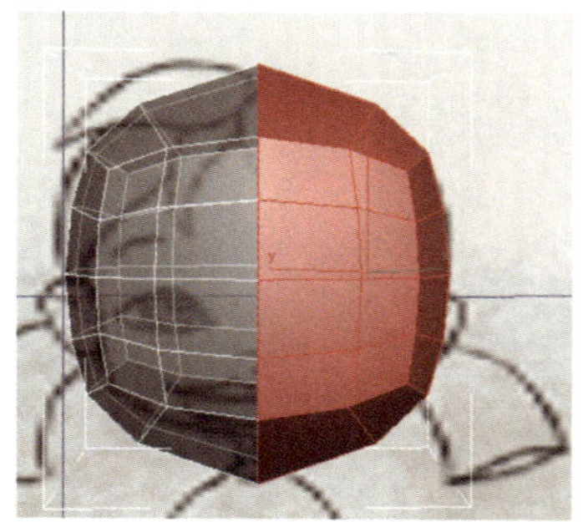

图4-10 选中右则所有面

（10）单击“修改器堆栈”中的“可编辑多边形”，退出子对象层级。然后，从“修改器”列表中选择“对称”，如下图 4-11 所示。

（11）在修改器堆栈中高亮显示可编辑多边形。单击“显示最终结果”的开 / 关切换以在您建模时显示“head”的两侧。

（12）转至“顶点”子对象层级，如图 4-12 所示。在“右”视口中调整网格顶点以匹配参考图像。根据参考图像定位顶点主要是基于面的关键特性，如耳朵的顶部以及前额与头发相接的地方。尽管这些操作只是建模活动首先要执行的步骤，但是从一开始就提供好的锚点可以在随后事情变得越来越复杂时提供指导。

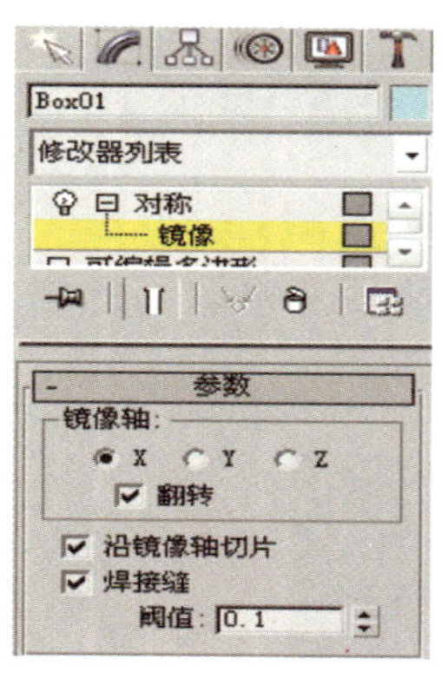


图4-11 对称修改器

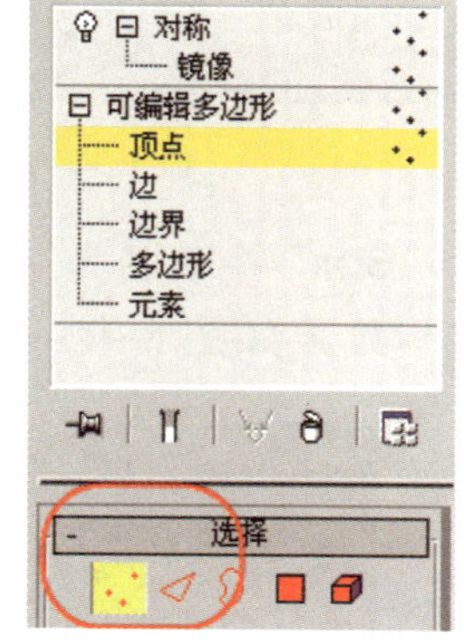


图4-12 转至“顶点”子对象层级

（13）继续调整“前”视口和“侧”视口中的顶点，以更好地定义头部的体积，如图 4-13、图 4-14 所示。

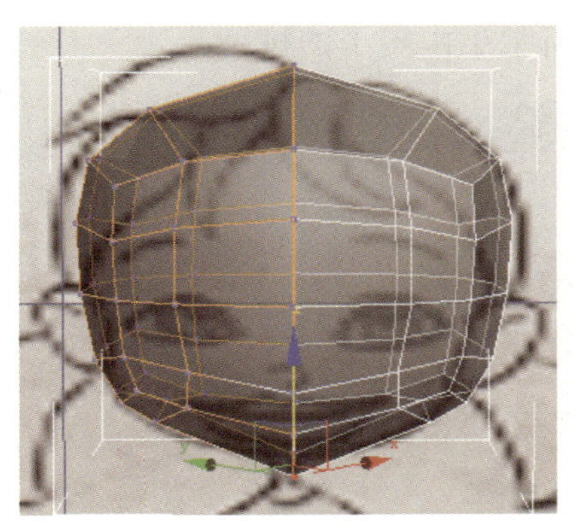

图4-13 调整“前”视口

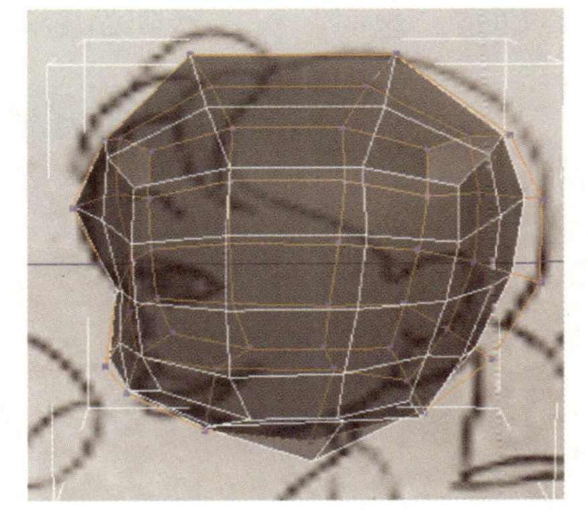

图4-14 调整“侧”视口

（14）在“透视”视口中，选择位于颈部起始点的顶点。

（15）当选定最终“边层级” 后，按住 Shift 并单击选择卷展栏上的边按钮，以将子对象选择转化为边界边，如图 4-15 所示。在“右”视口中，按下 Shift 并向下拖动边，以创建颈部挤出，如图 4-16 所示。

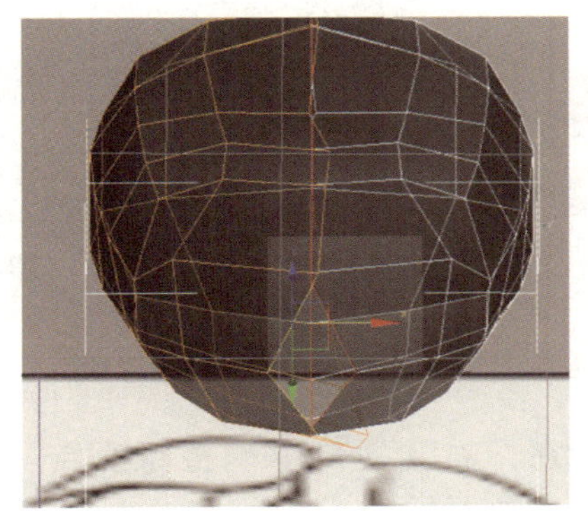

图4-15 选定最终“边层级”

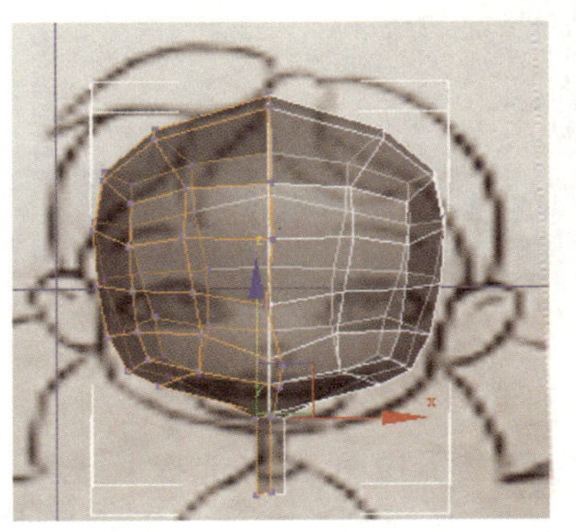

图4-16 创建颈部挤出

## 2. 做鼻子

（1）下面在此基础上做鼻子。小雨的鼻子很简单，只是一个圆圆的小凸起。

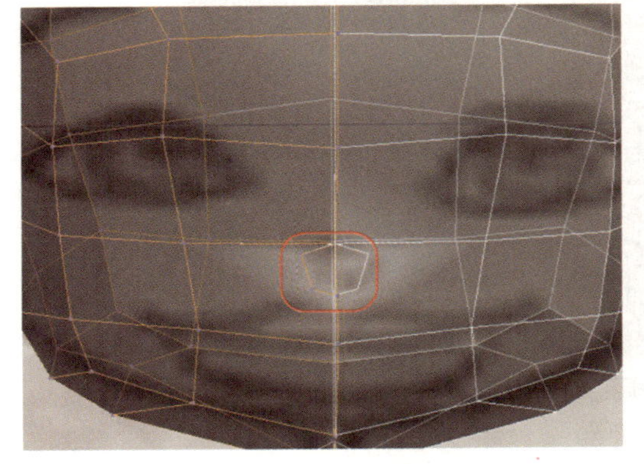

图4-17 切出鼻子的形状

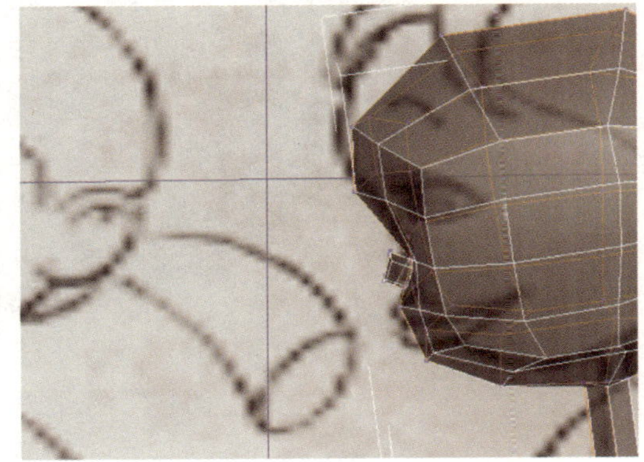

图4-18 挤出鼻子

（2）转到“顶点”子对象层级，并在“前“视口和“侧”视口中调整新的顶点，使它们大致遵循鼻子的发外形。单击“切割”，并在“右”视口中在鼻尖层级围绕当前边创建新边。必须通过外部鼻孔顶点连接这些新边，如图 4-17 所示。

（3）选择编辑多边形，选中要做小雨鼻子的面，然后挤出，参数设置如图 4-19 所示。调到大小适中，点确定。这时就可以看到如图 4-18 所示小雨鼻子的模型。

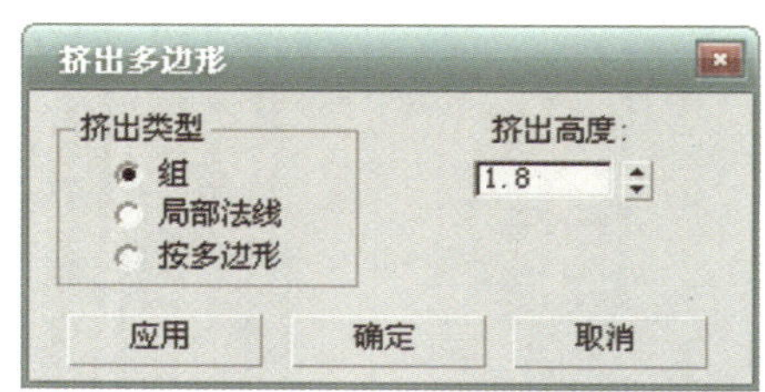


图4-19　挤出鼻子参数设置

## 3. 定义嘴唇

（1）转到"边"子对象层级，并选择面部下半部分的垂直边。单击"连接设置"按钮。在"连接边"对话框上，重设"分段"、"收缩"和"滑动"值，然后单击"确定"，如图 4-20、图 4-21 所示。

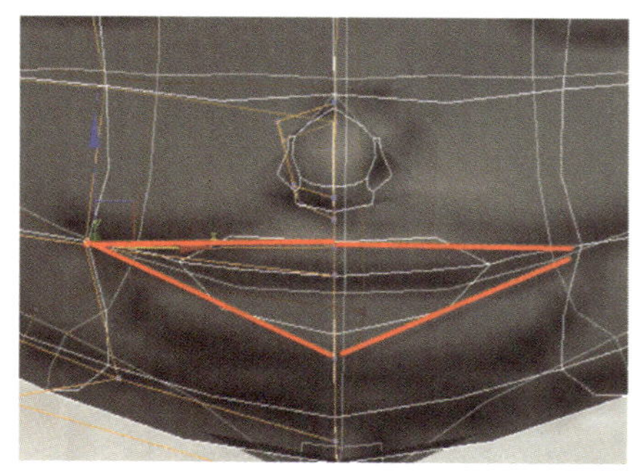

图4-20　定义嘴唇形状

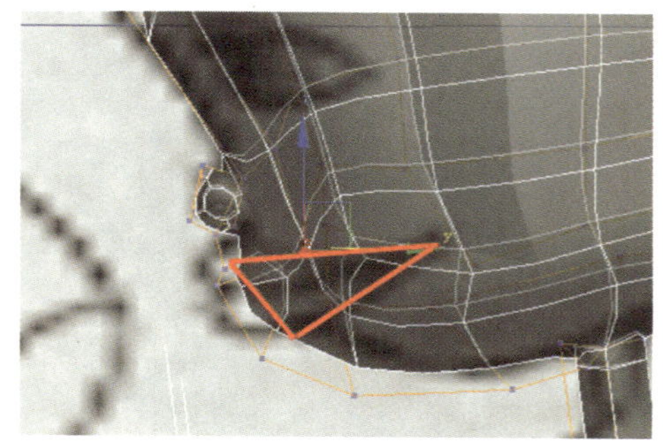

图4-21　则面定义嘴唇形状

（2）从"约束"下拉列表中选择"无"，然后在"右"视口中调整新顶点，以根据参考图像更好地定义嘴唇。必须创造空间，并在脸颊区域中向后推动一些顶点，如图 4-22 所示。

（3）使用"切割"在两片嘴唇周围创建两条边。重新定位新的顶点以突出嘴唇边界。

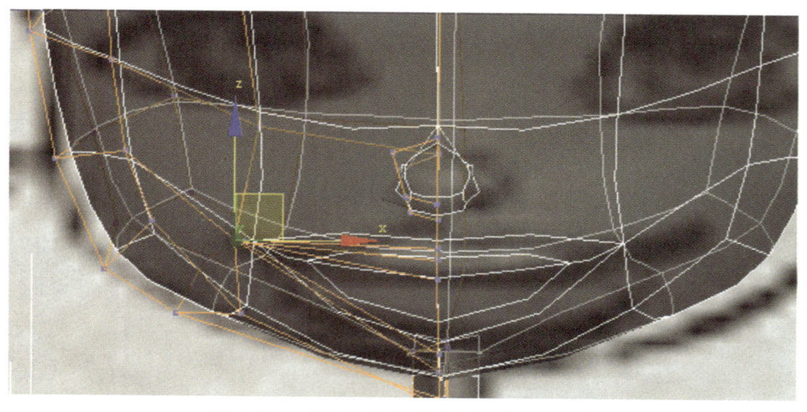

图4-22　在两片嘴唇周围创建两条边

## 4. 定义嘴周围的边循环

（1）转到"边"子对象层级，并选择以下边：

① 人中上面的边（鼻子和上嘴唇之间的纵沟）；

② 下嘴唇下面的边；

③ 从嘴角开始的水平边；

图4-23　转到“顶点”子对象层级

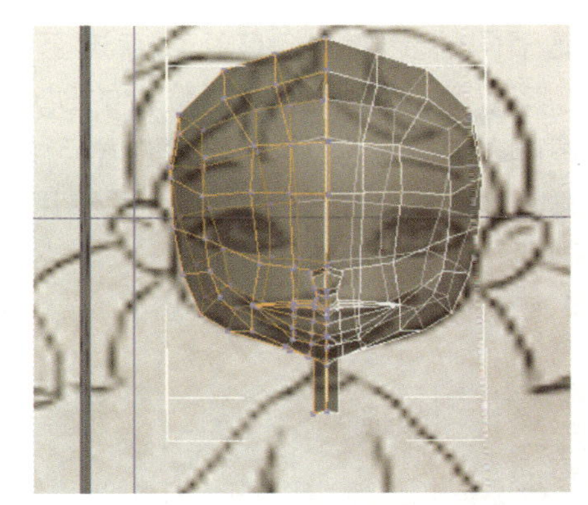

图4-24　匹配嘴唇的体积

（2）转到“顶点”子对象层级，如图4-23所示，调整新顶点使其与上嘴唇的体积大致匹配，如图4-24所示。单击“切割”，并沿着嘴唇绘制边，从嘴角开始进入。因为嘴唇不共有相同数量的可连接顶点，因此将最后一个上嘴唇顶点链接至中心顶点，这些切割工具可帮助保持面部的四元拓扑，它们在面部动画和发音期间开始发挥作用，如图4-25、图4-26所示。

图4-25　正面切嘴唇

图4-26　侧面切嘴唇

（3）将嘴连至鼻子：选择位于嘴角的顶点，然后选择鼻孔下角的顶点。在“编辑边”卷展栏中，单击“连接”以链接它们，如图4-27所示。

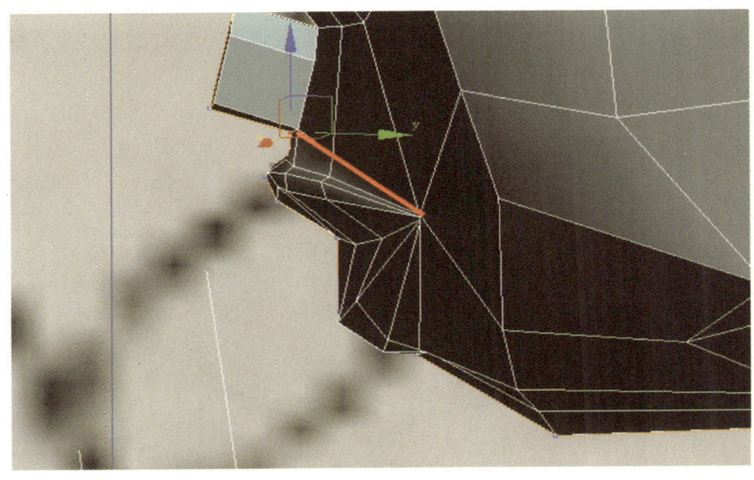

图4-27　切割嘴唇顶点与其上面的边相连

（4）重复相同的步骤，将鼻孔顶点连至相应的上嘴唇顶点。注意，需要“切割”工具使一个嘴唇顶点与其上面的边相连。调整新的顶点以在边之间维持平滑的圆形流，图 4-28 所示。

（5）创建嘴的内部：使用本课程中学习的工具和技术来创建嘴的内部。例如，可以使用连接“工具”来创建新的“边循环”，然后使用“倒角”或“挤出”工具将得到的多边形推到嘴的内部，图 4-29 所示。

**注意**：保存文件“xiao_yu.max”。

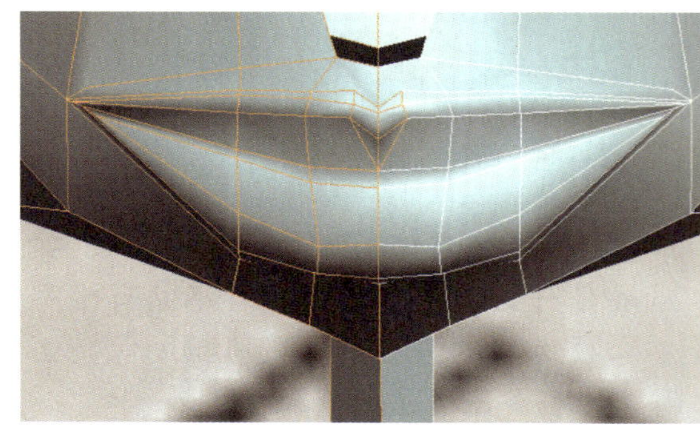

图4-28 调整新的顶点

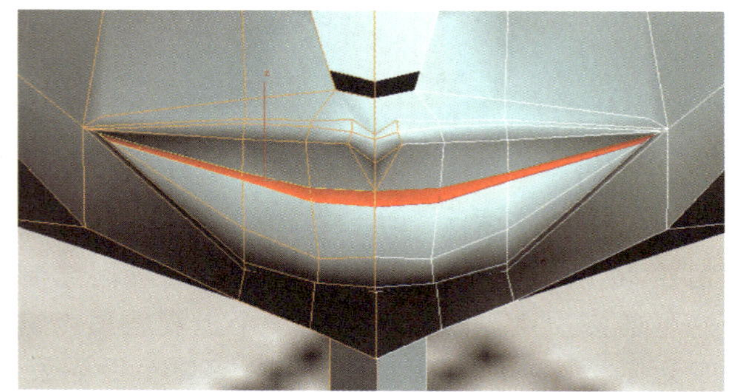

图4-29 创建嘴的内部

### 5. 创建眼睛

（1）重新打开“xiao-yu.max”，转到“顶点”子对象层级，然后单击“切割”并创建水平划分，从鼻梁开始并穿过眼睛，如图 4-30 所示。

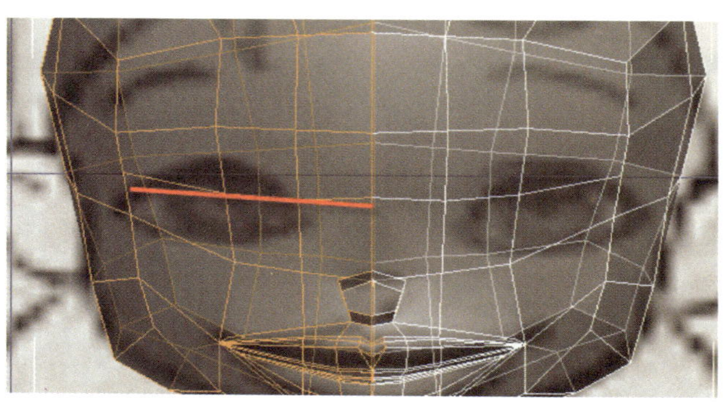

图4-30 “切割”并创建水平划分

（2）使用同一技术从同一初始点创建三条连续边。这些边大致限制了眼部肌肉的范围，如图 4-31 所示。

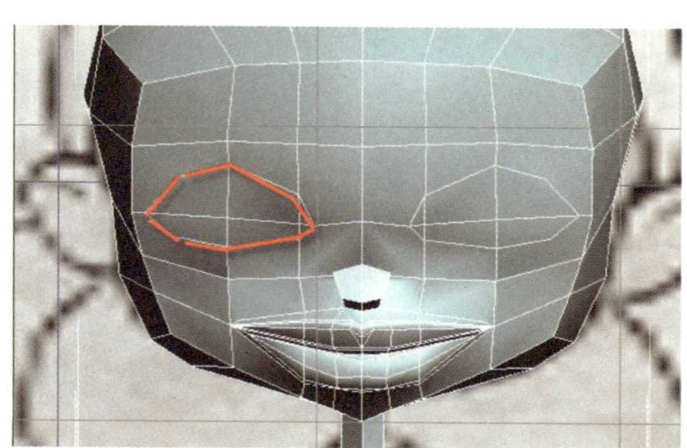

图4-31 创建三条连续边

（3）将鼻根分成两部分，以便更好地定义眼部肌肉，如图 4-32 所示。

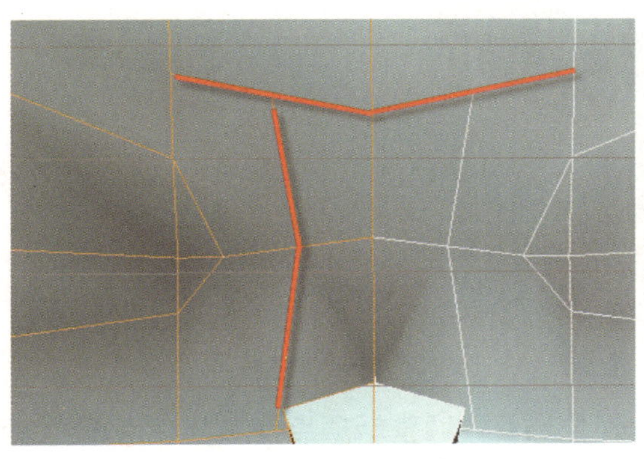

图4-32 定义眼部肌肉

（4）转到“边”子对象层级，然后选择创建的横跨眼睛的第一条边。在“编辑边”卷展栏上，单击“移除”，如图 4-33 所示。

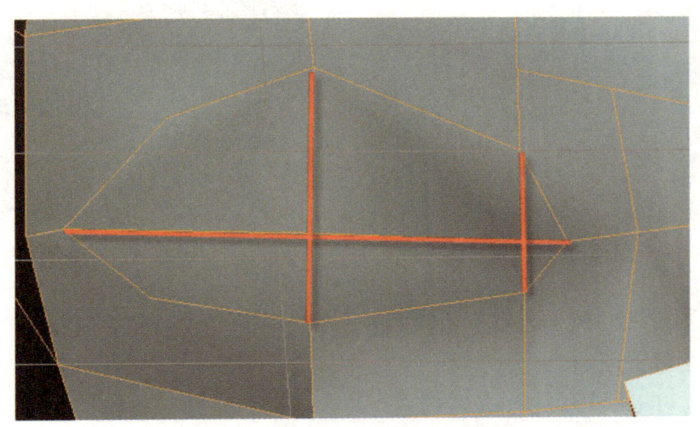

图4-33 创建的横跨眼睛的边

（5）定义眼睑：转到“多边形”子对象层级，然后选择覆盖眼睛曲面的多边形，如图 4-34 所示。

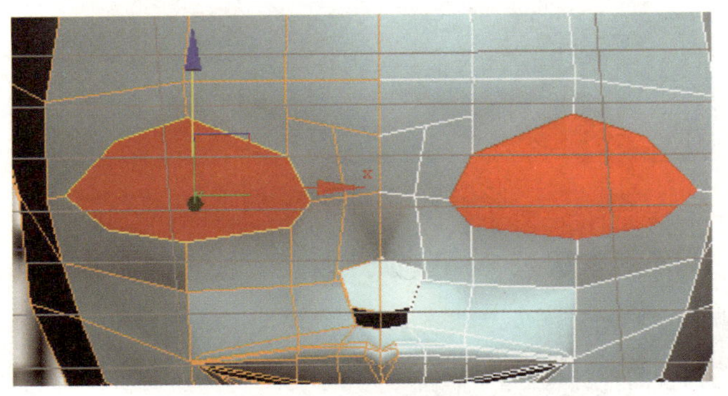

图4-34 选择覆盖眼睛曲面的多边形

（6）在“编辑多边形”卷展栏上，单击“插入设置”按钮。在“插入多边形”对话框中，将“插入数量”设置为“0.5”，单击“确定”，如图 4-35 所示。

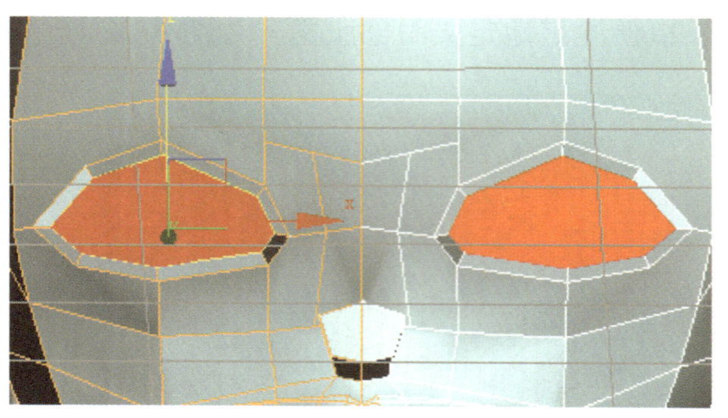

图4-35 插入面数

（7）转到“顶点” 子对象层级，调整新顶点使其与参考图像大致匹配，如图 4-36，图 4-37 所示。

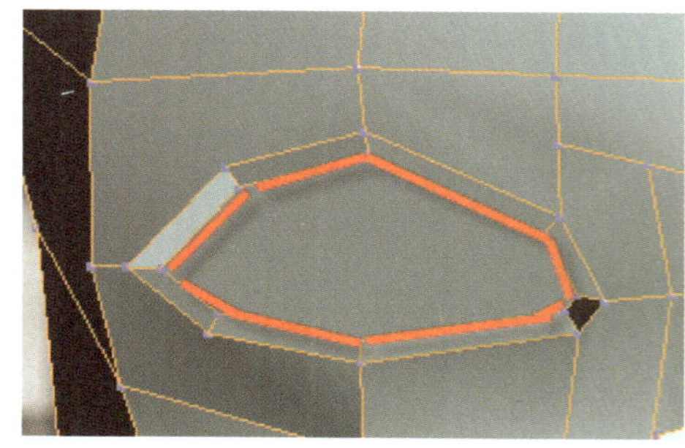

图4-36 调整新顶点1

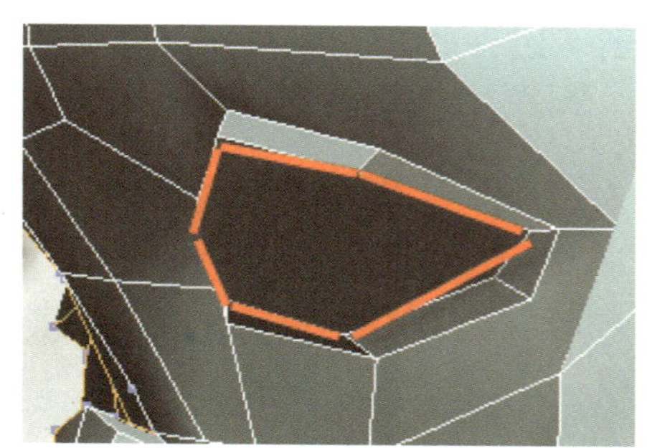

图4-37 调整新顶点2

（8）回到“边形” 子对象层级，然后在“辑几何体”展栏中单击“复上一个”又创建了一个同心边循环，如图 4-38 所示。

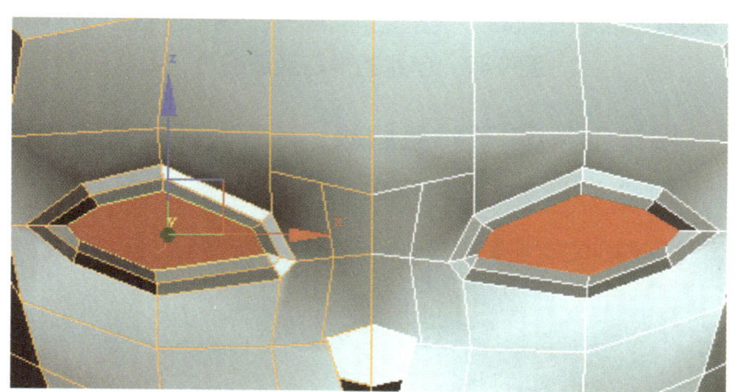

图4-38 创建同心边循环

（9）转到“顶点” 子对象层级，调整顶点以使它们成为眼睑的边界，如图 4-39 所示。

图4-39 调整顶点

（10）转至“多边形”子对象层级。应该自动选择眼部多边形（如果不是，则选择一个）。单击“倒角设置”按钮。在“倒角多边形”对话框中，将“高度”设置为−1.5，将“轮廓量”设置为−2，单击“确定”，如图 4-40 所示。

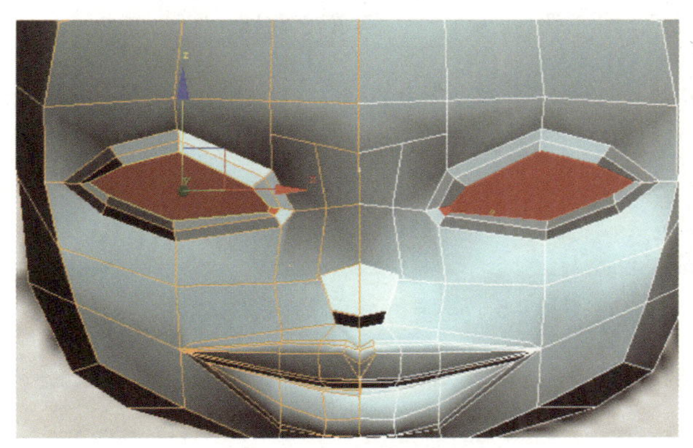

图4-40　倒角设置后

（11）按下 Delete 键移除眼部多边形，不久将用实际眼球取代它。

（12）下面加上眼球并优化上眼睑，合并进一个已经做好的眼睛，大致调整其大小，如图 4-41 所示。

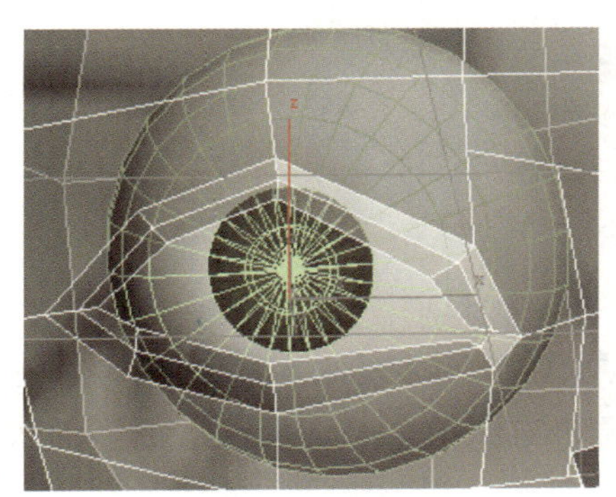

图4-41　优化上眼睑

图4-42　调整眼球周围的顶点

（13）调整眼球周围的顶点，使它们围绕眼球但相互间保持距离。要让眼睛看起来很自然，则应该让眼睑围绕着眼睛的虹膜和瞳孔，如图 4-42 所示。

（14）转到“边”子对象层级，选择五个为上眼睑定形的边，如图 4-43、图 4-44 所示。

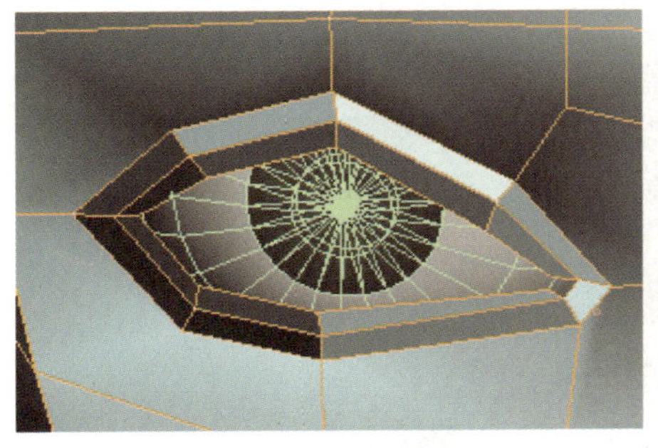

图4-43　为上眼睑定形1

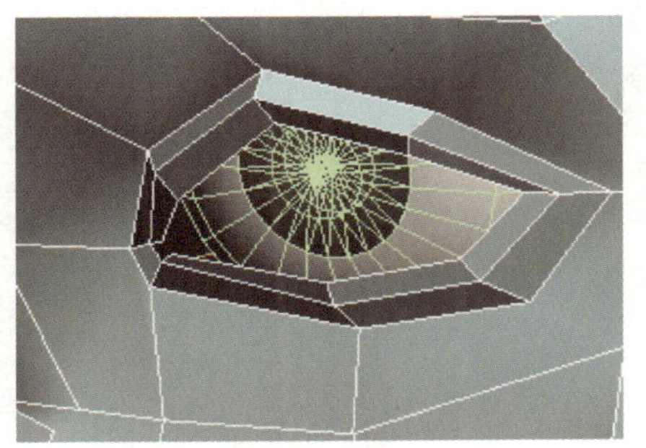

图4-44　为上眼睑定形2

（15）转到“边”子对象层级，选择五个为上眼睑定形的环形边。使用“连接”工具以将它们结合到一起，如图 4-45 所示。

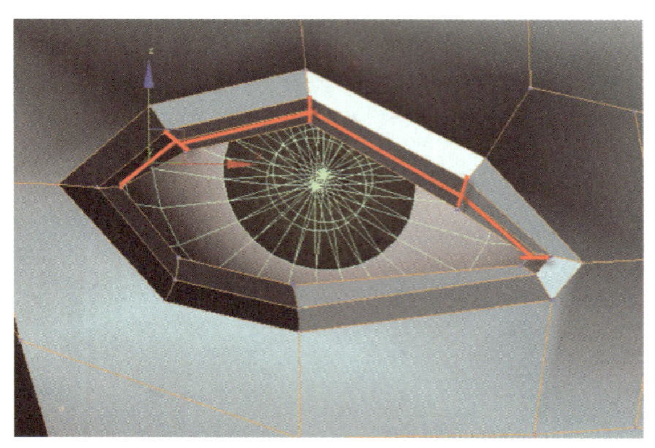

图4-45 连接为上眼睑定形的边

（16）将这些新边向前拖动，以在上眼睑中构建一个体积，如图 4-46 所示。

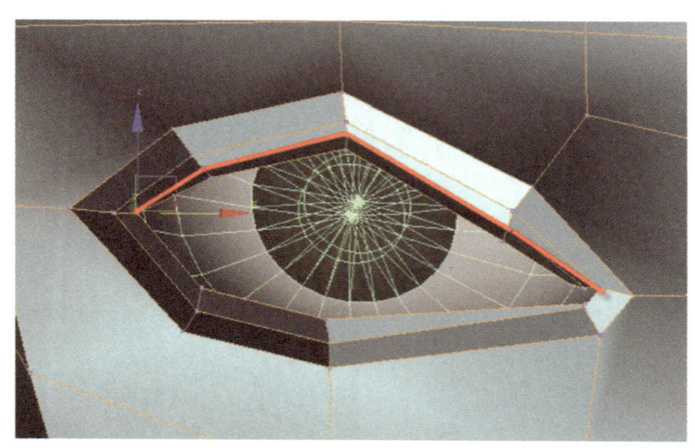

图4-46 在上眼睑中构建一个体积

（17）转到“顶点”子对象层级，然后使用“目标焊接”工具将两个顶点合并，这样可以更好地隐藏上眼睑下的较低的眼睑。退出子对象层级并选择眼球本身。在 X 轴上复制其位置。X: 34.999 Y: -55.319 Z: 5.927 ，按住 Shift 并将该眼球拖到另一个眼眶中。原始眼球的 X 位置粘贴到眼球副本的 X 字段上。您输入的值必须为负值，因为新眼球位于中心轴的另一侧。这将创建该对象的副本。

### 6. 优化前额、下颚和脸颊

**提示：**我们将逐渐确定边循环的方向，以使这些区域相互连接。请记住，保持几何体空间均匀对防止在后边的制作阶段（如添加纹理和蒙皮）出现拉伸非常重要。

（1）转到“边”子对象层级，然后选择将眼部肌肉连接到头部侧面的颞骨上的边，如图 4-47 所示。做适当的调整，千万不要出现五边面片。

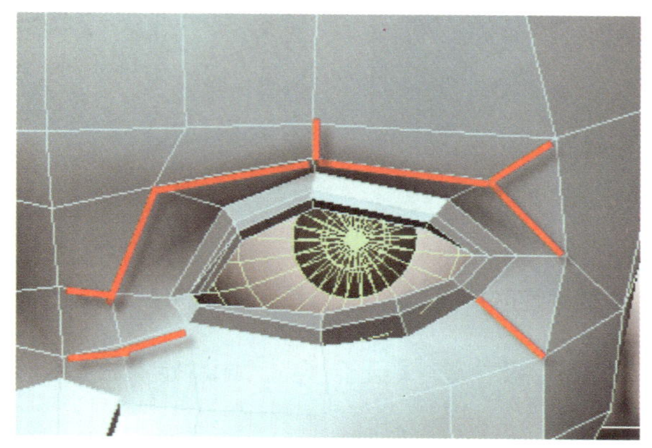

图4-47 调整眼部肌肉

（2）转到“顶点”子对象层级，并移动得到的顶点以重新创建鼻子的隆起部分，为脸颊建立一定的体积，以及突出嘴部折缝。用使用“切割”或“连接”工具，对鼻子周边部位进行优化，如图 4-48、4-49 所示。

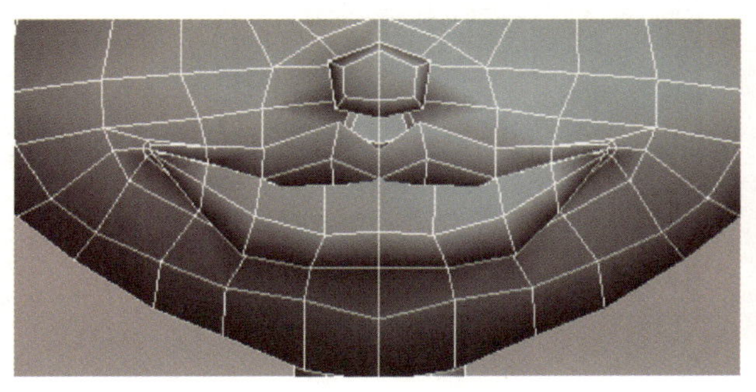

图4-48　正面完成嘴部

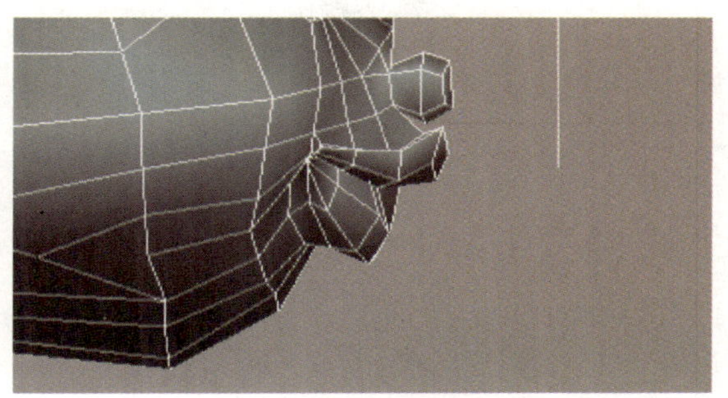

图4-49　侧面完成嘴部

### 7. 创建耳朵

（1）选择 切割 工具，在头部中间的位置切出一个耳朵的形状，如图 4-50 所示。

图4-50　耳朵的形状

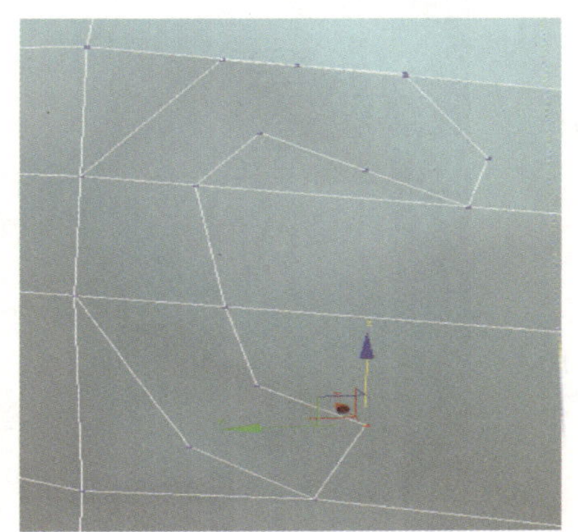

图4-51　挤出耳朵的面

（2）在“面”子层级，选择耳朵的面，然后选择面层级下拉菜单的 挤出 ，弹出对话框调整如图 4-52 所示，调整结果如图 4-51 所示。

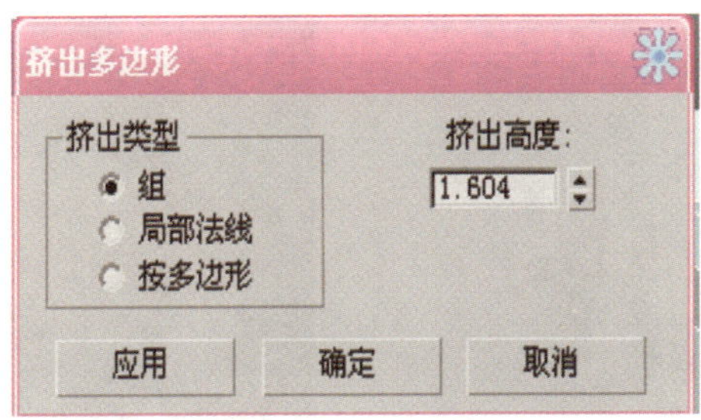


图4-52　挤出多边形设置

**注意：**挤出的高度因个人的模型大小而定。

（3）选择多边形“边”子层级，选中耳朵上的一条边，然后选择子菜单下的 环形 接着选择 连接 ，结果如图 4-53 所示，多做一些连接，如图 4-54 所示。

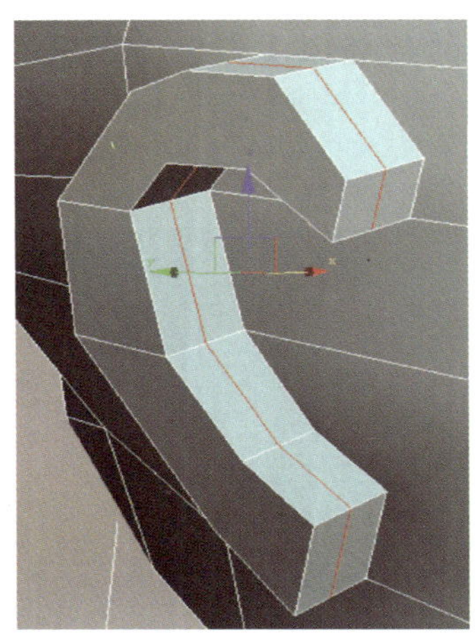

图4-53 连接边

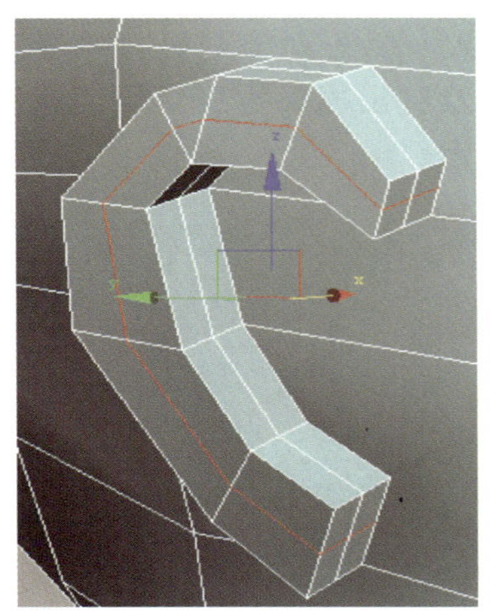

图4-54 更多连接边

（4）选择多边形“点” 子层级，调整耳朵的外轮廓，如图 4-55 所示。

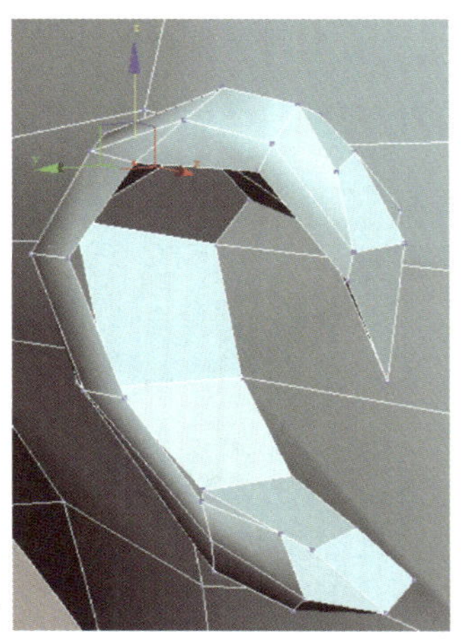

图4-55 调整耳朵的外轮廓

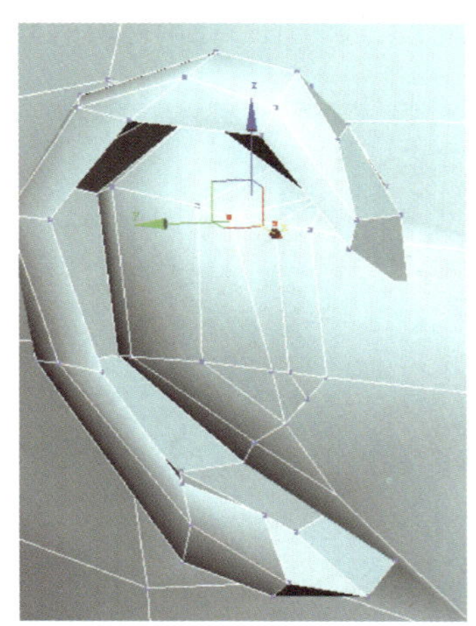

图4-56 耳朵的内轮廓

（5）选择 切割 做出耳朵的内轮廓，如图 4-56 所示。

（6）选择多边形“点” 子层级，调整出内耳廓的形状，如图 4-57 所示，调整内耳廓和外耳廓的结构关系，如图 4-58 所示。

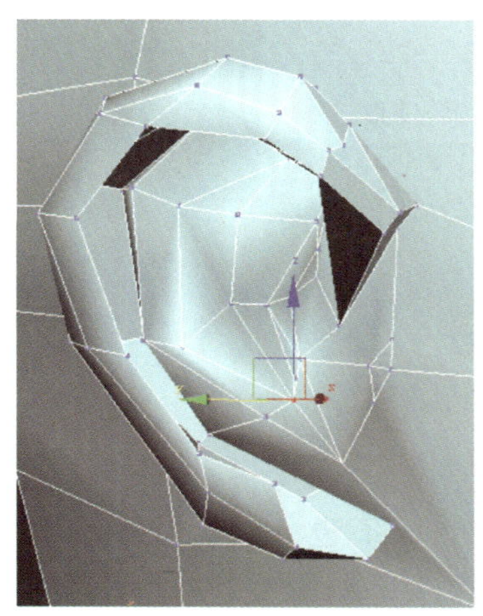

图4-57 调整出内耳廓的形状

图4-58 调整内耳廓和外耳廓的结构

**注意**：调整时可以结合“切割”进行更细微的调整。

（7）选择多边形“面”层级，在耳朵眼的位置进行向内“挤出”，如图 4-59 所示。

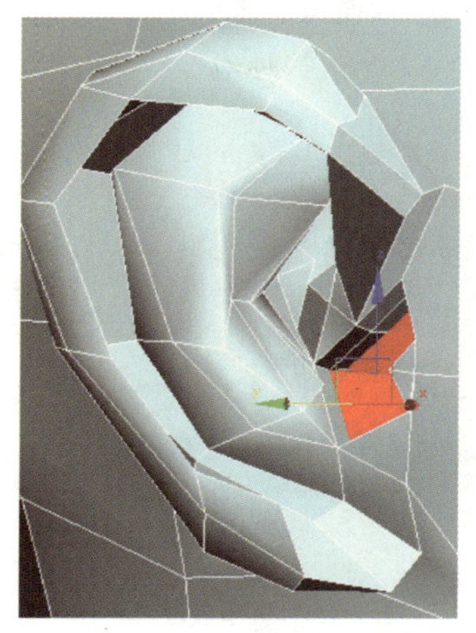

图4-59 选择多边形“面”层级

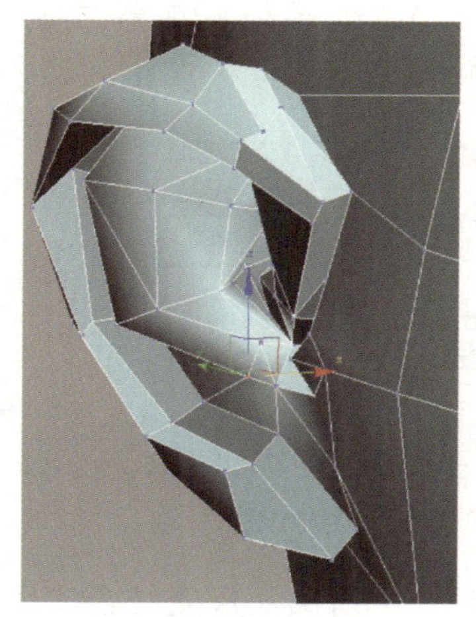

图4-60 挤出内耳廓

（8）调整整体耳朵和头部的结构，特别是耳垂和内耳廓，如图 4-60 所示。

**注意：**耳朵的结构比较复杂，要求对耳朵的结构有一定的了解，如果大家不太了解可以找一些耳朵的平面图来参考一下。

（9）调整完加上一个“网格平滑”修改器看最终结果，如图 4-61、图 4-62 所示。

图4-61 平滑后的耳朵1

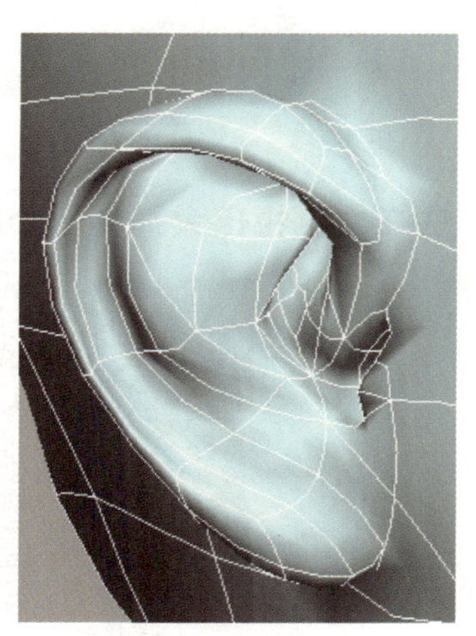

图4-62 平滑后的耳朵2

### 4.1.3 “小雨”身体建模

#### 1. “小雨”手的制作

（1）新建一个长方体，如图 4-63 所示。

图4-63 新建长方体

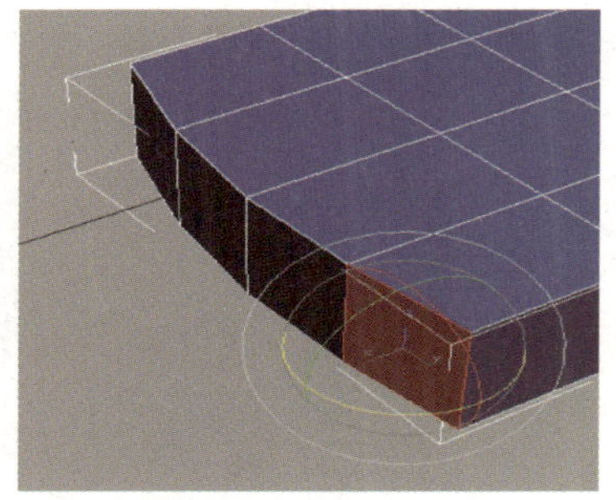

图4-64 拉出手指的面

（2）将长方体转化为可编辑多边形，调整要拉出手指的面得角度，如图 4-64 所示。

（3）选择“点”子层级，在卷展栏中选择 倒角 ，参数如图 4-65 所示。选择 挤出 参数如图 4-66 所示。

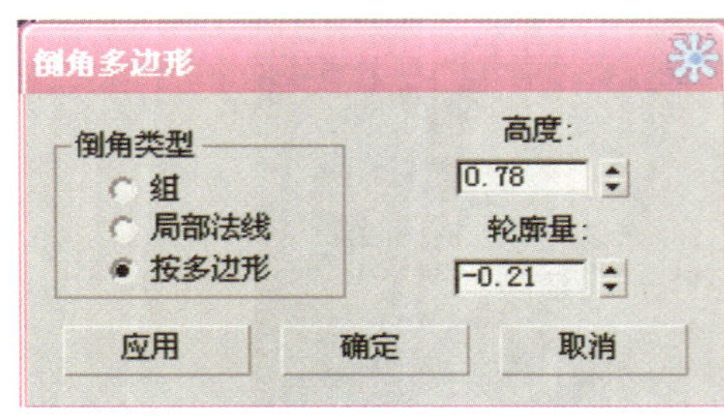


图4-65 倒角设置

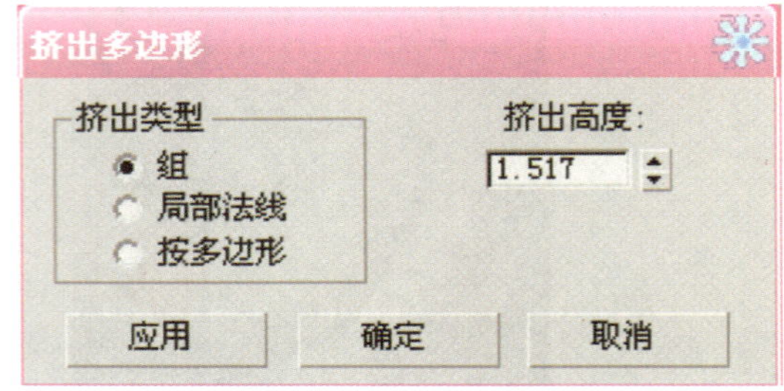


图4-66 挤出设置

（4）通过“倒角”、“挤出”反复结合使用调出手指，如图 4-67 所示。

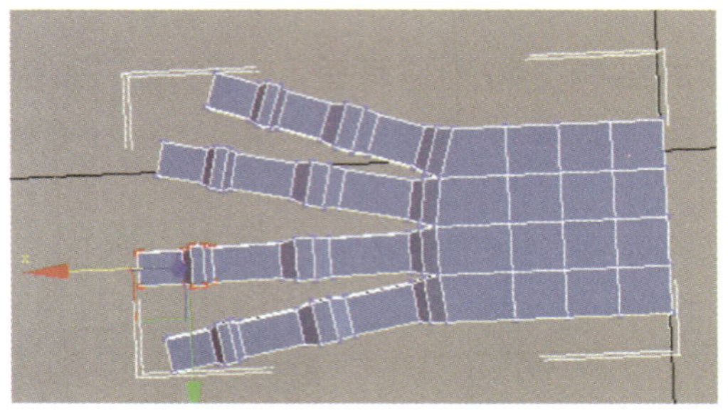

图4-67 调出手指

（5）用同样的方法在左侧拉出大拇指，如图 4-68 所示。

图4-68 拉出大拇指

（6）选择多边形“边”子层级，选择“循环”或“环形”，再选择“连接”，适当地加入一些线，如图 4-69、图 4-70 所示。

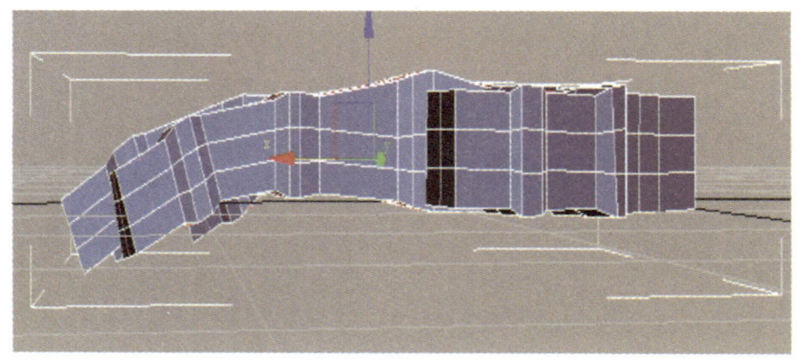

图4-69 手指加线1

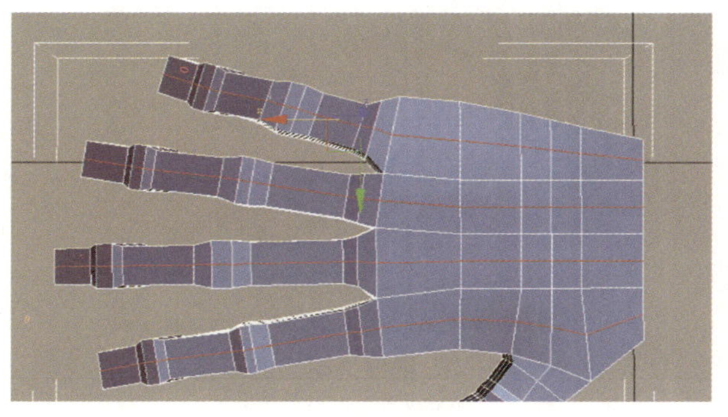

图4-70 手指加线2

（7）选择多边形“点”子层级，调整顶点让模型更舒服一点，如图 4-71 所示。

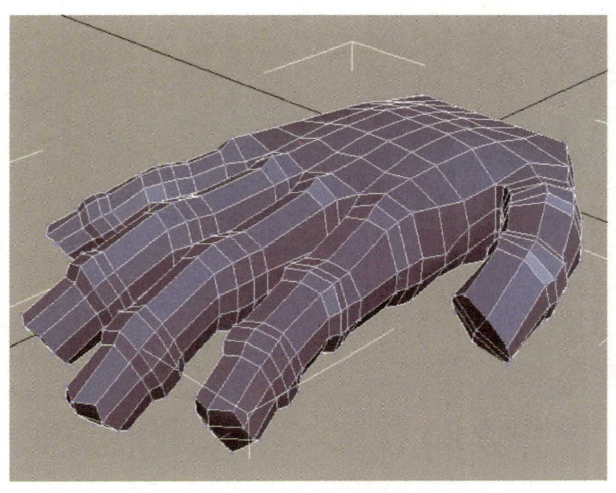

图4-71 手的模型

（8）同理，最后在选择挤 挤出 出手臂，如图 4-72 所示，另一只手只要加一个“对称”修改器就可以了。

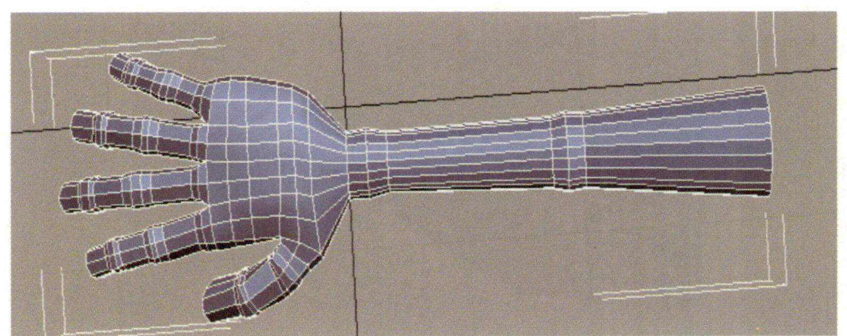

图4-72 完整的手模型

## 2. 小雨身体的制作

**注意**：身体的制作其实就是制作衣服，我们没有必要把整个身体都做出来。

（1）首先我们先新“创建”一个平面。单击鼠标右键点击“转化成可编辑多边形”，选择“点”层级。进行对点的细致调整，完成后如图 4-73 所示。

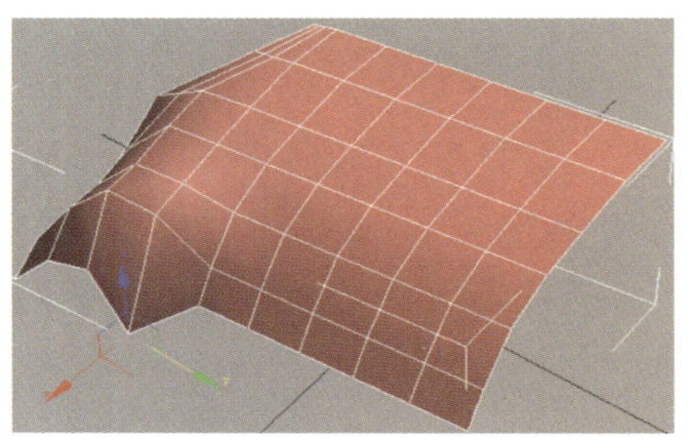

图4-73　细致调整点的平面

（2）添加“对称”修改器，左右对称调整完成，如图 4-74、图 4-75 所示。

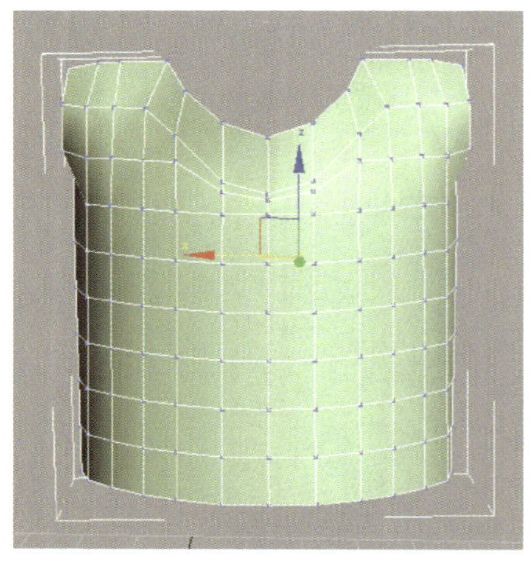

图4-74　衣服的正面1

图4-75　衣服的正面2

（3）同理衣服的背部也可以用同样的方法制作但是需要注意的是背部的领子没有前面的弧度大并且背部的长度分段和宽度分段要和前面一致，如图 4-76 所示。

（4）当然也可以做一个圆柱体，在转成可编辑多边形来做，方法有很多，主要看建模者的习惯。

图4-76　领口的制作

（5）选择“边”子层级，选择要做袖子的边线“挤出”袖子（参数自定）并加入一些线，如图 4-77、图 4-78 所示。

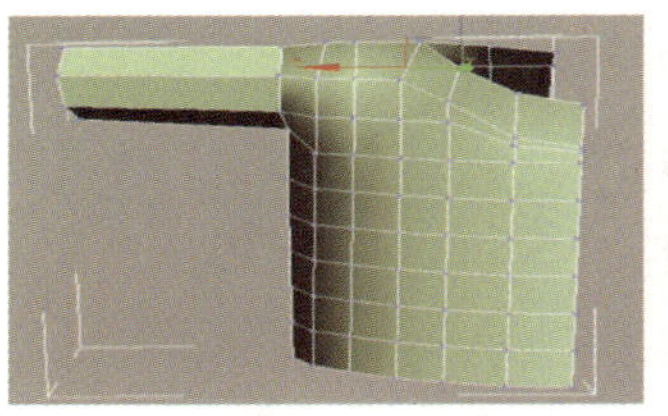

图4-77 “挤出”袖子

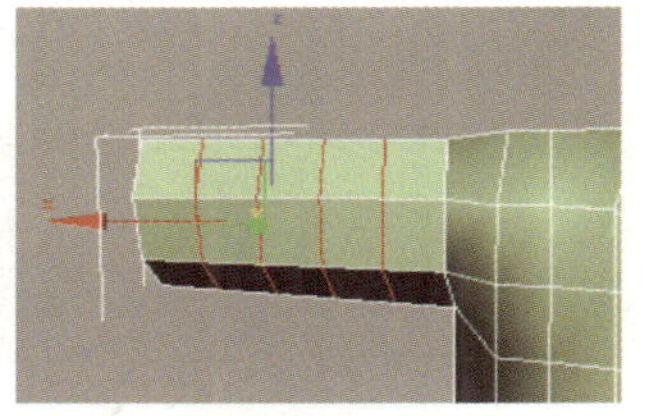

图4-78 连接边

（6）最后加入“网格平滑”修改器，效果如图 4-79 所示。

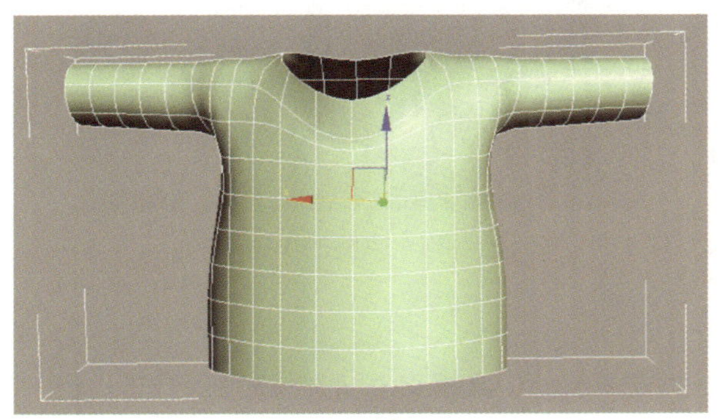

图4-79 完整的上衣

### 3. 小雨裤子的制作

（1）新建一个“box”并转化为可编辑多边形，选择“面”子层级，选择如图 4-80 的面“挤出”，将几何体的边角圆滑，我们需要手动的调整点的位置，如图 4-80、图 4-81 所示。

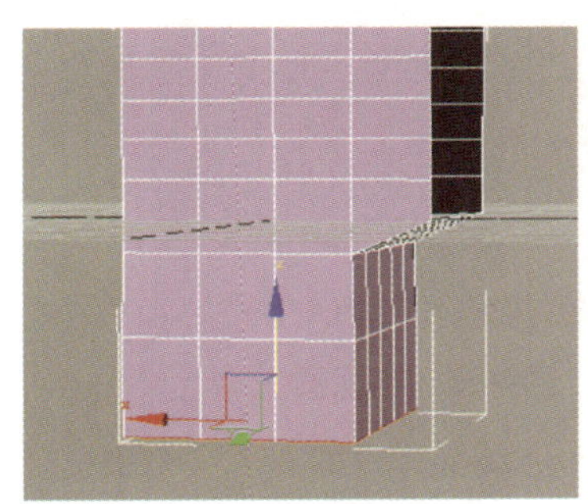

图4-80 “挤出”裤裙

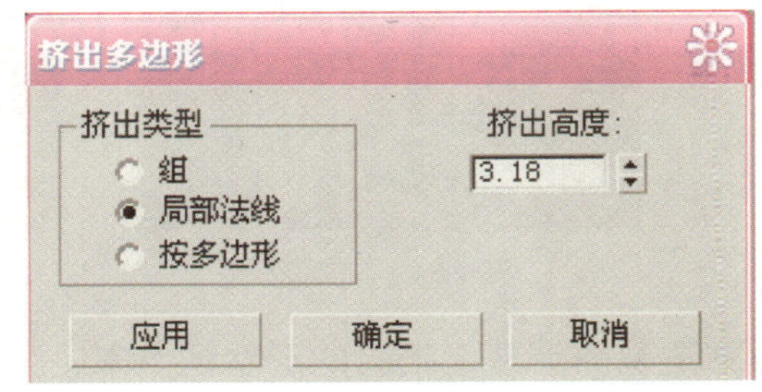


图4-81 挤出设置

（2）将顶部和底部的面删掉，选择上部的面执行“挤出”，如图 4-82 所示。

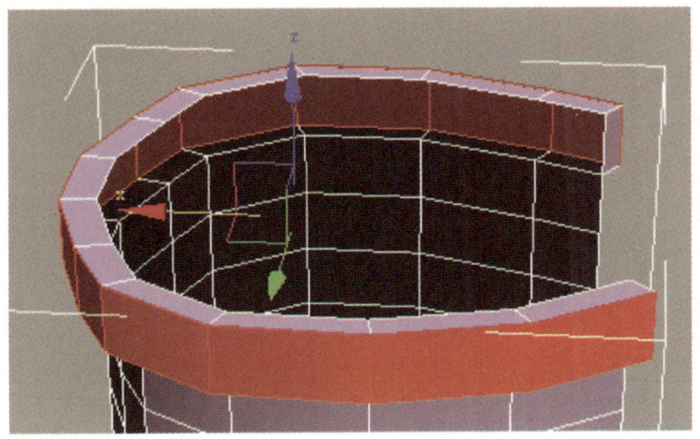

图4-82 挤出腰部

（3）添加“对称”修改器，最终结果如图 4-83 所示。

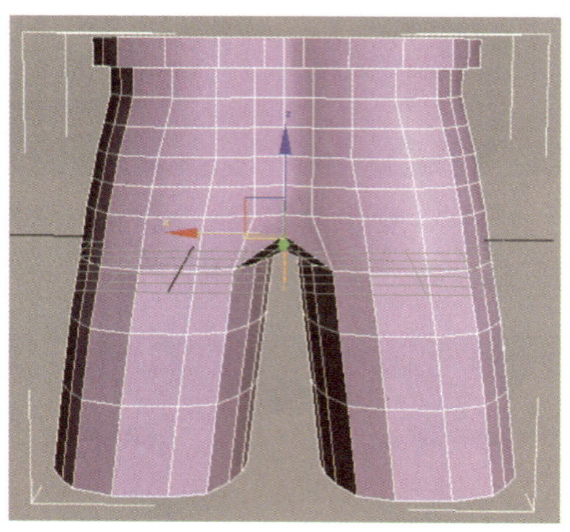

图4-83　完整的小短裤

### 4. 小雨脚的制作

（1）新建一个“box”并转化为可编辑多边形，选择“点” 子层级，在前视图内调整和右视图内调整，如图 4-84、图 4-85 所示。

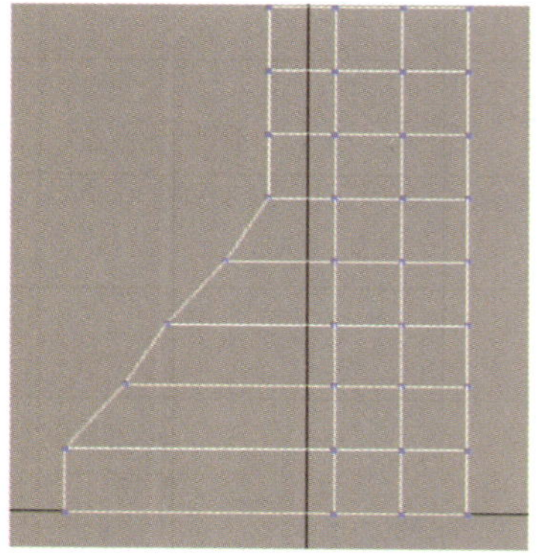

图4-84　前视图

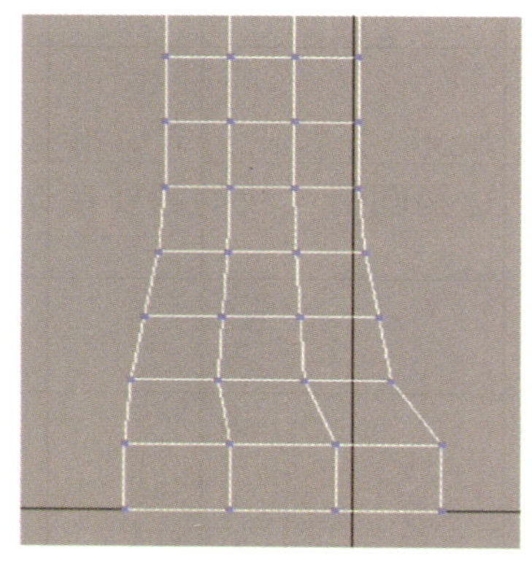

图4-85　右视图

（2）再回到透视图调整，把脚的形状调出来，如图 4-86 所示。

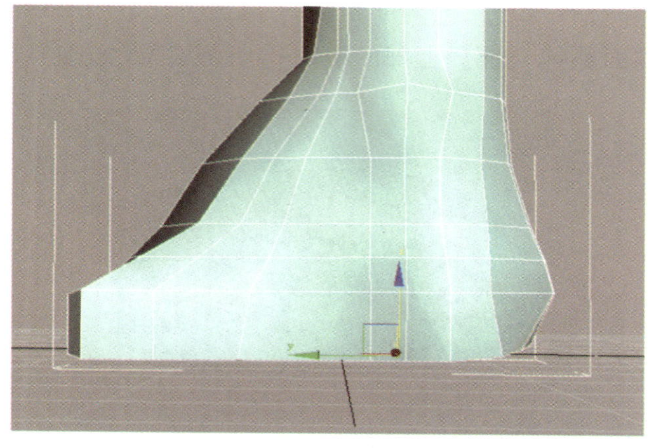

图4-86　调整脚的形状

（3）脚趾的制作和手指几乎一样只是需要注意以下几点：

① 大拇指挤出时只需要挤出一个关节的位置（初始位置不算）；

② 脚趾的长度不宜过长，而且除大拇指外的所有脚趾都需要加一个向下的弧度；

③ 注意小拇指的形状。

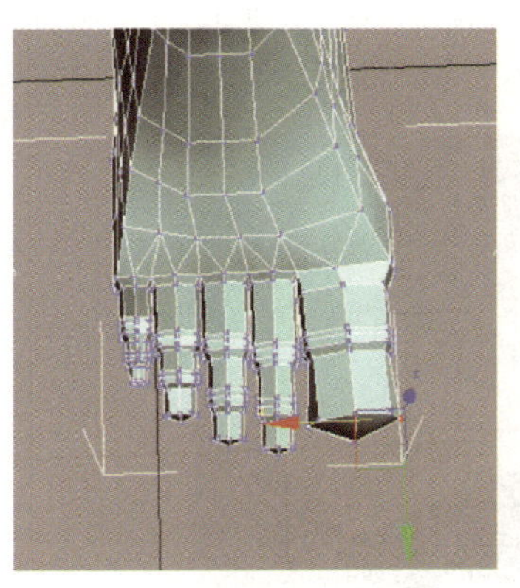

图4-87　脚的粗模

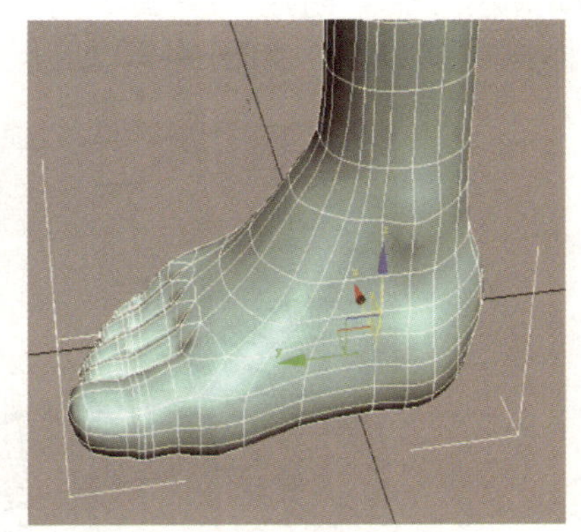

图4-88　平滑后的脚

（4）再挤出脚趾的同时适当调整挤出面的角度，并时时调整其形状，适当时可以加一些线，调整的最终结果，如图 4-87、图 4-88 所示。另一只脚只需要加一个“对称”修改器就可以了。

（5）同样的道理我们再给小雨做上头发、鞋子。

### 4.1.4 “小雨”的模型整合

同样的道理我们可以用多边形建模做出小雨的头发、发夹、手镯等。最后把所有的模型全部调入到一个场景，统一大小调整角度最后的效果，如图 4-89 至图 4-92 所示。

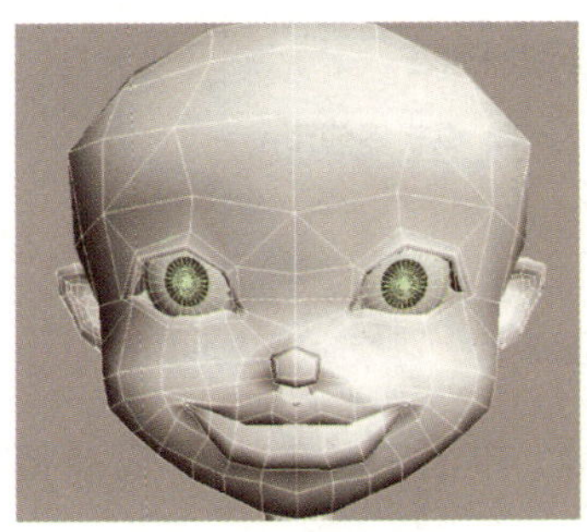

图4-89　“小雨”头部正面

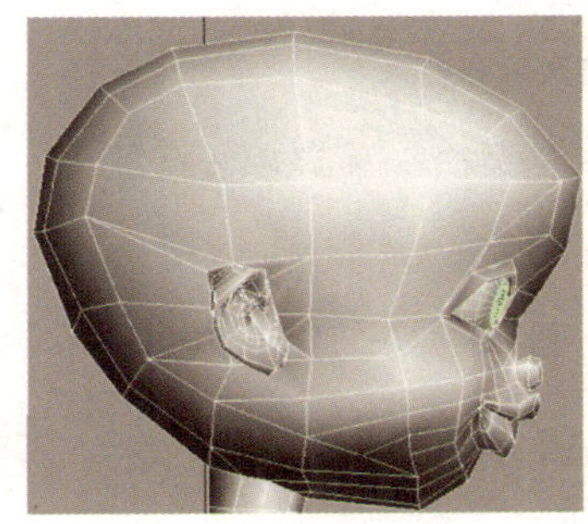

图4-90　“小雨”头部侧面

图4-91　“小雨”正面

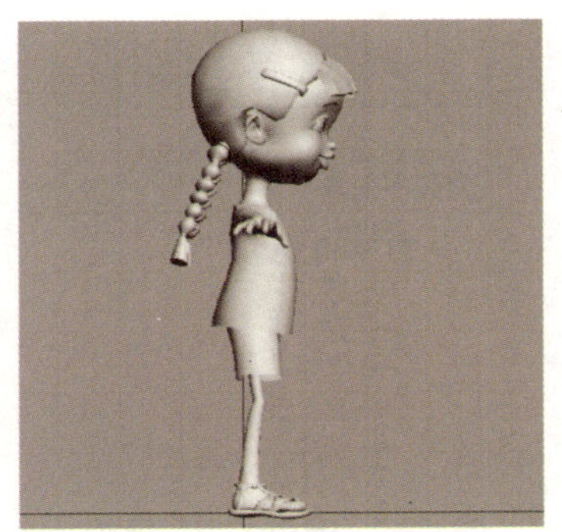

图4-92　“小雨”侧面

### 4.1.5 “小雨”家的场景建模

#### 1. 房子的建模

（1）打开 3DS MAX，在“创建”面板的“标准基本体”上的“对象类型”下单击“长方体”，并将长方体按需要分段，如图 4-93 所示。

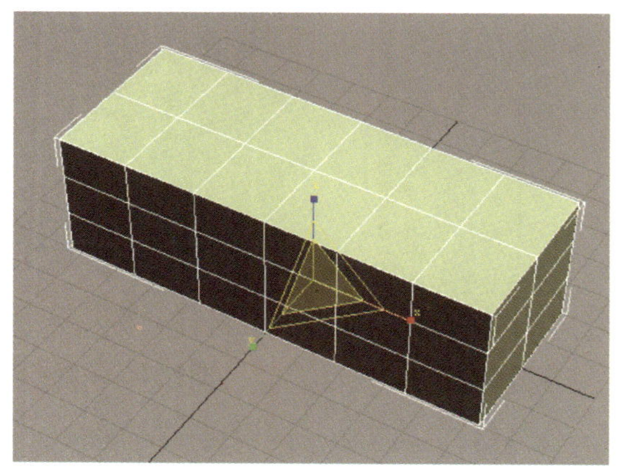

图4-93 要作业房子的长方体

（2）单击“移动”工具。然后，在状态栏上将 X、Y 和 Z 的位置值设为 0.0。这将在世界坐标系原点对齐长方体的轴点。然后将其转化为可编辑多边形，如图 4-94、图 4-95 所示。

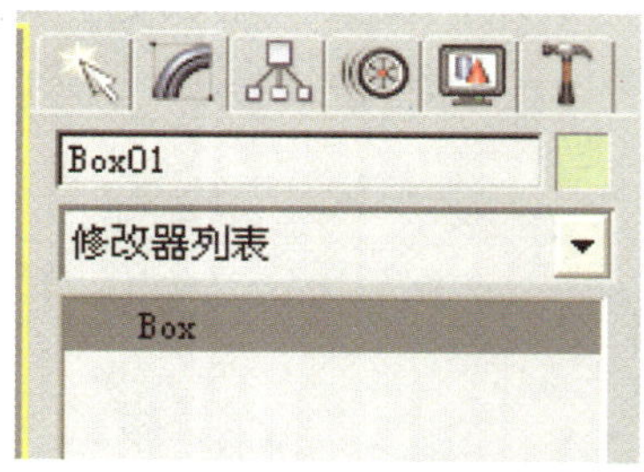


图4-94 长方体修改器

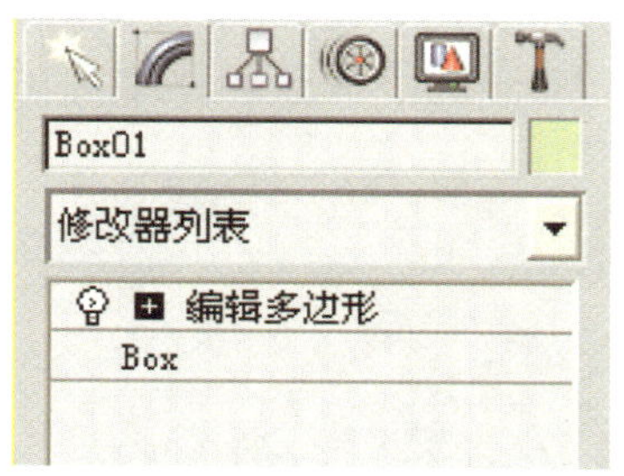


图4-95 可编辑多边形堆栈

（3）单击打开“编辑多边形”选择“点”层级，并选中长方体上需要修改的点进行修改，如图 4-96、图 4-97 所示。

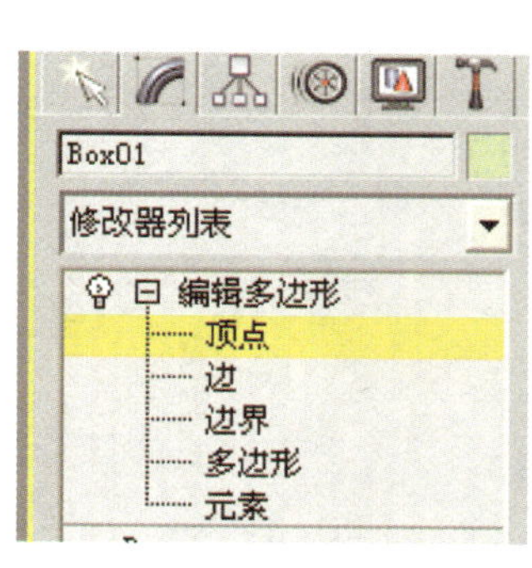


图4-96 选择“点”层级

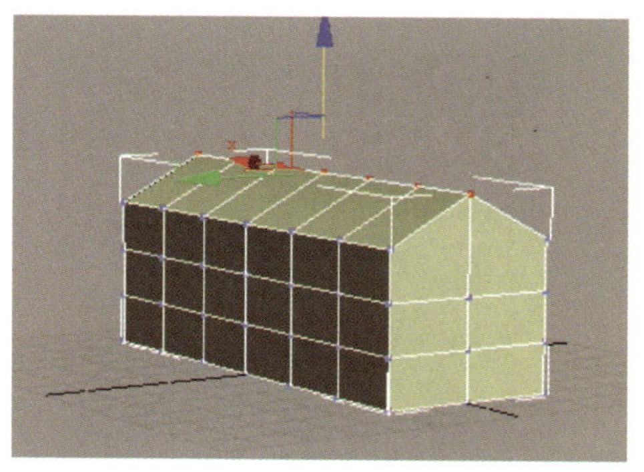

图4-97 调整点

（4）点击”编辑多边形”中的“边”层级，选中模型屋顶位置的面并删除，如图 4-98、图 4-99 所示。

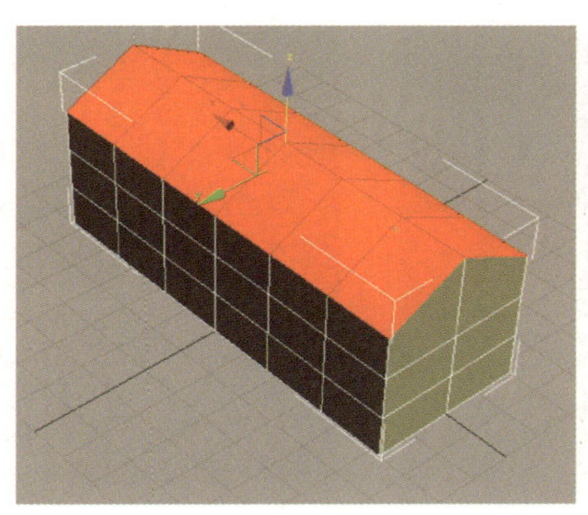

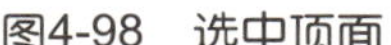
图4-98 选中顶面

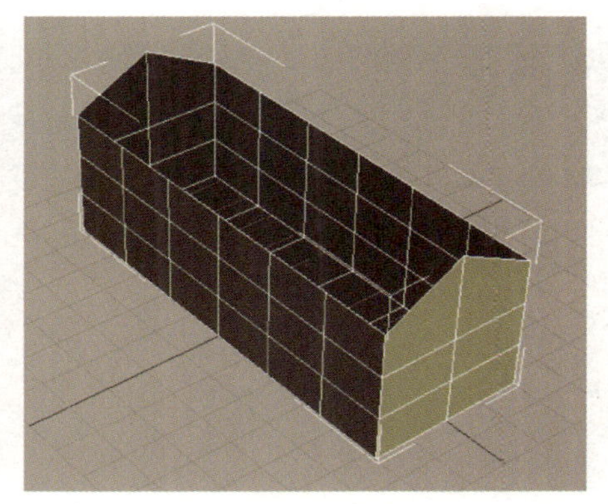

图4-99 删除面

（5）在“创建”面板的“标准基本体”上的“对象类型”下单击“创建”。将平面转化为可编辑多边形。将平面放置屋顶处，对形状进行调整，如图 4-100、图 4-101 所示。

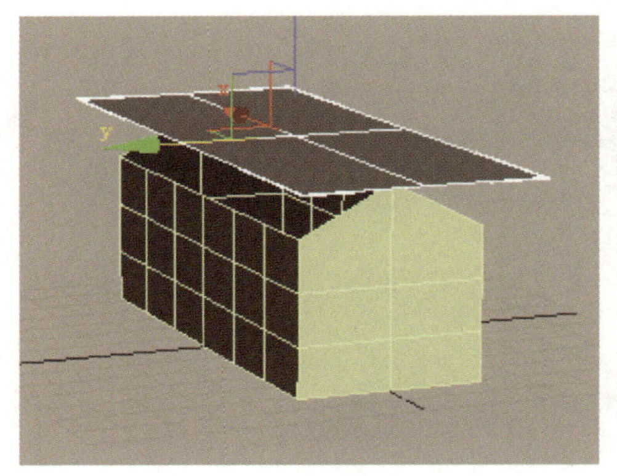

图4-100 创建平面

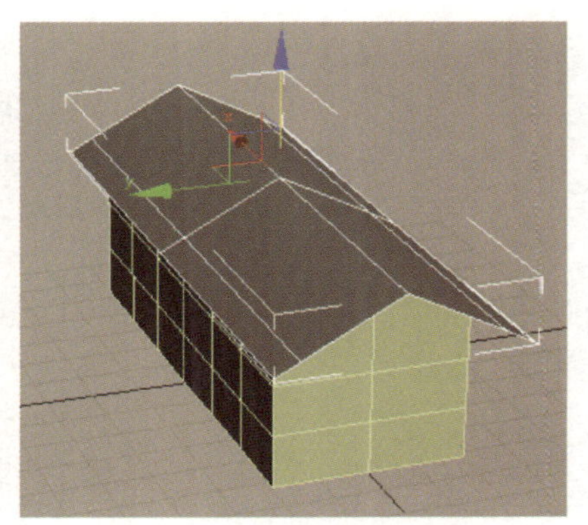

图4-101 调整平面的形状

（6）选平面中，为其添加一个“壳”修改器。这样屋顶就变成一个体积。调整屋子个边的分布可对其进行增加或删减。将房屋门和窗户位置的平面进行删除，如图 4-102 所示。

图4-102 小屋的雏形

图4-103 窗框

（7）新建一个平面并对其进行分段，同样转化为可编辑多形，删除多余的平面做出窗户的外框并加上“壳”修改器，就做出了一个窗户的外框，如图 4-103 所示。

（8）一个窗户后只需按住“Shift”向“X”轴方向拖拽窗户复制此窗户，将两个窗户放置房屋的合理位置处，如图 4-104 所示。

（9）同理可制作门框，将其制作好的门框放置在房屋的合理位置上，如图 4-105 所示。

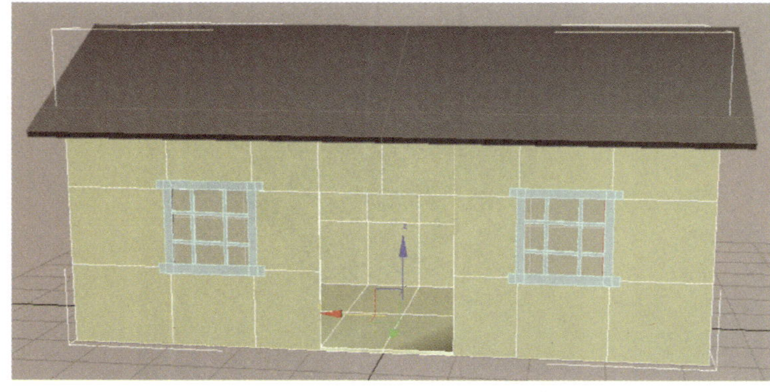

图4-104　放好的窗户

图4-105　门框

（10）用长方体做出门扇，并根据自己的需要修改和设计门的样式，如图 4-106 所示。

（11）外形大至完成了，如图 4-107 所示。

图4-106　门

图4-107　门外形

（12）同理可制作出围墙，如图 4-108、图 4-109 所示。

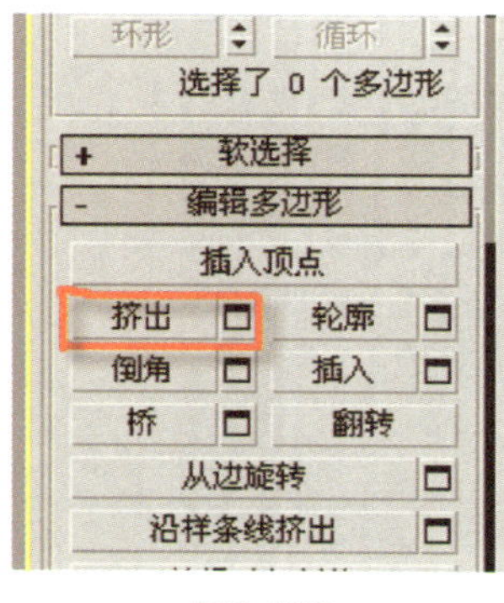


图4-108

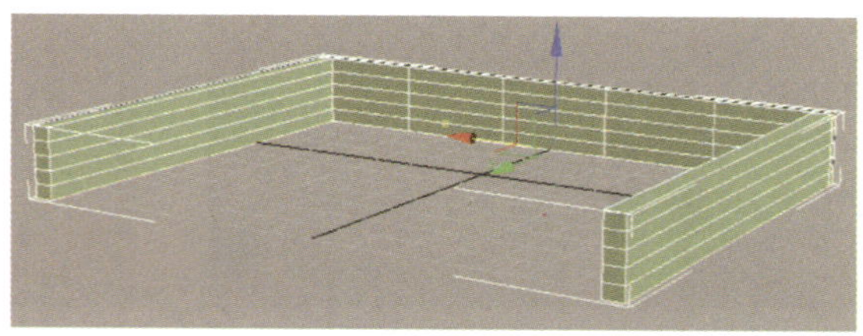

图4-109　围墙

（13）将围墙的正面留一个口子用于创造院门，如图 4-110 所示。

（14）再调整“顶点”、“边”、“多边形”等层级将围墙修改成自己想要的样子。

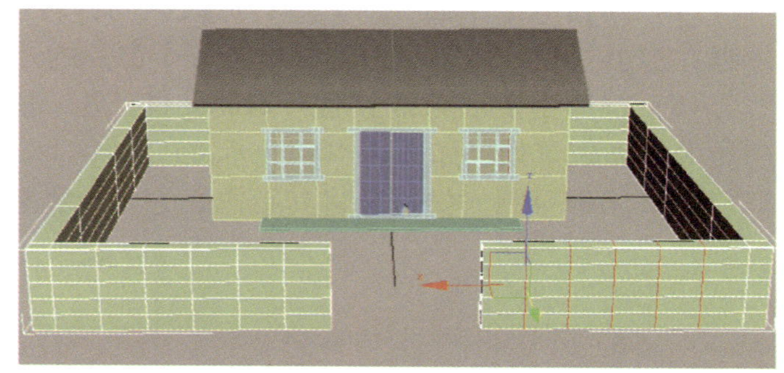

图4-110　创造院门

### 2. 石墩的建模

（1）创建一个长方体，转化为“可编辑多边形”，选中的“边”层级，选择“编辑多边形”中“倒角”，如图 4-111、图 4-112 所示。

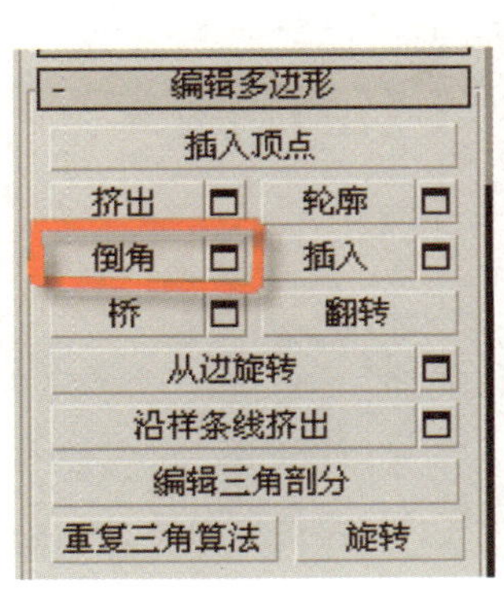


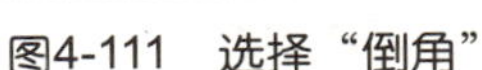
图4-111　选择“倒角”

图4-112　倒角后的长方体

（2）再创建一个圆柱体，圆柱体的边数不要太多。利用“倒角”修改圆柱体，如图 4-113、图 4-114 所示。

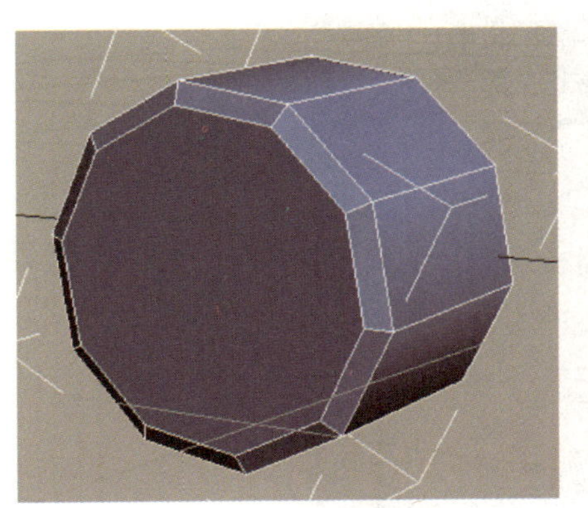
图4-113　圆柱体

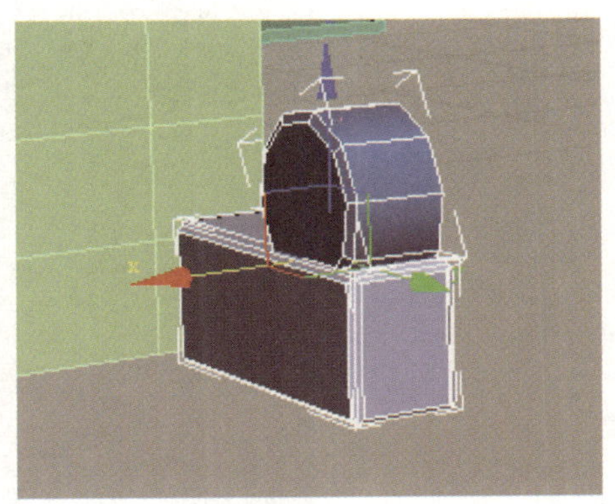
图4-114　附加在一起

（3）将圆柱体放在长方体适当位置上并根据房屋的大小进行调整，一个石墩就成型了，如图 4-115 所示。

（4）另一个只要复制一下就可以了。

图4-115　石墩模型

### 3. 大门的建模

（1）创建一个圆柱体将其分段，放在院子围墙的门口处。并用“挤出”在合适的位置挤出门框，如图 4-116 所示。

（2）院门的房梁也用“挤出”做出来，如图 4-117 所示。

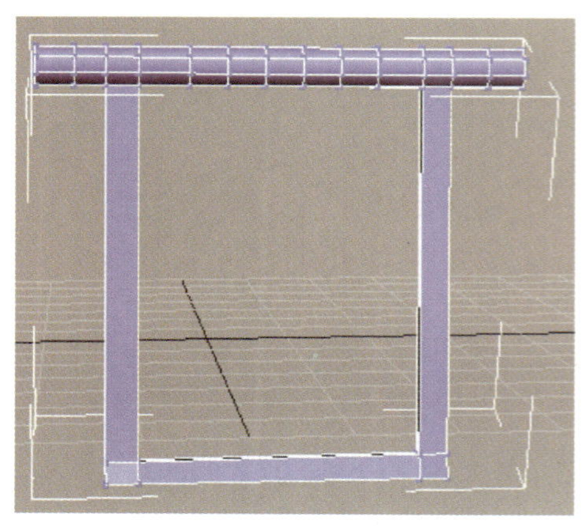

图4-116　挤出门框

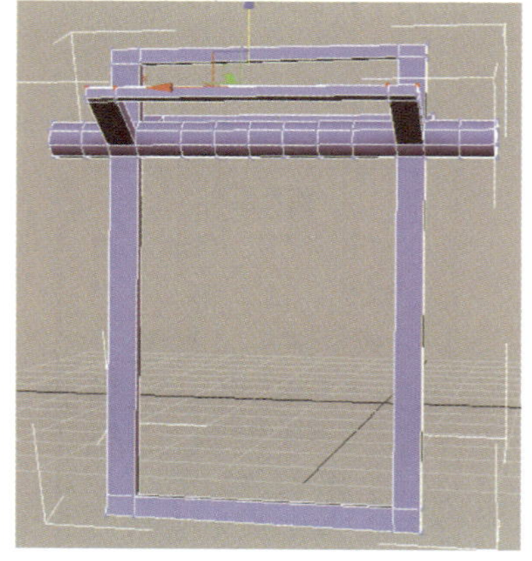

图4-117　门框

（3）再用一个平面做出屋顶并加壳，放置院门框上，如图 4-118 所示。

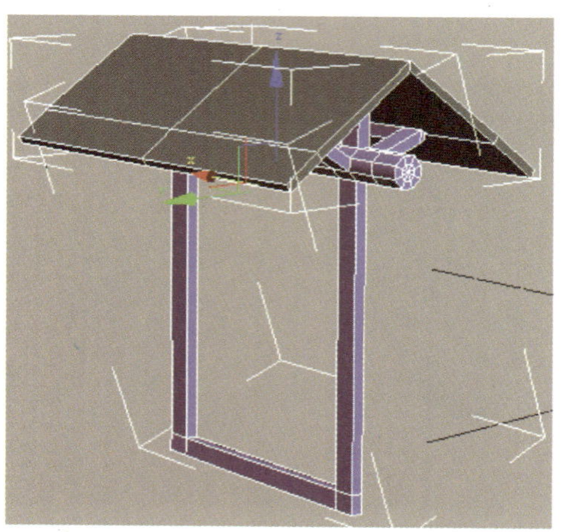

图4-118　大门

（4）院子的模型大致完成了，如图 4-119 所示。

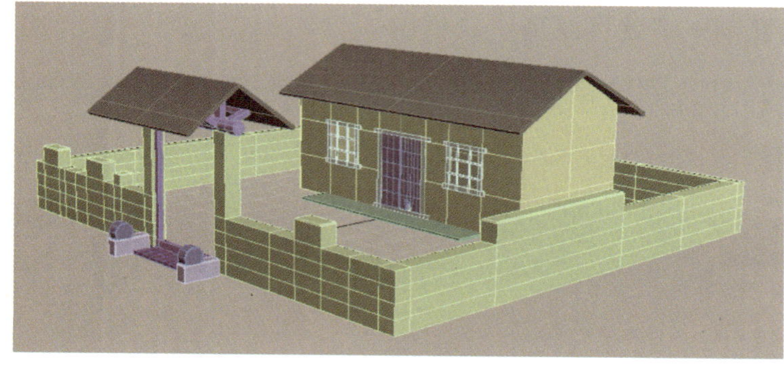

图4-119　小雨的家简模

（5）有了这个场景模型作参考，其他的场景比如学校、教室等同样可以用此类方式进行建模。

## 4.2 材质贴图

材质即材料的质地，就是把模型赋予生动的表面特性，具体体现在物体的颜色、透明度、反光度、反光强度、自发光及粗糙程度等特性上。贴图是指把二维图片通过软件的计算贴到三维模型上，形成表面细节和结构。对具体的图片要贴到特定的位置，三维软件使用了贴图坐标的概念。一般有平面、柱体和球体等贴图方式，分别对应于不同的需求。模型的材质与贴图要与现实生活中的对象属性相一致。

### 4.2.1 “小雨”模型贴图

#### 1. 小雨头部展UV

（1）最后重点说一下人物头部的贴图，头部的贴图不可能找到完全匹配的贴图，还有就是嘴唇处的颜色和面部颜色的区别，所以我们需要展UV。然后在分好UV的基础上画出我们想要的贴图。

（2）选择小雨头部的模型，如图4-120所示，在编辑多边形上加一个“UVW展开”的修改器堆栈。

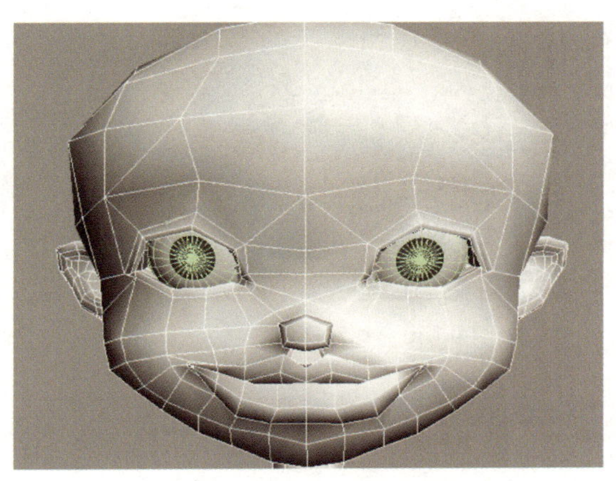

图4-120 小雨头部的模型

（3）选择UVW修器，打开其卷展栏，勾掉显示贴图接缝，如图4-121所示。

（4）在往下走进入位图参数卷展栏，选择下面的点到点的接缝，如图4-122所示。

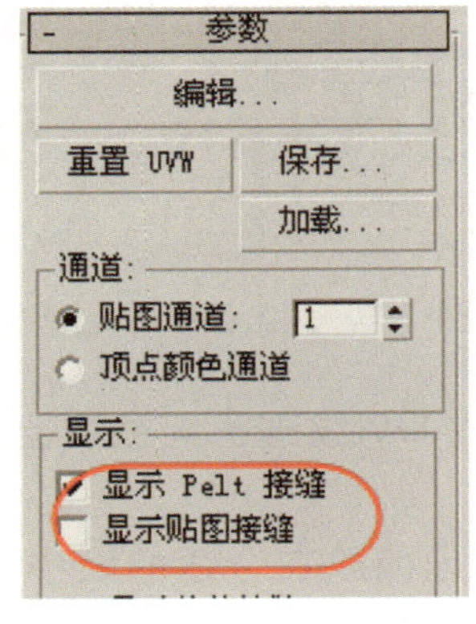


图4-121 勾选Pelt接缝

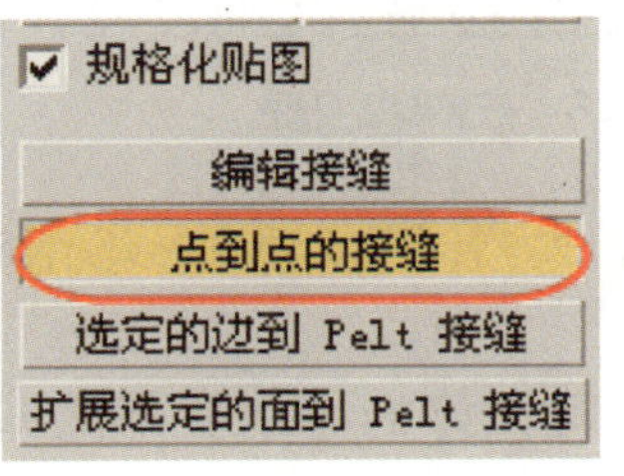


图4-122 选中点到点的接缝

（5）选择“UVW修改器”面层级。

（6）选择头部所有的面，如图4-123、图4-124所示，单击pelt。

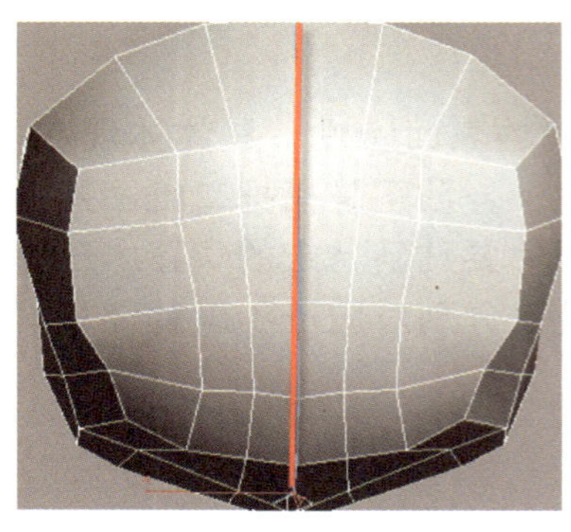

图4-123　选择连线点

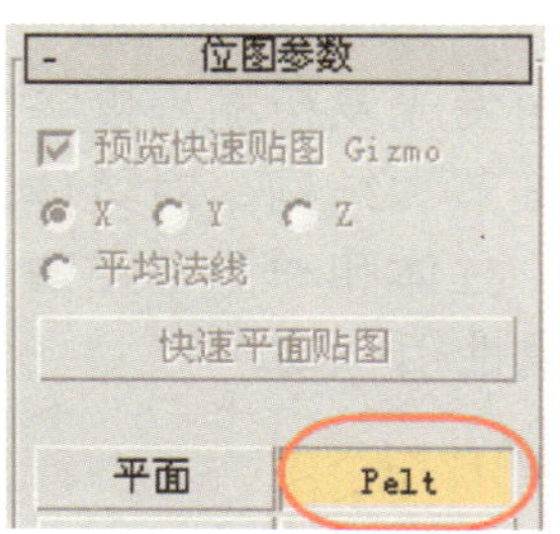


图4-124　选中Pelt按钮

（7）就会弹出编辑 Pelt 贴图对话框，选择“编辑 pelt 贴图”，如图 4-125、图 4-126 所示。就是弹出 Pelt 拉伸器，如图 4-128、图 4-129 所示。

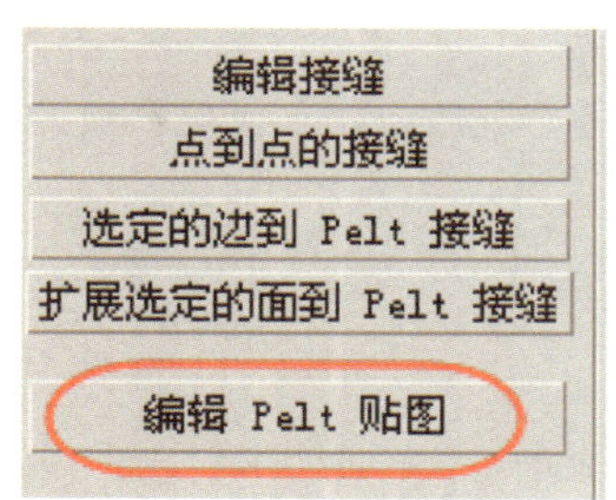


图4-125　编辑Pelt贴图

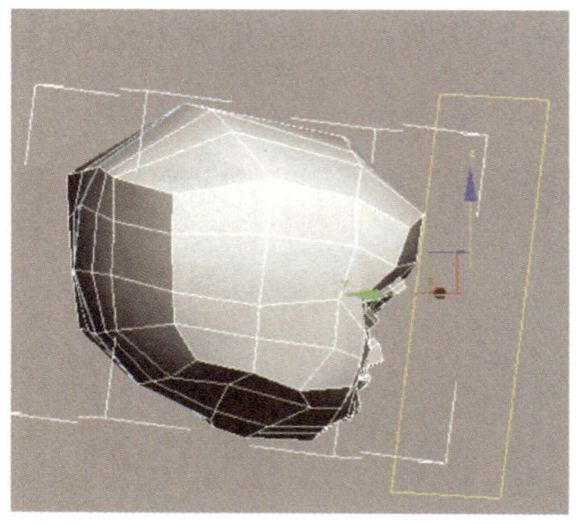

图4-126　移动Pelt

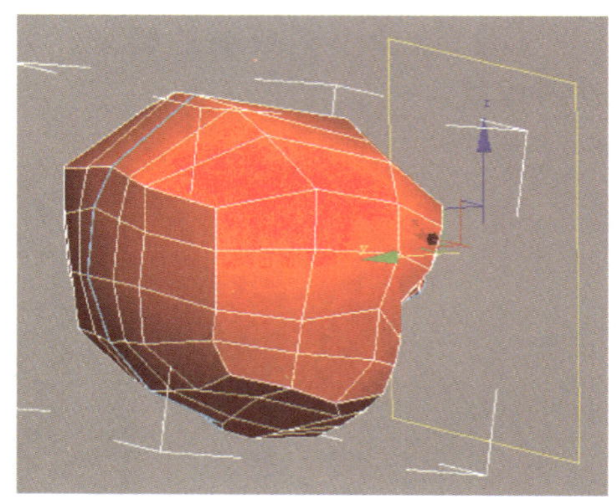

图4-127　选择头部所有的面

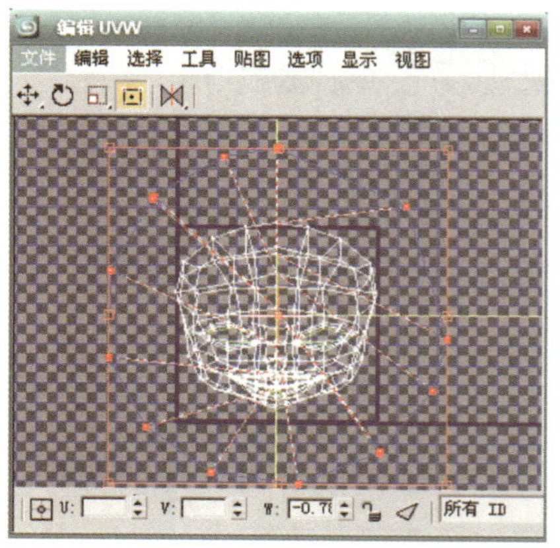


图4-128　拉伸UV纹理

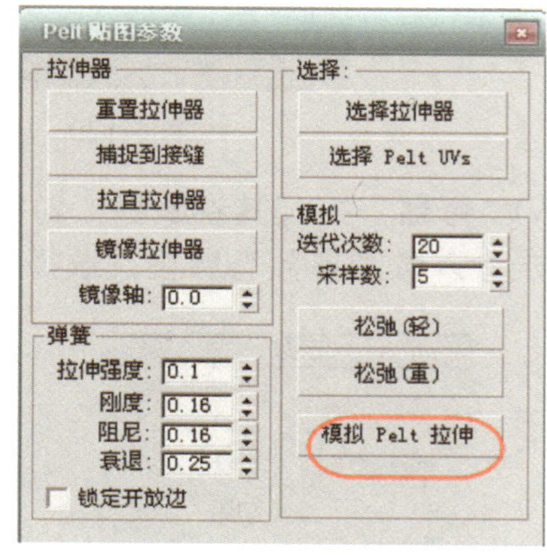


图4-129　点击模拟Pelt拉伸

（8）点击模拟 Pelt 拉伸，就可以看到，小雨头部的 UV 纹理已经被拉但，摊平，如图 4-130 所示。

（9）退出 Pelt 按扭，把摊好的小雨头部的 UV 纹理缩放在合适的大小。这样小雨头部 UV 就展好了，如图 4-131 所示。

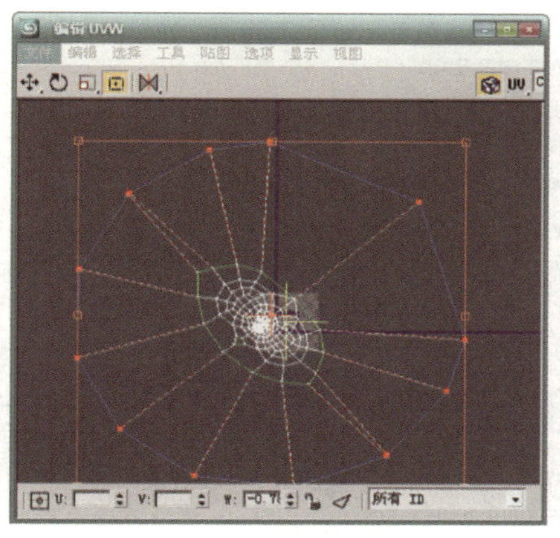

图4-130　Pelt拉伸器

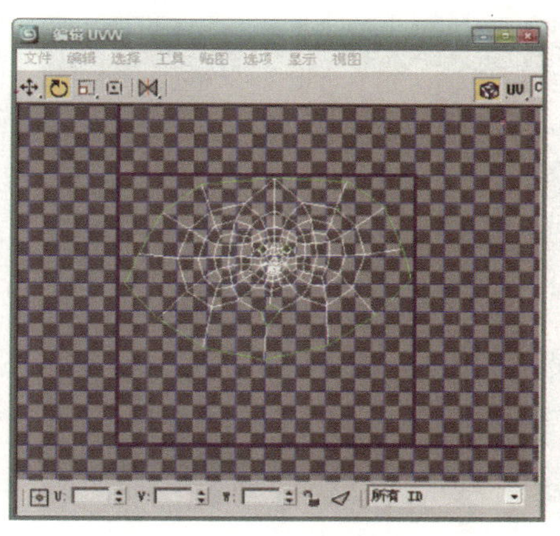

图4-131　展好的小雨头部UV

### 2. 如何用Deep Paint 3D画贴图

（1）首先选中小雨头部模型，然后选择工具按钮，在“更多”中找到“right hemishpere”插件，选择“Paint Selection”Deep Paint 3D就直接可以运行了，如图4-132所示。

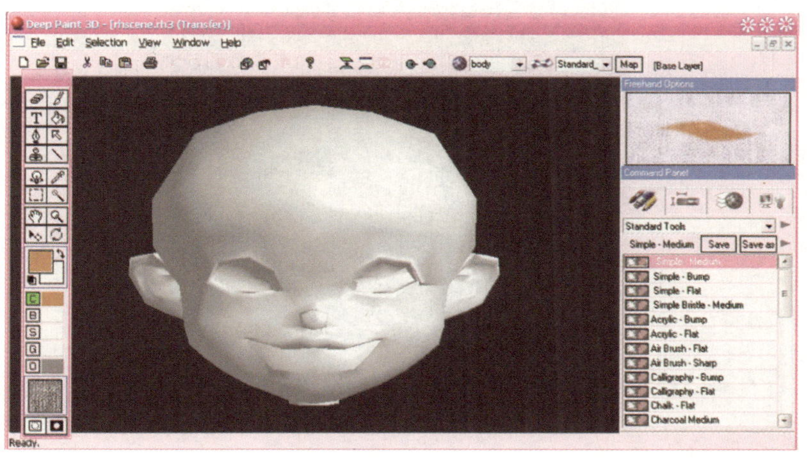


图4-132　Deep Paint 3D工作界面

（2）选择“”或者按“F7”键，单击，如图4-135的位置然后选择“nothing”新建一个图层，如图4-133所示。

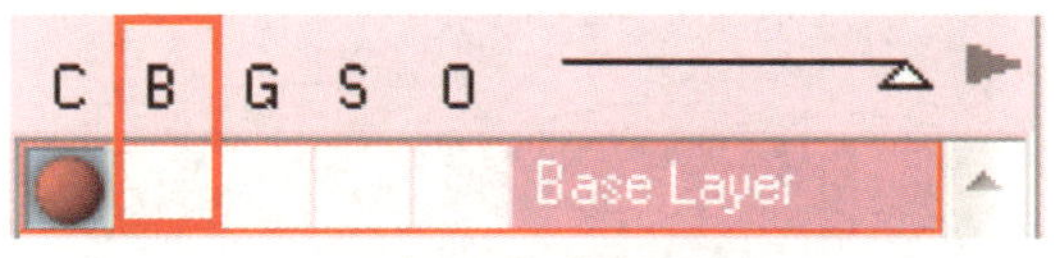


图4-133　新建图层

（3）接下来就是画图了，“Deep Paint 3D”的画图和“photoshop”几乎是一样的，首先我们先把头部填充一个皮肤的颜色，如图4-134所示。

（4）然后选择画笔工具，选择一个颜色画嘴唇，选择笔刷“”按钮，调整画笔大小（Scale），羽化（Feather），强度（Strength）。就像给人物化装一样在嘴唇处画出嘴唇的颜色，如图4-135所示。小雨的面部有很强烈的默认灯光，影响观察，所以要关掉灯光。

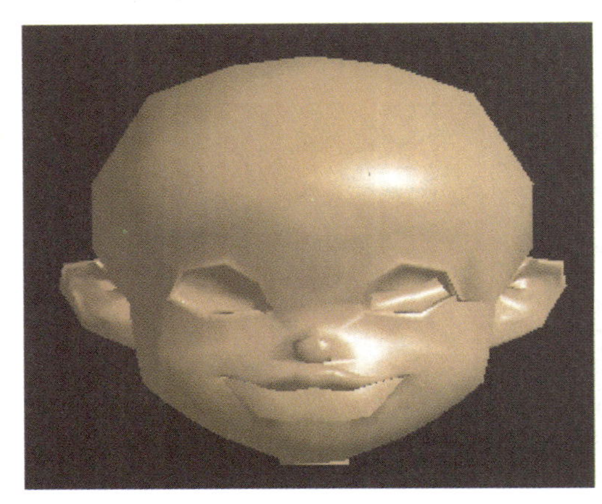

图4-134　头部填充一个皮肤的颜色

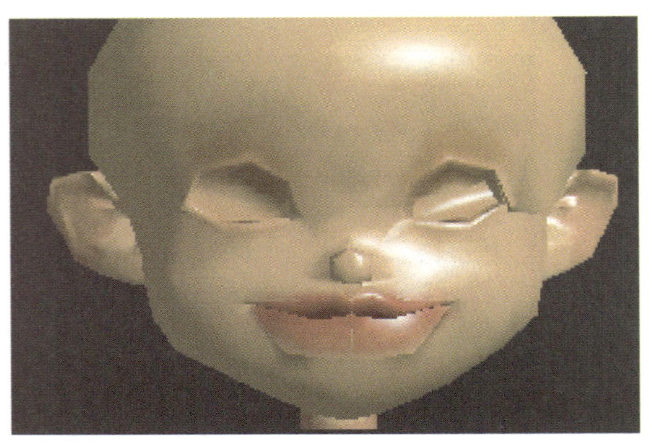
图4-135　化装后

（5）这样看起来更舒服一点。画完后导入到“Photoshop”，最后保存成 JPG 文件，然后像正常加贴图一样把头部的贴图加上就可以了，结果如图 4-136 所示。

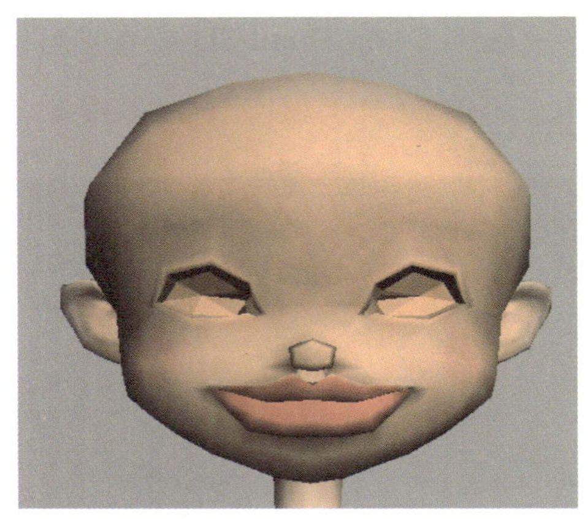
图4-136　最后效果

### 3. 给小雨的模型做贴图材质

（1）选择“上衣”，“隐藏未选定对象”，打开“材质编辑器”。选择一个空材质球，单击“漫反射”旁边的按钮漫反射:，在材质浏览器里找到“位图”，双击后弹出一个对话框，找到我们要用的图点“确定”。然后单击将图赋予“衣服”于模型，如图 4-137 所示。

图4-137　赋予“衣服”于模型

（2）完成后，发现一些小问题，比如袖口处的贴图有拉伸。下面要精调贴图，在“修改器列表中”找到“UVW 展开”修改器，选择“面”层级，在“参数”中选择“编辑”弹出“编辑 UVW”对话框。

（3）点击在右上角处的小窗口选择我们加载衣服的图，选择衣服袖口的面，然后在 UVW 展开”修改器卷展栏中选择“快速平面贴图”。然后在“编辑 UVW”窗口中调整面的角度，如图 4-138，图 4-139 所示。

图4-138 袖口处的贴图有拉伸

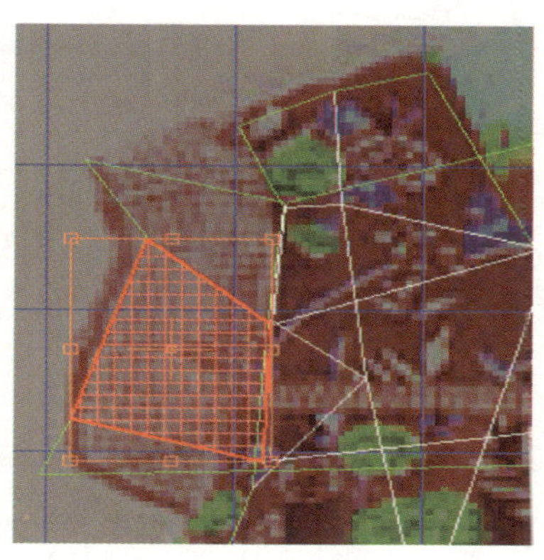

图4-139 编辑UVW

（4）最终结果如图 4-140 所示，裤子的贴图和衣服一样，这里不再说明。

图4-140 小雨的上衣

4.2.2 “小雨家”场景材质贴图

（1）接下来就是给房屋贴图了。选择“材质编辑器”。点击漫反射后面的方框，打开“材质贴图游览器”。

（2）在“材质贴图游览器”中选择“位图”，在贴图所在的文件夹下选择事先已经做好的材质贴图。

（3）选好贴图后将其附在材质球上并拖到模型上，模型有了贴图后可在“材质编辑器”中调整“坐标”的“偏移”和“平铺”等数据，如图 4-141 所示，使贴图合理的分布在模型上，如图 4-142 所示。

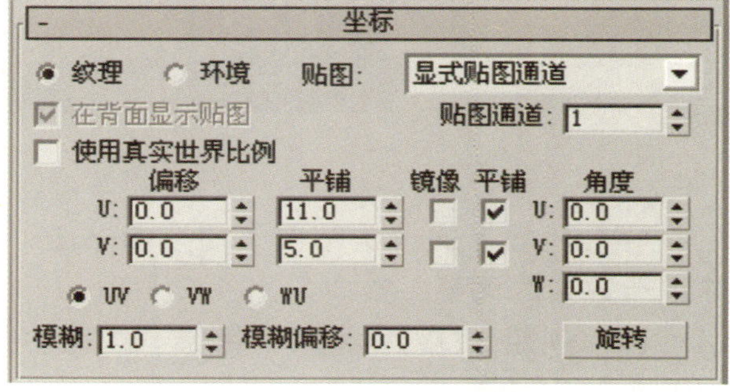


图4-141 贴图坐标设置

图4-142 瓦片中部贴图有拉伸

（4）瓦片中部贴图有些拉伸，选择屋顶，添加一个“UVW 展开”修改器，如图 4-143 所示。

（5）选择“UVW 展开”修改器，在卷展栏中选择“编辑”按扭，打开“UVW 修改器”面板。调出瓦片的贴图，选择面层级，然选把面一一展平，并根据贴图排列一一展开，如图 4-144、图 4-145 所示。

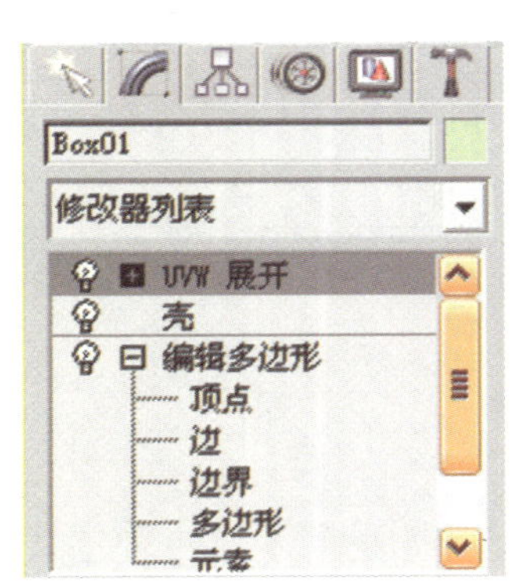


图4-143 添加UVW修改器

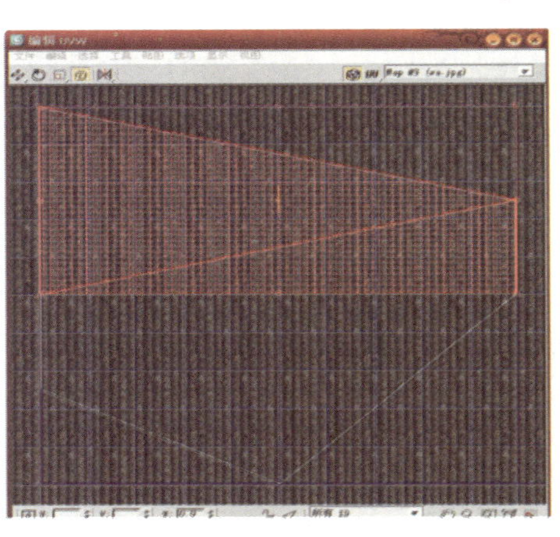

图4-144 合理摆放UV纹理

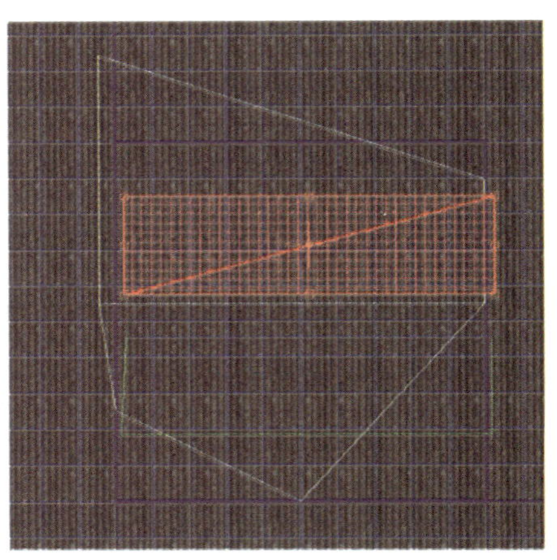

图4-145 合理摆放UV纹理

（6）选择需要修改的面，点击面板中的“快速平面贴图”进行修改，最后进行“塌陷全部”，得到如图 4-146 所示的效果。

图4-146 屋顶

（7）用同上的方法贴屋子墙壁的贴图，因为墙是两种贴图，所以要先分 ID，再赋贴贴图，并进行适当的调整，效果如图 4-147 所示。

（8）利用“UVW 展开”将屋子剩下的部分贴上贴图，与屋顶部分的“UVW 展开”类似，如图 4-148 所示。

图4-147 墙壁的贴图

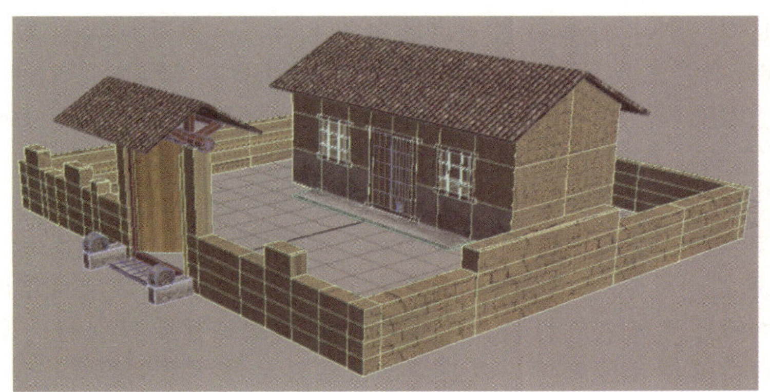

图4-148 院子粗模

（9）创建两个平面做地面，一个做背景，并赋予相应的材质贴图，如图 4-149 所示。

图4-149 院子完成贴图效果

简而言之，贴图是一种将图片信息（材质）投影到曲面的方法。这种方法很像使用包装纸包裹礼品，不同的是它使用修改器将图案以数学方法投影到曲面，而不是简单地捆在曲面上。材质贴图像颜料一样。利用贴图，可以使苹果显示为红色而桔子显示为橙色，可以为铬合金添加光泽，为玻璃添加抛光。通过应用贴图，可以将图像、图案，甚至表面纹理添加至对象，材质可使场景看起来更加真实。

## 4.3 骨骼绑定

如果想让三维角色动起来就需要给他们打上骨骼，下面我们介绍 3D 角色动画当中比较重要的骨骼绑定。骨骼绑定的质量直接关系到往后角色动画的质量。所以在角色动画制作过程中骨骼绑定相当重要。

### 1. physique骨骼绑定系统介绍

它在 3DSMAX 中被作为一个变形器的名称存在，主要针对 MAX 的角色动画中模型与骨骼绑定时用，它在添加到模型上之后，能够指定到骨骼，从而使模型按照指定骨骼的动态运动，相对 SKIN，PHYSIQUE 更适合在底模角色动画以及简易动画中适用，但是完全没有妨碍到它强大的动画功能。

当 Physique 运用于网格时是一个修改器，允许基本骨骼的运动无缝地移动网格，就像人类皮肤下的骨骼和肌肉。Physique 在基于点的对象上运行，包括几何图原、可编辑的网格、基于面片的对象、NURBS、以及 FFD 间扭曲。对于 NURBS 与 FFDs，Physique 使控制点变形，控制点反过来又使模型变形。这将附加到任何骨骼结构，包括两足动物，3ds MAX 骼，样条线，或者任何 3ds MAX 层次。当您将 Physique 运用到蒙皮对象并且给骨骼添加蒙皮时，Physique 决定骨骼的每个成分如何影响基于您指定而设置的蒙皮顶点。

Physique 在点击其展卷栏上的“附加到节点”和选择视窗中的根节点后影响网格。在附加过程中，Physique 通过一个层次中的所有子级从选择的对象开始按自身路径运作，为其发现的每个链接创建自己的链接与关联的封套。Physique 创建的链接跟其自身一样在文档资料中涉及变形样条线。属于封套的顶点被影响，以便遵循链接并且使网眼动画化。样条线和 3ds max 骨骼也能增加，使用浮动骨骼卷展栏中中的”添加”按钮。

### 2. 小雨模型骨骼绑定

（1）首先我们用 3DS MAX 打开需要绑定骨骼的小雨的模型，如图 4-150 所示。

图4-150 小雨的模型

图4-151 半透明模型

（2）现在我们分析模型，头发的部分我们要单独做动画，不参加骨骼绑定，所以先将其隐藏。选中其他部分做一个集合“all”。

（3）ALT+X 让此集合半透明，如图 4-151 所示，然后点鼠标右键，选择冻结当前选项。

（4）选择“系统” 中的Biped，在透视中创建一个“Biped”骨骼，并为“Biped”骨骼也建立一个集合“Biped”。

（5）接下来为小雨模型做骨骼匹配。选中“Biped”骨骼，打开“动动” 面版，在卷展栏中打开“体型模式” 。然后参照四视图进行骨骼位置的的调整匹配。

**注意**：确认在继续下面的步骤前启用了“体形”模式。“体形”模式会保留将要创建的姿势。

（6）选择重心（COM），也就是两足动物盆骨中心的蓝色四边形。以通过单击“轨迹选择”卷展栏中的下列任何选择按钮来快速选择 COM：“躯干水平”、“躯干垂直”或“躯干旋转”。

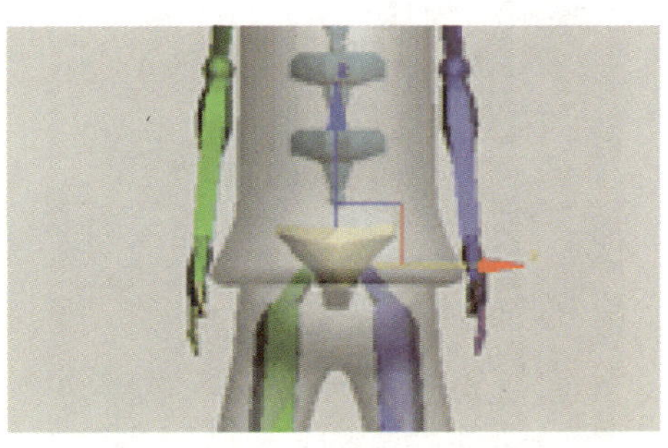

图4-152　COM模型臀部的中心

（7）在“前”视口中，将 COM 移动到模型臀部的中心，如图 4-152 所示。

**注意**：将骨骼调整到与模型动作大小都一致，再调整个别不合理的地方。让模型与骨骼完全匹配，注意骨骼一定要尽量充满模型。关节处要小心调节，与模型的关节要很好的结合。这一步骤比较繁琐，要细心进行调试。这里可以只调一边，另一边用复制、粘贴，这样可以节省不少时间，如图 4-153 至图 4-156 所示。

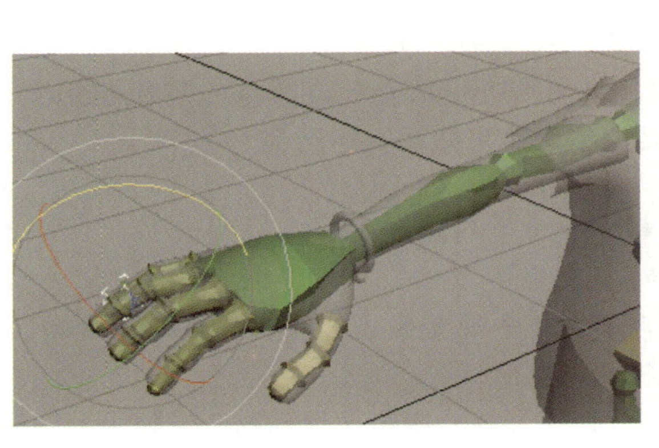

图4-153　匹配手指

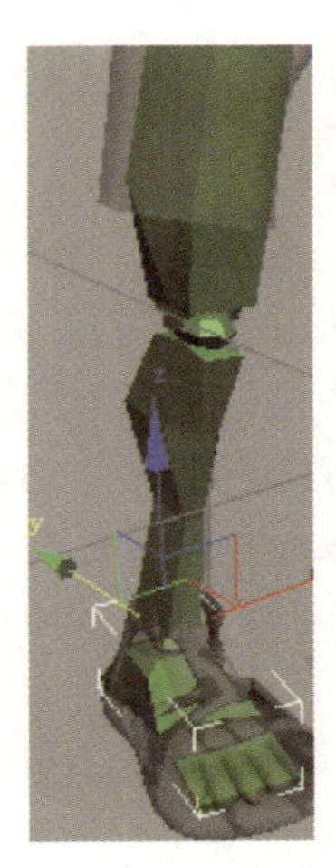

图4-154　匹配脚

图4-155　匹配胸部

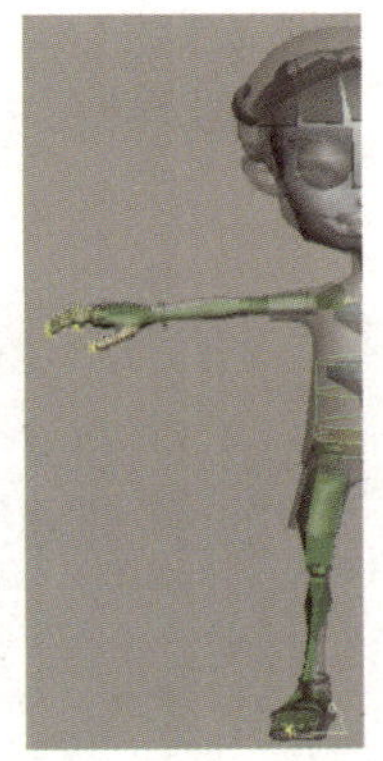

图4-156　匹配完左半部分

（8）对各个部位进行微调后，骨骼与模型的匹配工作就算完成了，如图 4-157 所示。

图4-157　骨骼匹配完成

（9）对小雨角色模型进行骨骼绑定，首先点击鼠标右键选择解冻，然后在集合选项里面选择刚才我们建立的集合，如图 4-158 所示。

图4-158　选择集合“all”

（10）进入“修改器”面板”，添加“Physique”修改器，“Physique”修改器的主要用途包括调整封套大小和覆盖，以按照角色移动来微调网格行为。

**提示：**

① 为了获得最佳效果，需要留意网格的每个区域。

② 每个封套都应该覆盖其周围的顶点。

③ 当两足动物行走或拉伸时，为了实现平滑变形，应当调整臂部和肩部区域。

④ 头部需要使用刚性封套以实现最小变形。

（11）运用“Physique”修改器前，在体形模式中将两足动物与网格调整对齐。使用手臂伸开的姿势，从而手是远离躯干的。保存体形文件，因此当需要时很容易返回这种姿态。打开“添加到节点”，然后选择层次中的根节点（两足动物的骨盆或者骨头层次中的根节点，而非COM）。在“Physique”初始化对话框中，单击“初始化”，从而在层次中创建基于链接的默认封套。

（12）展开“Physique”修改器堆栈，并选择“封套”子对象形体上的链接会变黄，如图 4-159、图 4-160 所示。

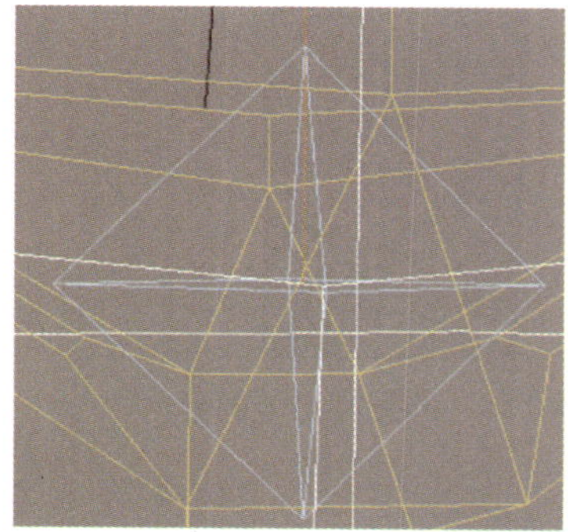

图4-159　择层次中的根节点

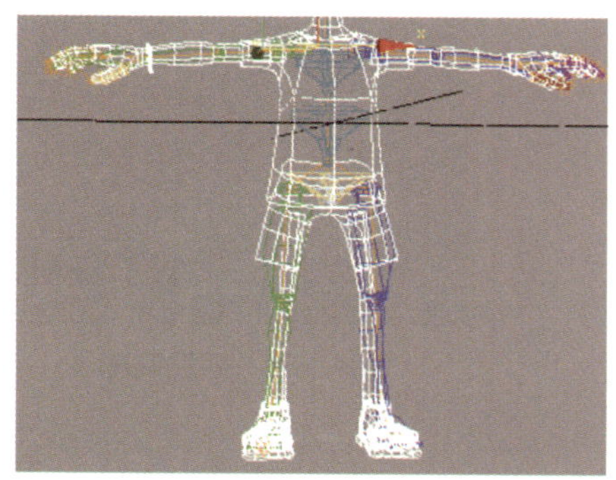

图4-160　链接变黄

（13）点开”Physique”修改器看到5个功能，首先选择封套。由于是简单的动画人物，所以我们把锁骨的封套关掉，点击锁骨的黄线取消“可变性”。

（14）当点击黄线时大家可以看到有各种颜色的点，在手臂链接附近出现两个封套。封套内的顶点受骨骼影响。内部的红色封套表明了受影响最大的区域。链接的影响逐渐减弱，直到紫色的外部封套，如图4-161、图4-162所示。封套外部的顶点完全不受骨骼影响，用于选择连接，用于改变封套环大小，用于调整封套环上的点。

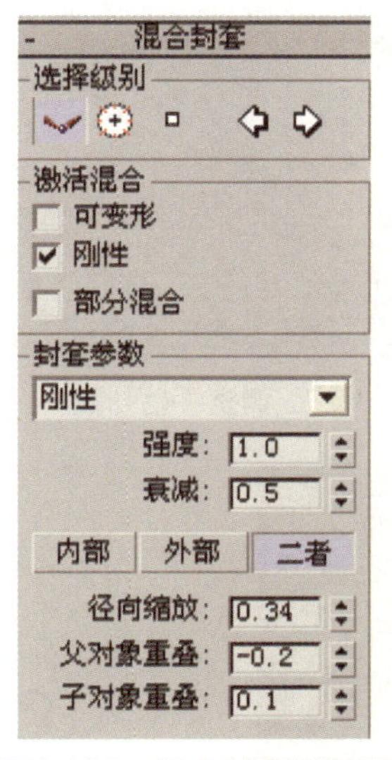


图4-161 混合封套卷展栏

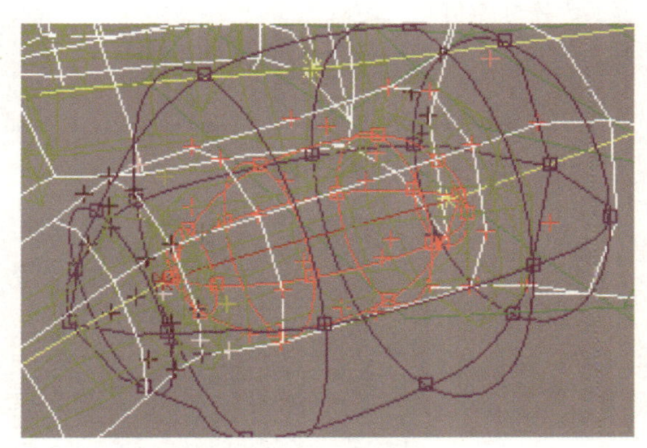

图4-162 上调整封套

（15）受当前选中封套影响的顶点将变成各种颜色，以显示它们受封套影响。可以使用“径向缩放”参数更改每个封套的半径，如图4-163所示。

（16）增大半径可以使封套覆盖更多的顶点，从而增加受骨骼影响的顶点数目。

**提示：**

① 要在着色视口中查看以颜色代表的封套影响，请在“混合封套”卷展栏>“显示”组中启用“着色”选项。

② 这一步骤比较繁琐，要注意细小的地方不要漏点。

③ 设置两足动物的动画时，头部不应该变形。要保持头部不变形，需要为其指定刚性顶点。

图4-163 封套调节的参数设置

（17）首先调整头部封套，再调整躯干的封套，再调整四肢，最后调整手脚。通过控制面板对封套的大小长短范围进行微调。注：调整手指时注意封套范围，不要影响到另一根手指，如图4-164、图4-165所示。

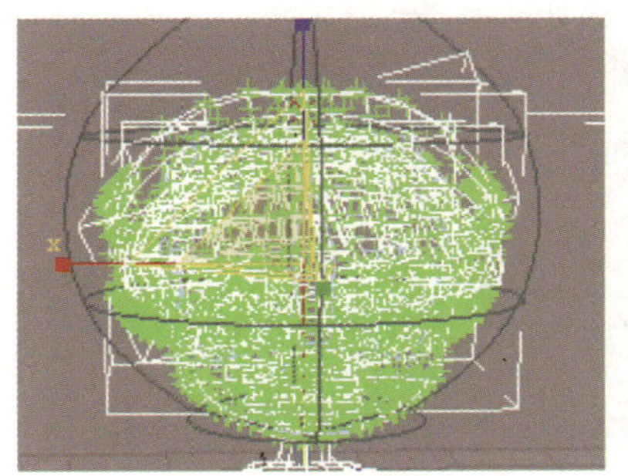

图4-164 头部刚性封套

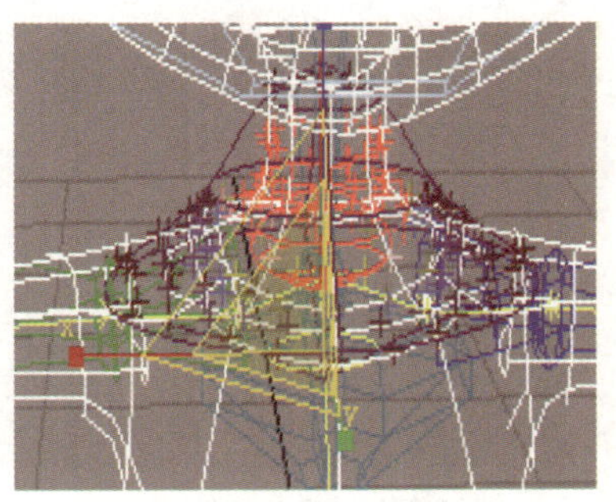

图4-165 调整颈部封套

**注意：**

① 通过控制面板对封套的大小长短范围进行微调。调整手指时注意封套范围，不要影响到另一根手指，如图 4-166、图 4-167 所示。

② 把头部“柔性封封”套转化为“刚性封套”，这样头部的点就变成了绿色，如图 4-168 所示。

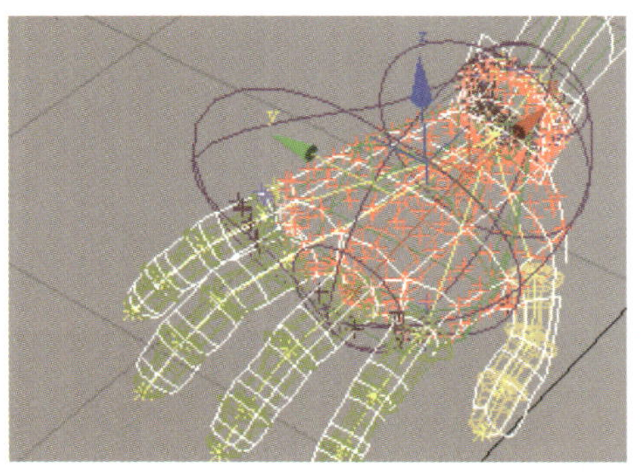

图4-166　调整手掌封套

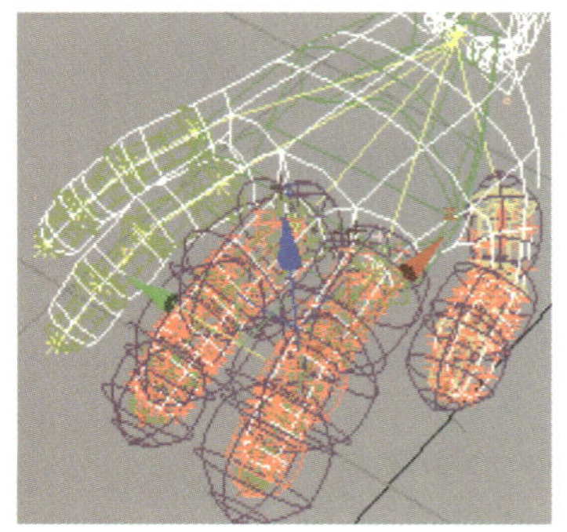

图4-167　调整手指封套

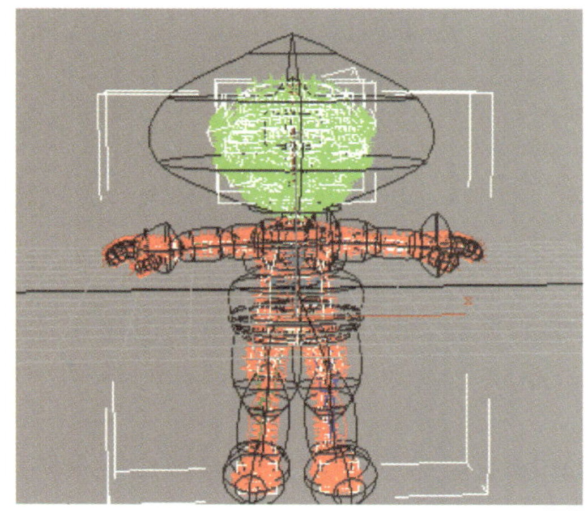

图4-168　调整头部刚性封套

（18）当完成封套调节后，我们选择“Physique”修改器中 顶点 层级。选中整个模型，然后从几个视图中观察是否有蓝色的“点”。如果发现“蓝点”说明有错误，需要对其附近的封套进行调节将蓝点被封套覆盖进去。如果没有“蓝点”，如图 4-169、图 4-170 所示。那么我们就可以给模型加个步基来测试下了。

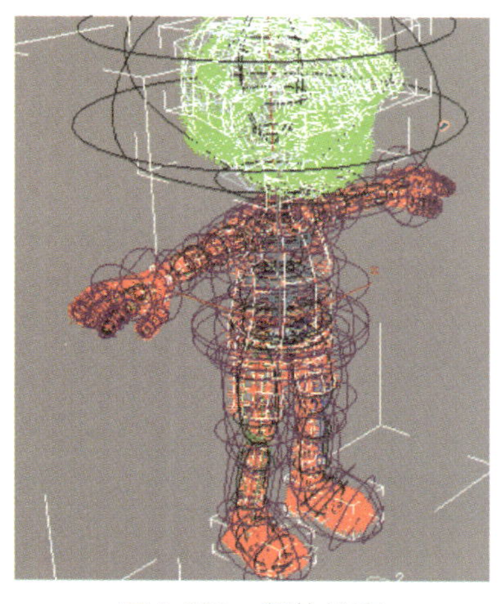

图4-169　整体检查

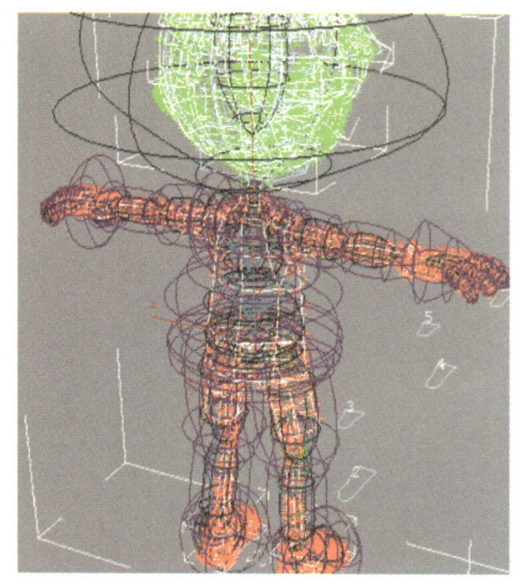

图4-170　调整封套

（19）我们选中骨骼，在“运动”面板里的选中“足迹模式”，给角色加上动作，测试我们的骨骼绑的有没有变形和扭曲等现象。如果有，我们再回“Physique”修改器，从点层级细微调整。

（20）测试结果如图4-171所示，模型手部产生了扭曲拉伸，说明我们封套中有漏点。要重新对封套进行检查，我们回到“Physique”修改器中顶点层级先选中所有点，观察是否有明显漏点，如果没有。我们从头到脚放大进行观察，直到找到漏点位置，如图4-172、图4-173所示。

图4-171 手部产生了扭曲拉伸

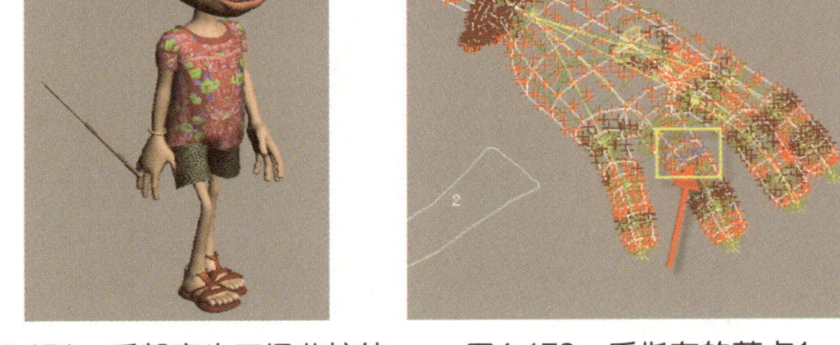

图4-172 手指存的蓝点1

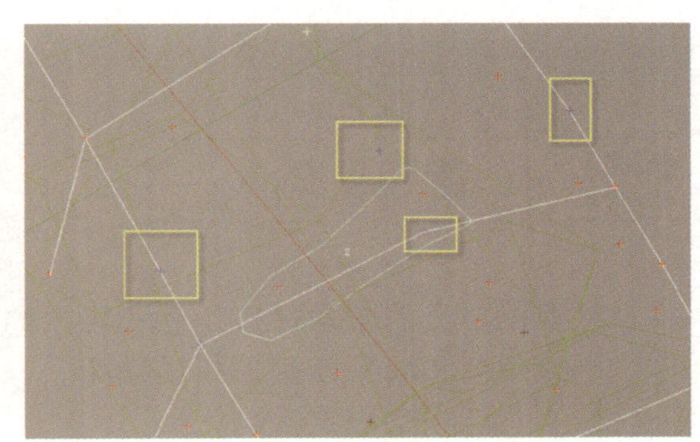

图4-173 手指存的蓝点2

（21）发现漏点位置后，我们调节封套大小长短把漏点补上，如图4-174、图4-175所示。

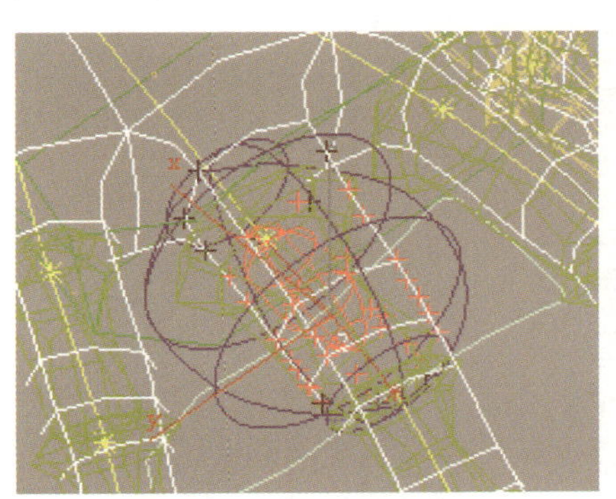

图4-174 调整手指封套

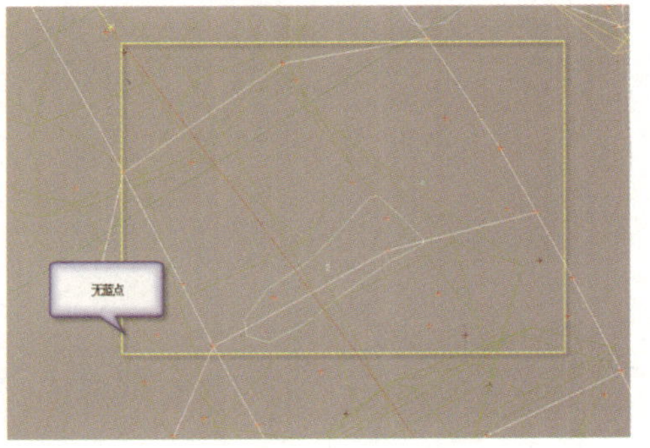


图4-175 调节完成后

**注意**：如果模型没有任何地方破裂或者拉伸就说明蒙皮已经完毕了，如图4-176至图4-178所示。范例中的卡通模型是简单动画人物，所以不用考虑封套对肌肉影响，如果做真人就要注意封套影响的范围所控制的肌肉。

图4-176 小雨走路1

图4-177 小雨走路2

图4-178 小雨走路3

## 本章小结

本章主要讲述了三维动画短片童年的记忆系列之《向阳花》中的主角小雨的角色建模、材质贴图和骨骼绑定的过程。

通过本章的学习除了需要了解到一个动画片的创作当中角色建模、材质贴图等知识外，还应学会 3ds Max 的两足动物系统制作角色动画的基础知识。学会如何在角色体内创建虚拟骨骼并加以控制，操纵其运动。

## 技能训练

1. 根据自己的剧本进行角色和场景的建模。
2. 给角色和场景模型加材质贴图。
3. 给角色模型绑定骨骼。

# 第5章　Layout 设计与完善背景

## 5.1　Layout 设计

Layout 是属于动画专用名词，也是比较少见的工作，在工作性质上接近中文的“构图”。在一些剧场版作品可能采用，例如设计多层次背景，令每层背景移动速度不同，就能表现出逼真写实的远近距离感。用 3D 粗模根据剧本和分镜故事板制作出 Layout（3D 故事板）。其中包括软件中摄像机机位摆放安排、基本动画、镜头时间定制等知识。

我们根据之前做好的分镜，把我们已经做好的模型、场景用摄影机确定下来。形成一个一个的镜头构图文件，我们有多少个镜头就要打多少个 Layout 镜头。然后专门建一个文件夹把我们所有打完的镜头都在放里。这就是我们片子的第一版 Layout 粗稿。

【学习目标】

1. 学习什么是Layout；
2. 学习如何打Layout；
3. 学习如何粗调动画。

### 5.1.1　如何打 Layout

#### 1. SC_1镜的设计

（1）首先打开已经绑好骨骼的大雨的模型，然后合并进火车车厢内部模型和外部风景模型。可以看到，场景模型有可能和人物模型大小不匹配，这时我们统一放大或缩小场景模型以与人物相协调。

（2）在透视图里直到我们把人物和场景模型合理地组合成一幅分镜设计里所要的画面，然后 CTRL+C。

（3）加上摄影机根据设计加上运镜，SC-1 就设计好了。

（4）以后的镜头依次这样做下去，直到最后一个。然后把所有的镜头低分辨率渲染出来，剪辑成静态三维影片。我们第一版三维 Layout 视频就出来了，这里看到自己影片的节奏和运镜的问题，然后再回到工程文件中完善和修改。

#### 2. SC_69镜的设计（如图5-1、图5-2所示）

（1）将摄像机放置在场景合适的位置，并调节与目标的距离打开 3DS Max 中事先做好的医院场景。

（2）点击“文件”下的“合并”选项将小雨的模型调进场景中。

（3）将小雨放置在场景合适的位置中，并调整动作。

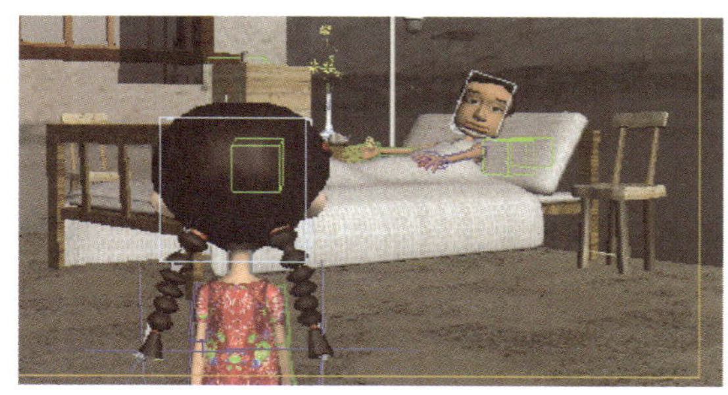

图5-1　SC_69镜的摄像要视图

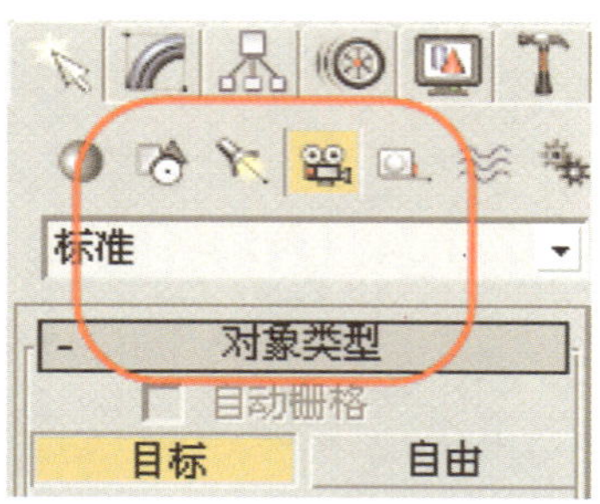


图5-2　选择目标摄像机

（4）一个镜头设计就做好了，依此类推，所有的镜头都是这样形成的。

5.1.2　第一版Layout镜头（如图5-3至图5-19所示）

## 向阳花 layout

**童年的记忆系列之《向阳花》**

SC-1 近景推 特写
女孩坐在窗口旁遐想

SC-2 近景 特写
女孩子眼中的火车车窗窗口

SC-3 镜头从相机上摇
女孩人物脸部特写

SC-4 远景 特写
希望小学校

SC-5 片头进入

图5-3　三维分镜一

# 向阳花 layout

## 童年的记忆系列之《向阳花》

SC-6 远景 推
三个小孩在上学的路上

SC-7 特写 下移
五星红旗

SC-8 中景 推
学校入口 学生们上学

SC-9 近景
老师讲课

SC-10 近景
学生们认真思考

图5-4 三维分镜二

# 向阳花 layout

## 童年的记忆系列之《向阳花》

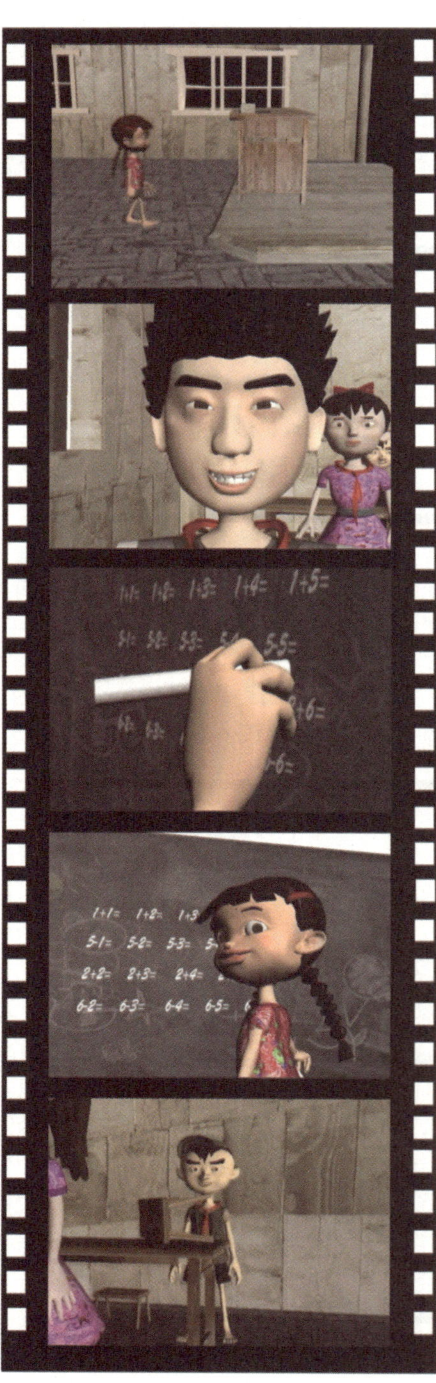

SC-11 中景
小女孩走上讲台

SC-12 特写
学生嘲笑的脸

SC-13 特写 小女孩的手
黑板上的字

SC-14 特写
小女孩自信地转身

SC-15 中景 推 特写
小男孩

图5-5 三维分镜三

# 向阳花 layout

## 童年的记忆系列之《向阳花》

SC-16 特写 学生头部
同学吃惊的表情

SC-17 特写
小男孩的坏笑

SC-18 中近景 跟
小女孩很高兴地回家

SC-19 中景 推
同上

SC-20 近景
小男孩拦住小女孩

图5-6 三维分镜四

# 向阳花 layout

## 童年的记忆系列之《向阳花》

SC-21 特写
小女孩吃了一惊

SC-22 中景
小女孩走过小男孩
小男孩看着小女孩

SC-23 中景
小男孩拿走小女孩的草帽

SC-24 中景
小男孩用力地踩坏了小女孩的草帽

SC-25 特写
坏的草帽

图5-7 三维分镜五

# 向阳花 layout

## 童年的记忆系列之《向阳花》

SC-26　近景　推
小女孩拿起坏的草帽，小男孩得意地走了。

SC-27　特写
小女孩伤心的样子

SC-28　中近景
小女孩和父亲一起吃饭

SC-29　近景　特写
小女孩拿出了成绩单

SC-30　近景
父亲拿起成绩单

图5-8　三维分镜六

# 向阳花 layout

## 童年的记忆系列之《向阳花》

SC-31 特写
父亲手中的成绩单

SC-32 近景
小女孩低头

SC-33 中景 移
父亲走向书桌

SC-34 近景推
父亲打开抽屉

SC-35 特写
父亲拿出钱盒

图5-9 三维分镜七

# 向阳花 layout

## 童年的记忆系列之《向阳花》

SC-36 特写
父亲打开钱盒

SC-37 特写
父亲摇摇头

SC-38 中景 推
钱盒里的钱很少

SC-39 近景
小女孩通过门框向里看

SC-40 近景
一块石头打中小女孩的头

图5-10 三维分镜八

# 向阳花 layout

## 童年的记忆系列之《向阳花》

SC-41 近景
小女孩转头

SC-42 近景
小男孩挑唆的表情，手里拿着石头

SC-43 近景 推
小女孩转头跑开

SC-44 近景
父亲叫小女孩吃饭，小女孩不理父亲

SC-45 特写
只有饭桌没有人

图5-11 三维分镜九

# 向阳花 layout

## 童年的记忆系列之《向阳花》

SC-46　中景　推
小女孩坐在椅子上哭

SC-47　中景推
父亲在山上砍树，小男孩和他父亲走过，小女孩父亲向他们鞠躬

SC-48　远景　推
同上

SC-49　中景
小男孩和他父亲

SC-50　远景　推
同上

图5-12　三维分镜十

# 向阳花 layout

## 童年的记忆系列之《向阳花》

SC-51 中景
父亲继续砍树

SC-52 特写
空中闪电

SC-53 特写 跟
父亲急忙往家跑

SC-54 中景 推
小男孩掉入大坑中
他父亲在想办法救他

SC-55 近景
父亲看到了，扔下斧子

图5-13 三维分镜十一

# 向阳花 layout

## 童年的记忆系列之《向阳花》

SC-56 特写 父亲的视角
向小男孩跑过去

SC-57 近景推
父亲把小男孩救出

SC-58 特写
空中闪电

SC-59 特写
小女孩的眼睛

SC-60 中景
一个女孩来到小女孩的家

图5-14 三维分镜十二

# 向阳花 layout

## 童年的记忆系列之《向阳花》

SC-61　反打　近景
女孩很着急，小女孩看着她

SC-62　中景　推
小女孩跑向医院

SC-63　中景推近景
小女孩推开门向里走

SC-64　中景
小女孩飞扑向父亲

SC-65　特写
小女孩悲伤的表情

图5-15　三维分镜十三

# 向阳花 layout

## 童年的记忆系列之《向阳花》

SC-66 特写
父亲的表情

SC-67 近景
父亲的手展开，
手中有朵花

SC-68 中景 推
父亲把花戴到小女孩的
头上

SC-69 特写
父亲的表情

SC-70 近景
小女孩

图5-16 三维三镜十四

# 向阳花 layout

## 童年的记忆系列之《向阳花》

SC-71 近景 跟拍
父亲抚摸着小女孩

SC-72 远景 推
小女孩坐在门口

SC-73 特写
小女孩

SC-74 中近景 推
小女孩手中的成绩单

SC-75 远景 推
老师来看她

图5-17 三维分镜十五

# 向阳花 layout

## 童年的记忆系列之《向阳花》

SC-76 中景
老师和同学们

SC-77 中近景
小女孩看着成绩单

SC-78 中景 推特写
小女孩抬起头来

SC-79 中近景
老师身后出现很多小朋友

SC-80 特写
女孩子眼睛

图5-18 三维分镜十六

# 向阳花 layout

## 童年的记忆系列之《向阳花》

SC-81　大远景 推
希望小学

SC-82　特写 向下移
五星红旗

SC-83　特写
一只蝴蝶

SC-84　特写
同上

SC-85　特写
女孩看着那只蝴蝶，
望向远方，片尾字幕进。

图5-19　三维分镜十七

## 5.2 动作粗调完善背景

根据分镜头剧本与动作设计，运用已设计的造型在三维动画制作软件中制作出一个个动画片段。动作与画面的变化通过关键帧来实现，设定动画的主要画面为关键帧，关键帧之间的过渡由计算机来完成。

三维软件大都将动画信息以动画曲线来表示。动画曲线的横轴是时间（帧），竖轴是动画值，可以从动画曲线上看出动画设置的快慢急缓、上下跳跃，如 3DS Max 的动画曲线编辑器。三维动画的动是一门技术，其中人物说话的口型变化、喜怒哀乐的表情、走路动作等，都要符合自然规律。制作要尽可能细腻、逼真，因此动画师要专门研究各种事物的运动规律。如果需要，可参考声音的变化来制作动画，如根据讲话的声音制作讲话的口型变化，使动作与声音协调。对于人的动作变化，系统提供了骨骼工具，通过蒙皮技术，将模型与骨骼绑定，易产生合乎人的运动规律的动作。

### 5.2.1 角色动画两足动物行走动画

自动足迹生成了开始点。将对自动行走进行更改，以使它变得独特及更具表现力。这个精细但简单的方法能产生看起来比较自然的运动，该运动可以快速地创建。

#### 1. 创建骨骼足迹

（1）首先打开“3DS Max”，在系统面板中托出“Biped”骨骼，如图 5-20、图 5-21 所示。

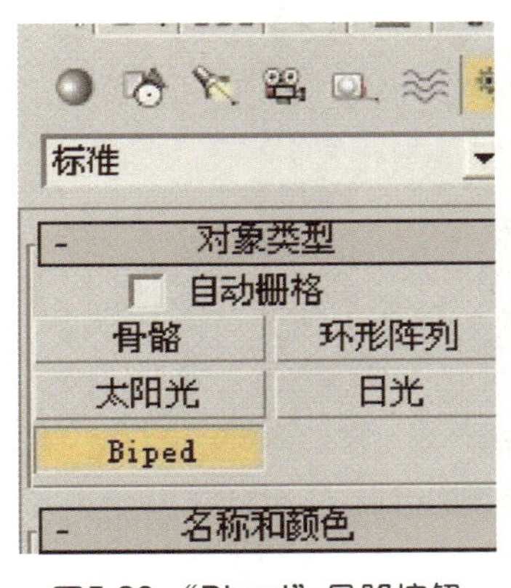

图5-20 “Biped”骨骼按钮

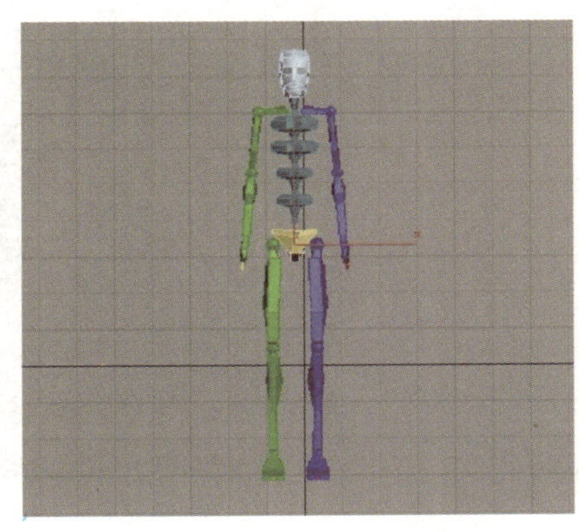
图5-21 “Biped”骨骼

（2）打开运“动画” 面板，选定“Biped”运动卷展栏，选“创建多个足迹行走”按扭，如图 5-22、图 5-23 所示。

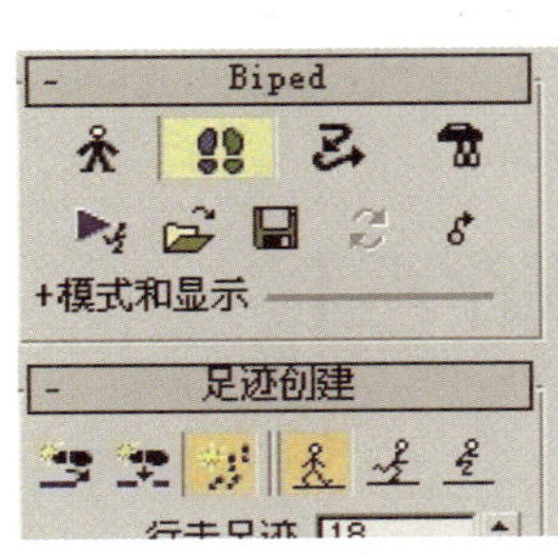


图5-22 “Biped”步阶运动

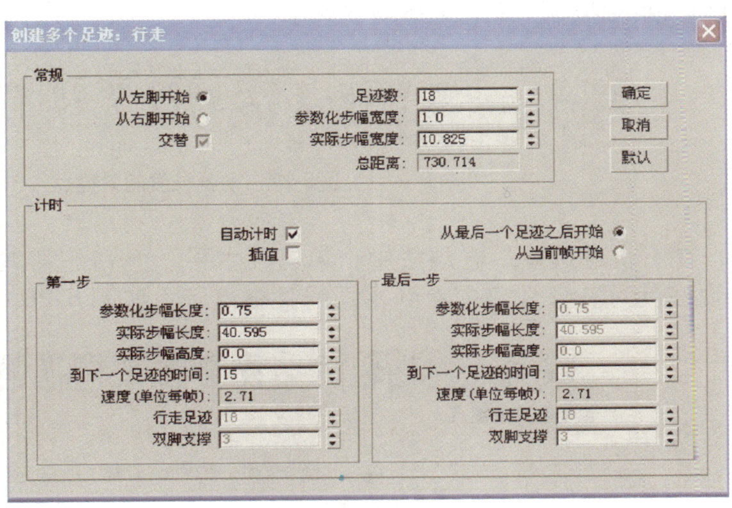


图5-23 创建多个足迹行走

（3）弹出选“创建多个足迹行走”对话框，如图 5-23 所示，设置后点“确定”。

（4）“Biped”就形成默认循环走自动足迹，为两足动物创建了动画关键点。播放动画，两足动物开始行走，如图 5-24 至图 5-26 所示。

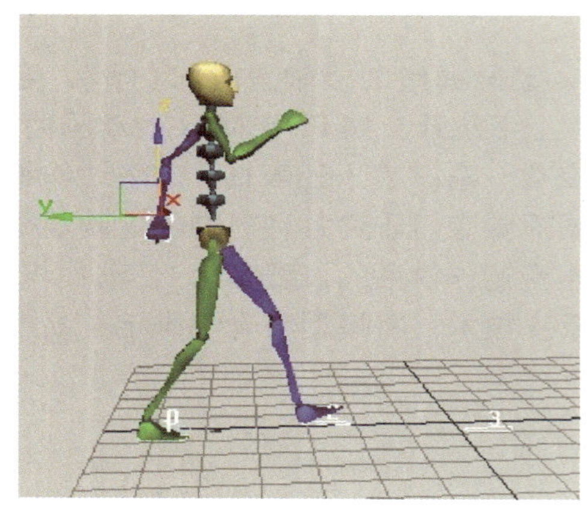

图5-24　两足动物走了一步

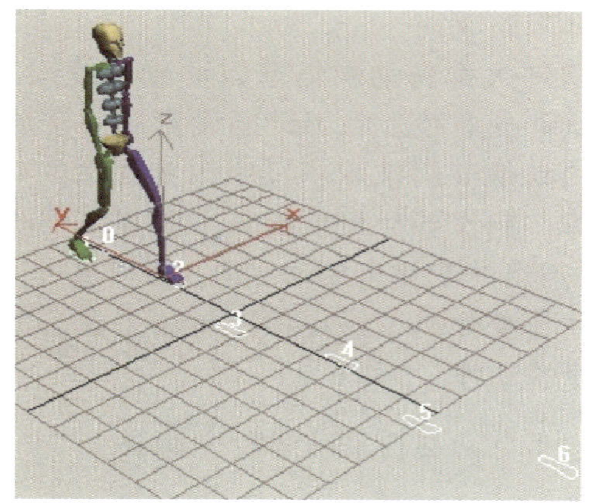

图5-25　两足动物又走了一步

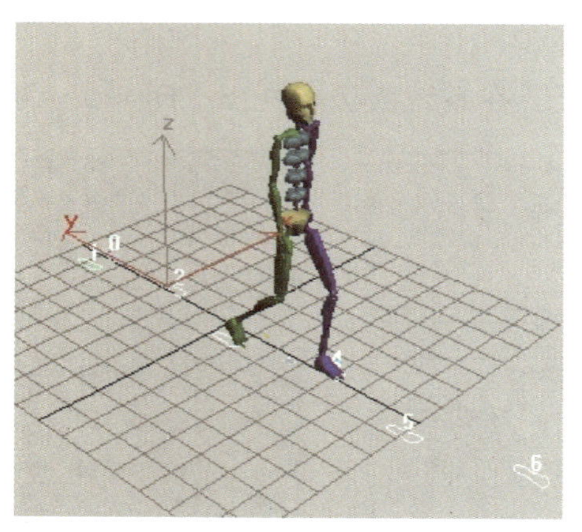

图5-26　两足动物持续的行走

（5）在“Biped”卷展栏上，禁用“足迹模式”按钮。注意第一个足迹的编号是“0”，而最后一个足迹的编号是“18”。

（6）在“轨迹选择”↔卷展栏中，单击“躯干水平”按钮。这将为重心 (COM) 对象选择水平位置轨迹。轨迹栏将显示动画长度的关键点，如图 5-27 所示。

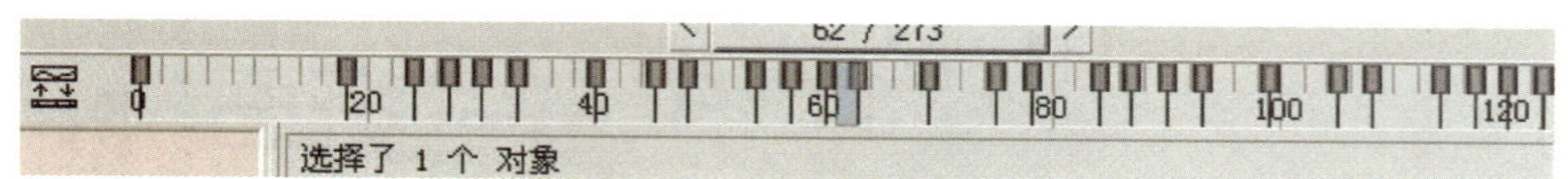


图5-27　动画长度的关键点

（7）在“轨迹选择”卷展栏中，单击“水平”↔按钮将其禁用，然后单击“躯干垂直”↕按钮。现在就可在该视口中看到相同的关键点了，如图 5-28 所示。

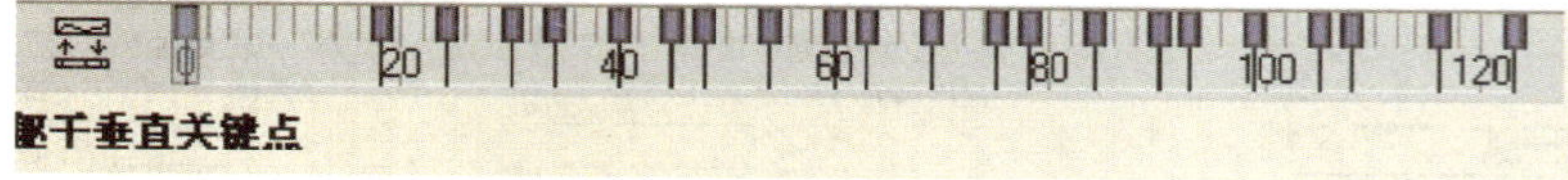


图5-28　相同的关键点

（8）播放动画。两足动物开始行走，但是没有什么特点。

在以下步骤中，将调整“躯干水平”关键点、“躯干垂直”关键点和“旋转”轨迹以个性化运动。将扩大重心的旋转以创建一个精力充沛的行走。

### 2. 调节躯干旋转关键点

（1）在“透视”视口中，使用“弧形旋转”来移动视图，使该两足动物向着你进行行走。然后将时间滑块移至第“0”帧，如图5-29所示。

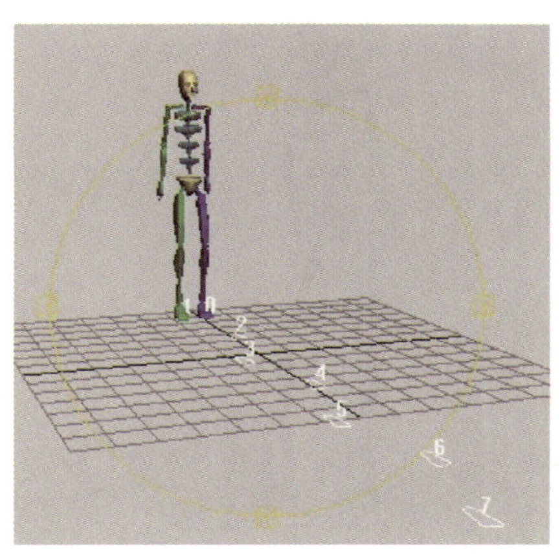

图5-29 时间滑块移至第“0”帧

（2）确保仍选择了两足动物的某一部位。在“轨迹选择”卷展栏中，单击“躯干旋转”按钮。将为旋转显示变换“Gizmo”。轨迹栏显示了旋转关键点，如图5-30所示。

图5-30

（3）在3ds Max状态栏上，单击“关键点模式”按钮以启用“关键点”模式。“关键点”模式中可以使用“上一关键点”和“下一关键点”按钮来为选定的对象在关键帧之间进行跳动。也可以使用键盘上的 < 和 > 键在关键帧之间进行移动，而无需点击鼠标。

（4）在键盘上按下 > 键，以将时间滑块移至第24帧。使用变换“Gizmo”来调节躯干旋转，如图5-31所示。在“Gizmo”上移动光标；当圆变成黄色并且中心的X变成红色时，按下并拖动鼠标以进行旋转。如果看不到X，放大视口。绕着X轴旋转5到10度，将臀部朝着动画中的腿部向下移动。在旋转的时候，一只脚会穿过另一只脚。

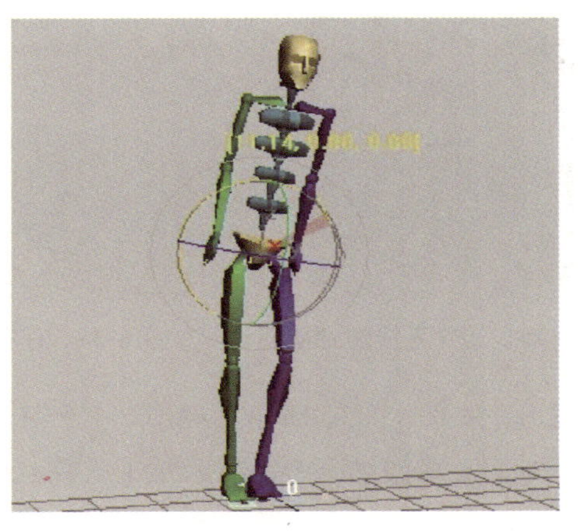

图5-31 重心对象绕着X轴的旋转

**注意**：该旋转显示在变换 Gizmo 上的黄色文本中，并且也显示在状态栏上的“坐标”字段中。可以使用加号键（+）和减号键（−）来更改变换 Gizmo 的大小。

（5）在“运动”面板上，打开“关键点信息”卷展栏并单击“设置关键点”按钮。在设置关键点的时候，两足动物会微微地发生偏移。在视口中，可以看到蓝色的那只脚不再穿过绿色的那只，如图 5-32 所示。

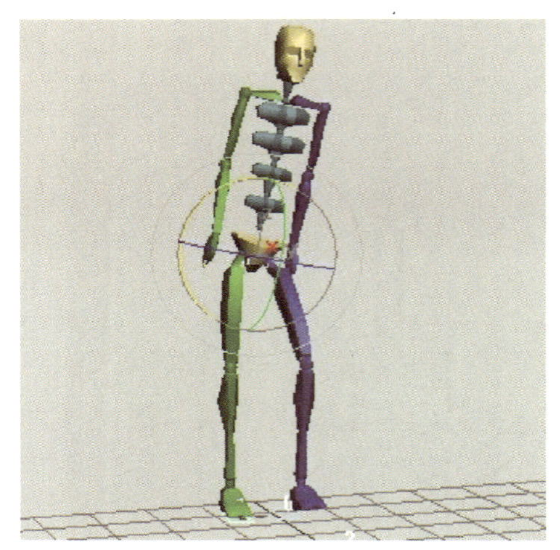

图5-32　两足动物会微微的发生偏移

**注意**：两足动物的脚与另一只脚发生了分离。发生的情况是脚骨、小腿骨和大腿骨都为足迹 Gizmos 所控制。足迹表示了 IK 混合设为 1 的一对关键点，并且启用了“连接到上一个 IK 关键点”。在设置关键点的时候，这些设置就迫使脚骨、小腿骨和大腿骨回到正确的行走路径。

（6）单击“下一关键点”三次以移至第 40 帧。

（7）绕着 X 轴将变换“Gizmo”旋转 –6 到 –10 度，如图 5-33 所示。

（8）重复这个过程，慢慢设置其余的旋转关键点。在蓝色那只脚接触到地面的关键帧上（第 40. 69. 99 帧），绕 X 轴进行反向旋转，然后设置关键点。在绿色那只脚落地的关键帧上（第 55. 84. 116 帧），绕 X 轴进行正向旋转，然后设置关键点，如图 5-34 所示。

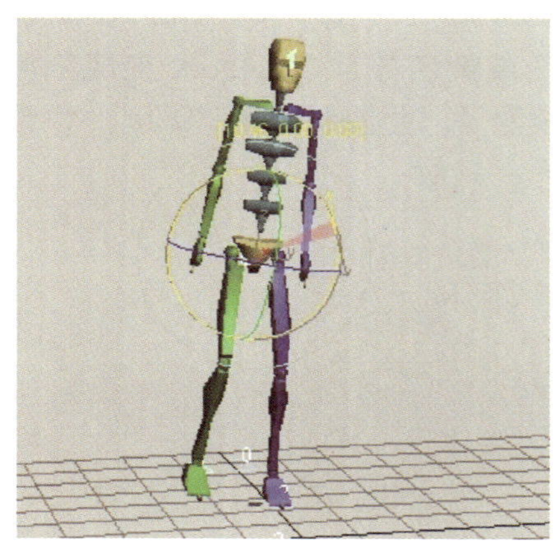

图5-33　蓝色那只脚的反向旋转使它接触到地面

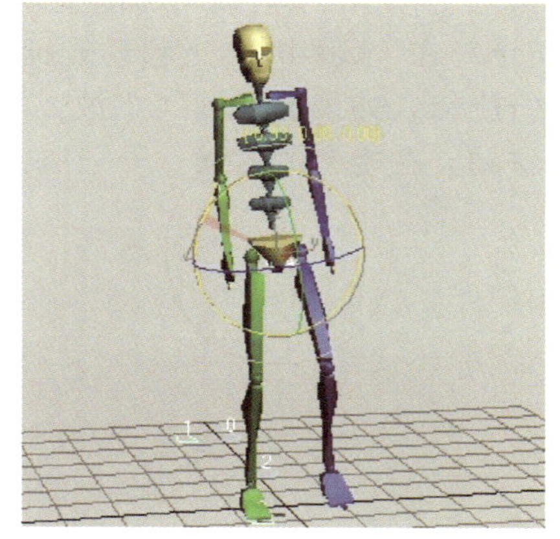

图5-34　在第 54 帧上的正向旋转

（9）重复此方法直到完成动画末端的 COM 的旋转为止。不要使调整太过精细。帧之间细微的变化使运动看起来更为自然。在完成后，播放该动画，并且注意一下由于前后旋转重心而产生的增加的臀部摇摆。

（10）在“Biped”卷展栏上，单击“保存文件” 并将文件保存为“xiaoyu.bip”。把文件调入绑定骨骼的小雨，就可以看到小雨富有弹性的脚步行走，如图 5-35、图 5-36 所示。

图5-35　小雨富有弹性的脚步行走1

图5-36　小雨富有弹性的脚步行走2

### 3. 添加头部运动

可以编辑头部运动以使两足动物的行走看起来更为自然。在该步骤中，将添加头部旋转以强调 COM 旋转。

（1）启用“自动关键点” ，如果其尚未启用的话。 启用“关键点”模式，如果其尚未启用的话。将时间滑块移至第 0 帧。

（2）在“透视”视口中，使用 3ds Max 主工具栏上的“旋转” 来选择该两足动物的头部。向下旋转头部，使两足动物看起来像睡着了一样，如图 5-37 所示。

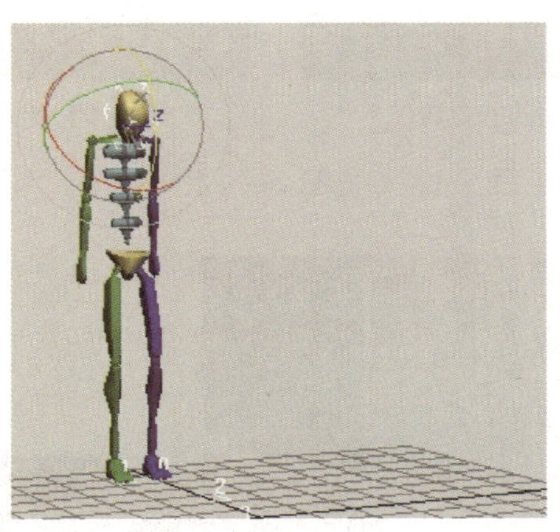

图5-37

**注意：**头部向下旋转，在键盘上按下 > 键以将时间滑块移至下一关键帧。头部的关键帧旋转。可以旋转头部以平衡肩部的角度，或者也可以将头部以相反的方向进行旋转，使它跟随 COM 的旋转。每一种旋转都会得到不同的结果，应避免极端旋转。同样，要注意仅将旋转放置到现有的关键点上。

（3）旋转头部以使它跟随运动，或旋转头部以使它与肩部相对立，如图 5-38 所示。继续在头部的关键点之间进行跳动，设置所选的旋转以设置头部的动画。自然的头部运动比较平滑，因此方向应该从一个关键点到下一个关键点逐渐地发生变化。

（4）禁用“自动关键点”和“关键点模式”。

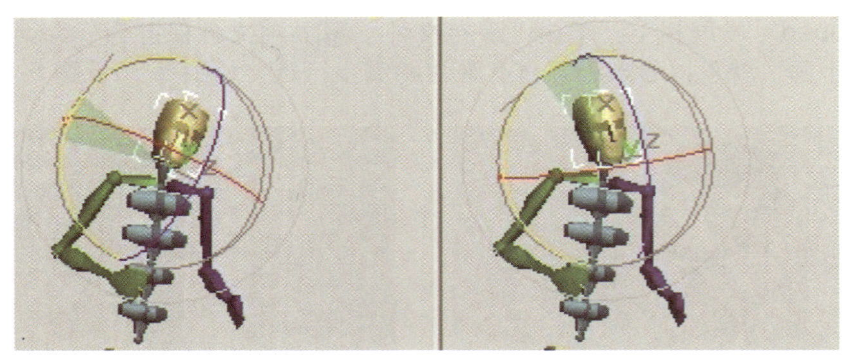

图5-38　头部的关键帧旋转

（5）播放该动画，并注意一下有多少两足动物的头部运动添加到了该动画中。

（6）可以将工作保存为“xiaoyu.bi”。然后把此动作调入已蒙皮小雨模型中对该文件进行检查。

（7）带有头部运动的小雨的独特行走，如图 5-39，图 5-40 所示。

图5-39　小雨头部的旋转1

图5-40　小雨头部的旋转2

（1）打开“SC-14.MAX”工程文件，如图 5-41 所示。

图5-41　SC-14镜摄像机视口

（2）大家可以看到这个镜头没有贴图，下面给它调入贴图。打开工具面板，更多里的贴图选项，如图 5-42，图 5-43 所示。

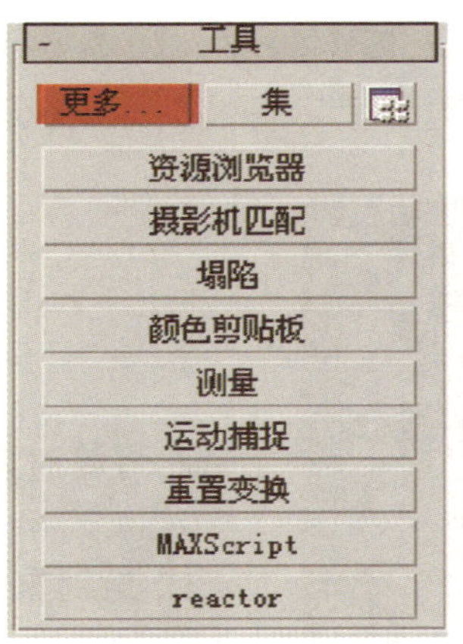


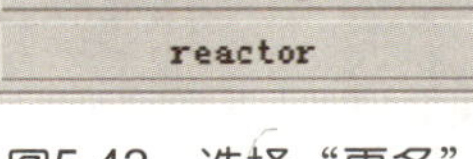

图5-42 选择“更多”

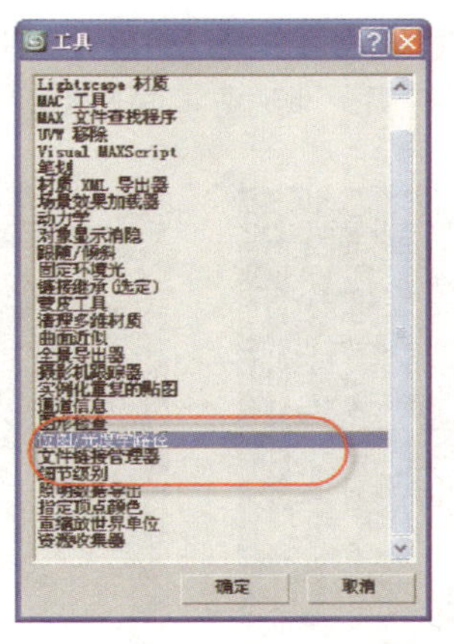


图5-43 选择“位图”

（4）选择“编辑资源器”如图 5-44 所示，选择要设置的项目，点设置路径，找到贴图库文件的位置，完成加入贴图，如图 5-45 所示。

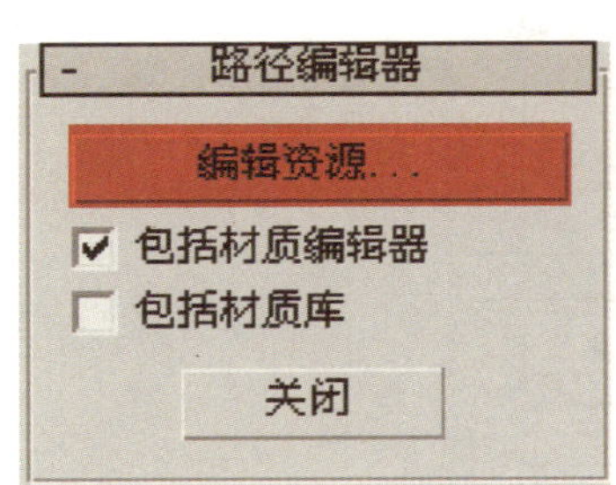


图5-44 选择编辑资源

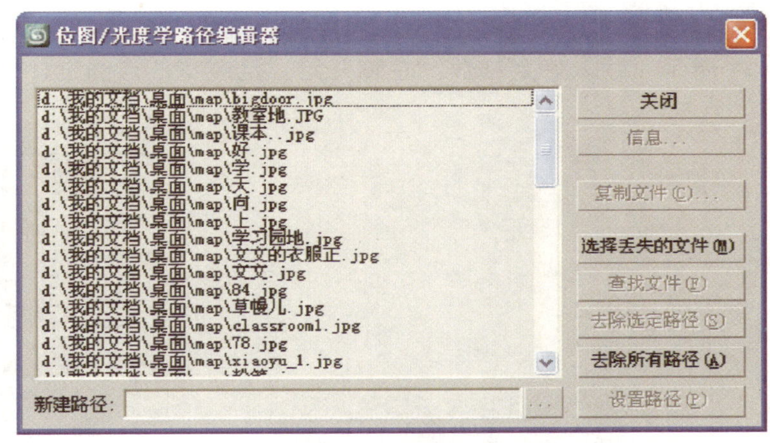


图5-45 进入选择界面

（5）做完这一步你就可以看到有贴图的场景，如图 5-46 所示。

图5-46 有贴图的场景

（6）调整好视角，合并进人物并，调整好大小。

**注意：**这里注意由于人物和场景比例不同，可能会出现人物比场景大的情况，切记人物绑好的骨骼就不能再放大或是缩小，所以我们只能调整场景的比例使之与人物的比例相协调。

（7）选中人物骨骼，如图 5-47 所示。如果没有看到骨骼，如图 5-48 所示，可能是没有加骨骼或把骨骼隐藏了，打开“隐藏”面板，勾选“显示骨骼”，如图 5-49 所示。

图5-47 选中人物骨骼

图5-48 骨骼隐藏

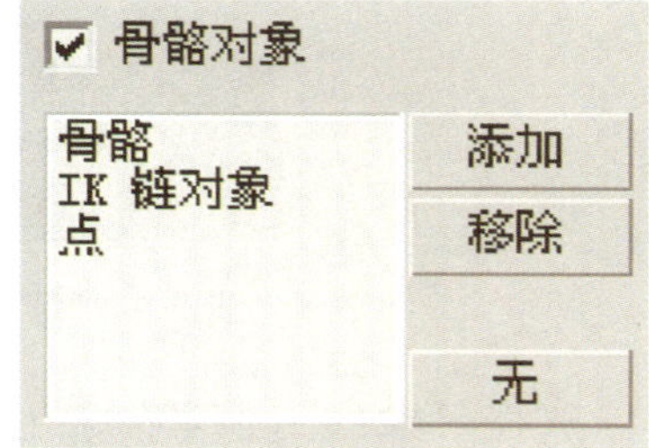


图5-49 勾选“显示骨骼”

（8）选择“运动”面版，点运动足迹模式，选择创建“多个足迹”，如：图 5-50、图 5-51 所示。输入好足迹数，左脚开始，足迹宽，点确定。

图5-50 选择“运动”面版

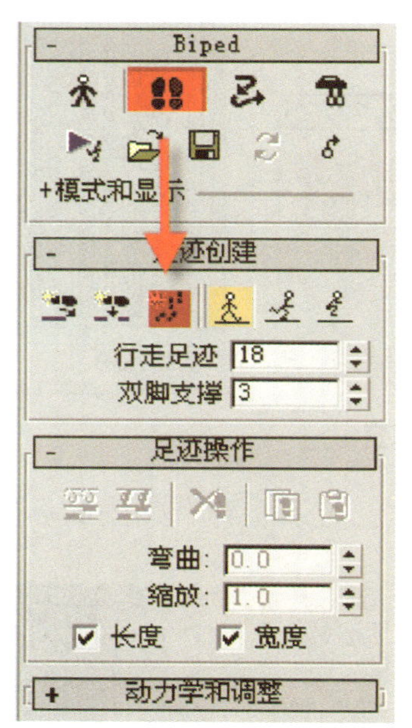


图5-51 选择创建“多个足迹”

**注意**：看好足迹走向，调整好一些上下掩体的位置关系，如图 5-52 所示，为非活动足迹创建关键点，如图 5-53 所示。动作就算加入完成了。

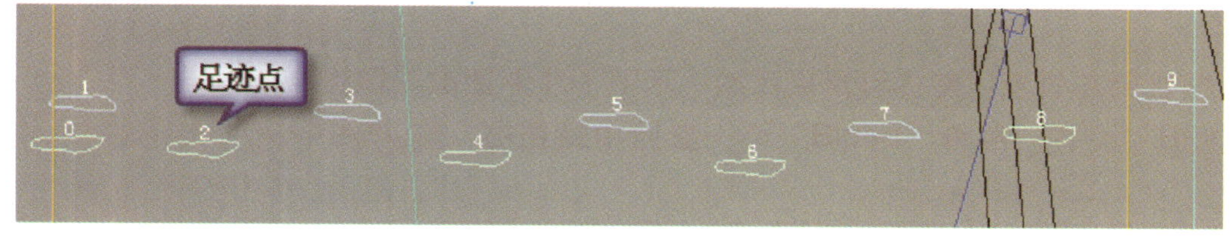


图5-52 为非活动足迹创建关键点

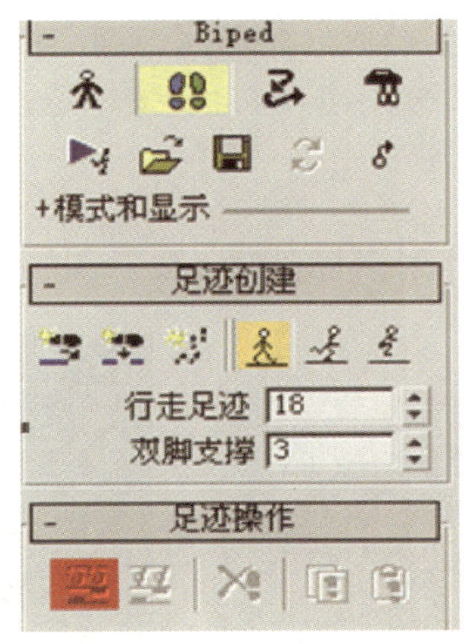


图5-53 创建足迹

(9) 按照自己的意愿调整好动作的细微之处后，就可以加入摄象机，调整好目标点和摄象机，如图 5-54 至图 5-56 所示，第 14 个镜头也就完成了。

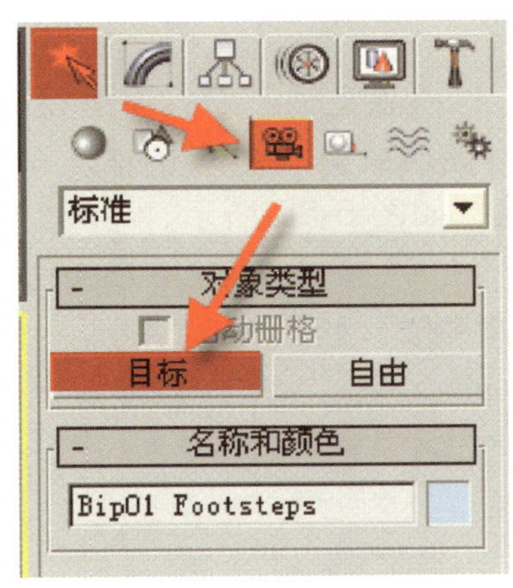


图5-54 选择目标摄像机

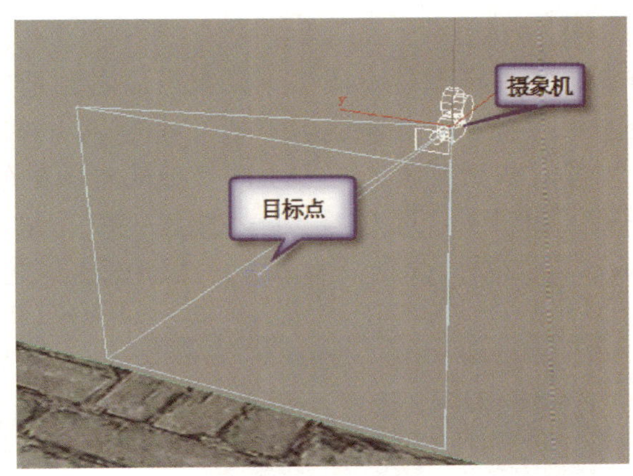


图5-55 创建摄像机

5.2.2 SC-39镜精调材质

(1) 打开“SC-39.MAX”的工程文件。仔细分析镜头，你可以看见镜头外有许多多余的物体，如图 5-57 所示。这样既影响内存也影响打开的速度，因此适当删掉镜头以外的物体。

**注意：**修改的时候一定不要再次对摄像机试图修改，在透视图修改。

图5-56 摄像机视

图5-57 镜头以外多余物体

（2）镜头里的物体都要对着镜头摆放，让画面饱满，接下来我们以摄像机视图为参照，在透视图调整物体，地上的草以及石头分别用“移动”、“旋转”和缩放来调整，如图5-58所示。

（3）有的物体不够，需要复制，单击“移动”工具，选中要复制的对象，按住“Shift”左键直接拖动，会出现“克隆选项”对话框，输入要复制的数目，这样就复制好了。

图5-58　删除多余物体以后的画面

图5-59　最终调整好的镜头

（4）接下来要进行调整材质了，大家可以看到地面的材质感觉很不像，要进行精细地调整。首先选中地面，单击“材质编辑器”，会弹出一个“材质编辑器”的对话框。单击去拾取地面的贴图，可以看到灰色的材质小球变成的地面的颜色，如图5-60所示。

（5）单击“贴图”选中凹凸，在“数量”上调整数值，单击贴图类型下的 None ，弹出“材质/贴图浏览器”选中噪波，如图5-61所示。

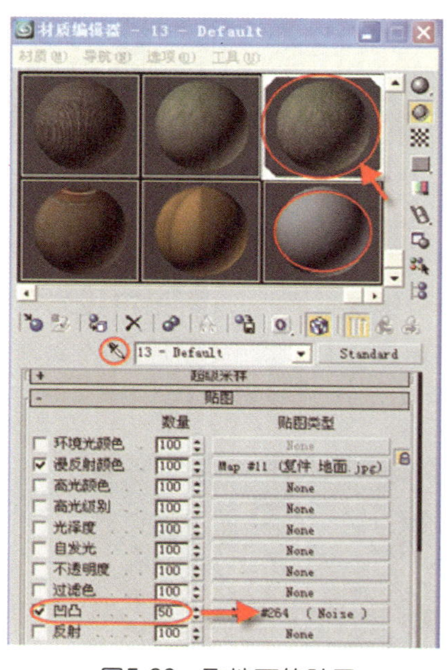


图5-60　取地面的贴图

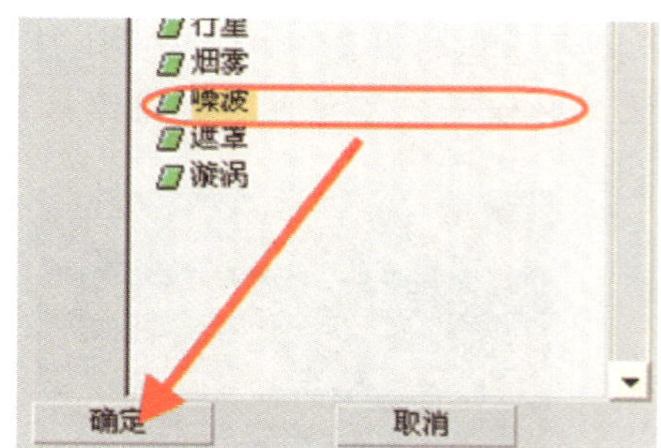


图5-61　选择“噪波”

（6）在“噪波参数”下进行调整，参数设如图5-62所示。颜色调成和贴图相近即可，调整到满意为止。

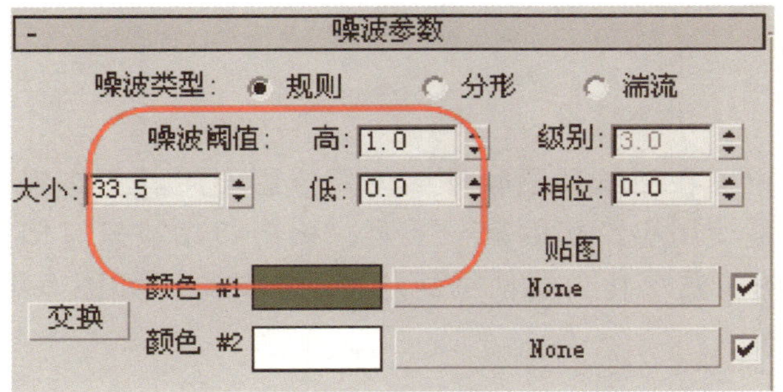


图5-62 噪波参数设置

（5）双击材质球可以看到它的材质样本随参数的变化而变化，如图 5-63 所示。

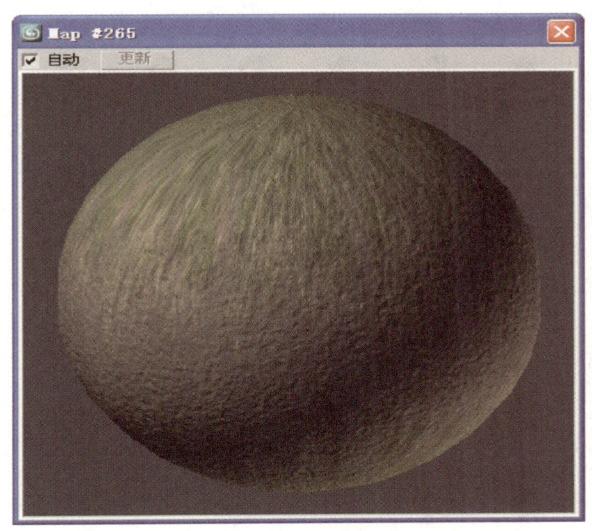


图5-63 地面的材质样本

（6）单击“材质编辑器”窗口下的“材质导航器” ，可以看到赋予整个复合材质的组成部分，如图 5-64 所示。

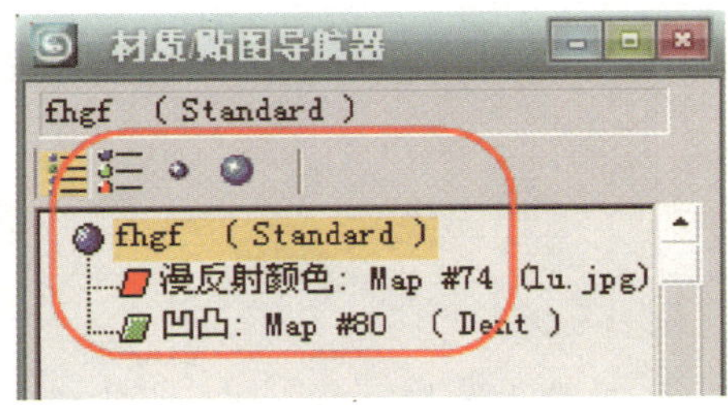


图5-64 地面的材质贴图导航

（7）调整好以后要进行单帧渲染看效果，如果不合适再进行调整，反复调整反复渲染。直到满意为止。

## 本章小结

摄影机控制，依照摄影原理在三维动画软件中使用摄影机工具，实现分镜头剧本设计的镜头效果。画面的稳定、流畅是使用摄影机的第一要素。摄影机功能只有情节需要才能使用，不是任何时候都使用。摄像机的位置变化也能使画面产生动态效果。如图 5-65 所示是我们整理出来的所有的 84 个 Layout 镜头。

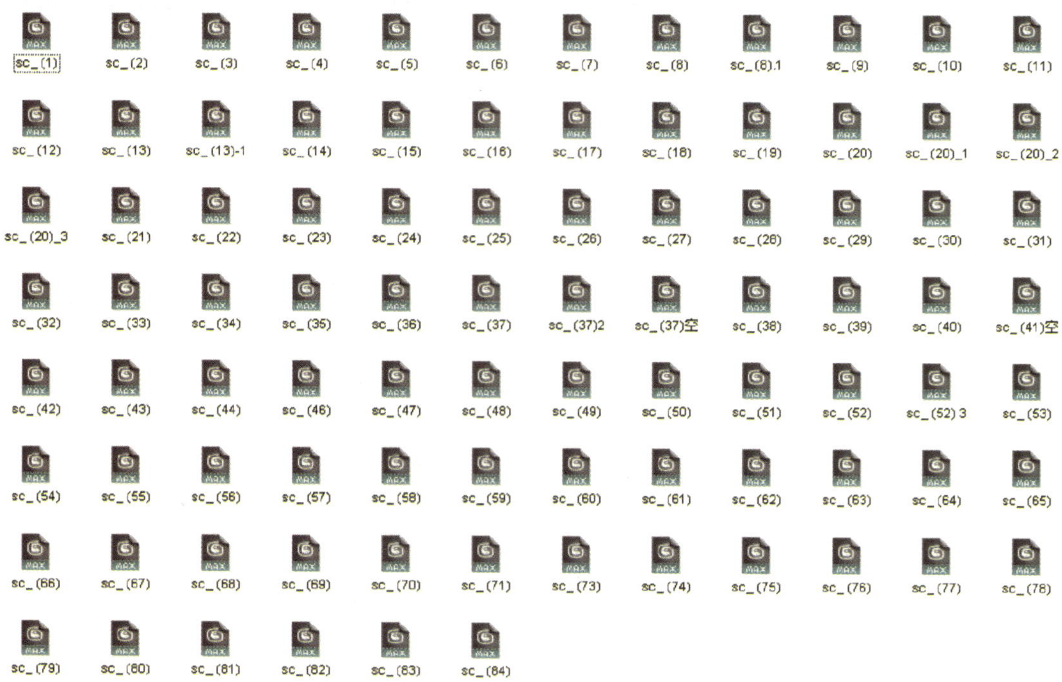


图5-65　84个镜的工程文件一览

在三维软件里打 Layout 的人必须要在脑海里意识到摄影机的存在，从摄影机的观点去看场景里的一草一木，然后将这些画面详细地画下来。这就是 Layout 镜头设计。

## 技能训练

1. 用你自己的角色模型和自己创建的场景，设计自己剧本的 Layout。
2. 为你的每个镜头粗调动作，并完善其背景。

# 第6章　精调动作、表情、机位

## 6.1　精调动作

根据分镜头剧本与动作设计，运用已设计的造型在三维动画制作软件中制作出一个个动画片段。动作与画面的变化通过关键帧来实现，设定动画的主要画面为关键帧，关键帧之间的过渡由计算机来完成。三维软件大都将动画信息以动画曲线来表示。动画曲线的横轴是时间（帧），竖轴是动画值，可以从动画曲线上看出动画设置的快慢急缓、上下跳跃。如 3DSMax 的动画曲线编辑器。

**【学习目标】**

1. 根据实例学习如何深入地精调动作、表情；
2. 根据实例学习如何深入地精调机位。

### 1. 精调动作

（1）打开“SC-26.MAX”的工程文件，如图 6-1 所示。

图6-1　小女孩和父亲在家吃饭

（2）调入贴图。单击工具面板里的“更多”然后可以看到工具窗口，用鼠标左键单击“位图 / 光度学路径”，如图 6-2 所示。

（3）单击“编辑资源器”，可以看到位图 / 光度学路径编辑器的窗口，按住 Shift 点所有要设置的项目，单击...找到贴图库的位置，点击“使用路径”，选择“设置路径”，所图 6-3 所示。

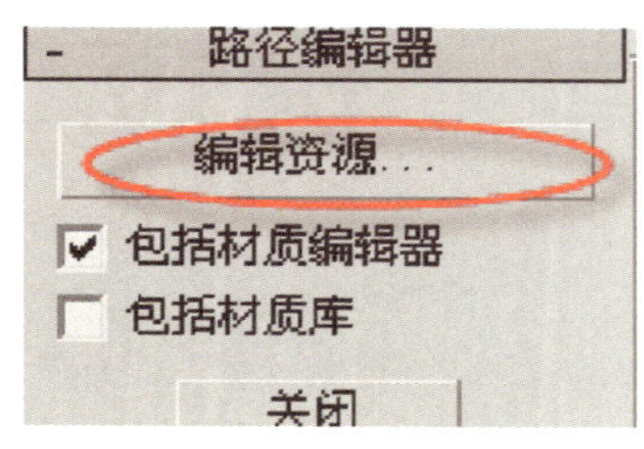


图6-2　路径编辑器

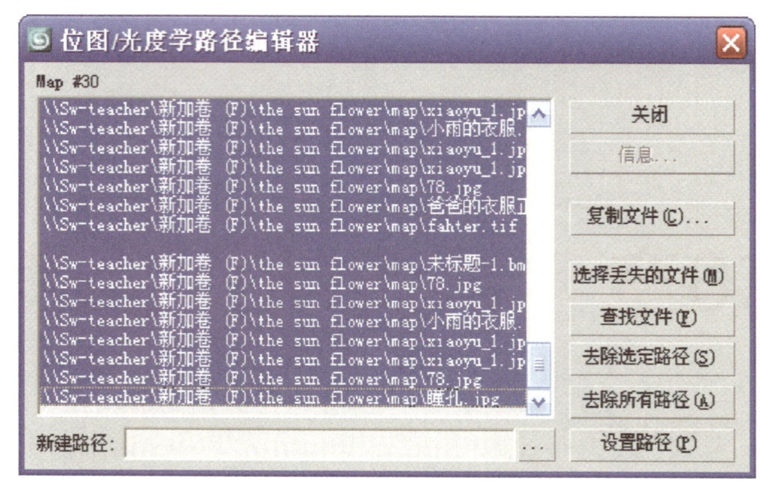


图6-3　位图/光度学路径编辑器

（4）进入调动画阶段了，调动画是一个细活，需要反复调直到动作看起来和谐为止。首先，单击“选择过滤器”，选择骨骼选项如骨骼，在关闭体形模式下将要调的骨骼对象选中开始调动作，打开自动关键点，如图 6-4 所示。

图6-4　小女孩和父亲在家吃饭

**注意**：调骨骼必须明白相连骨骼之间的联系，调动作的时候要时刻与实际相结合，自己可以摆动作作参考。

（5）其次，要把碗链接到小女孩双手骨骼上成为一个整体，如图 6-5 所示，同理也要把爸爸手里的筷子链接到爸爸手掌的骨骼上，如图 6-6 所示。两只筷子与手指链接，然后加上导演要求的动作。

图6-5 连接手和碗

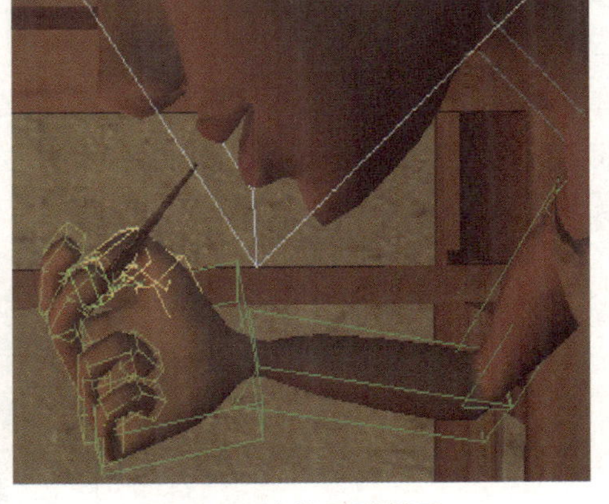
图6-6 连接手和筷子

（6）两只筷子与手指连接，然后加上导演要求的动作，如6-7图所示。

图6-7 最终调的动作如图所示

（7）单击播放动画。反复查看修改直到逼真为止。

### 2. SC-36镜精调动作

（1）打开SC-26.MAX的工程文件，如图6-8所示。

图6-8 未添加材质的贴图

（2）给它调入贴图，单击工具面板里的“更多”然后可以看到工具窗口，用鼠标左键单击“位图 / 光度学路径”。

（3）单击“编辑资源器”。可以看到“位图 / 光度学路径编辑器”的窗口，按住 Shift 点选择所有要设置的项目，单击找到贴图库的位置，点击“使用路径”，选择“设置路径”，就可以得到如图 6-9 所示的效果。

图6-9　添加材质后的镜头

（4）现在给人物加动作。单击“选择过滤器”选中骨骼。你可以看到如图 6-9 所示的没有骨骼，通常是被隐藏了。单击“隐藏”面版，在“类别选项”里取消“骨骼选项”。如图 6-10 所示，这样就可以看见骨骼了，如图 6-11 所示。

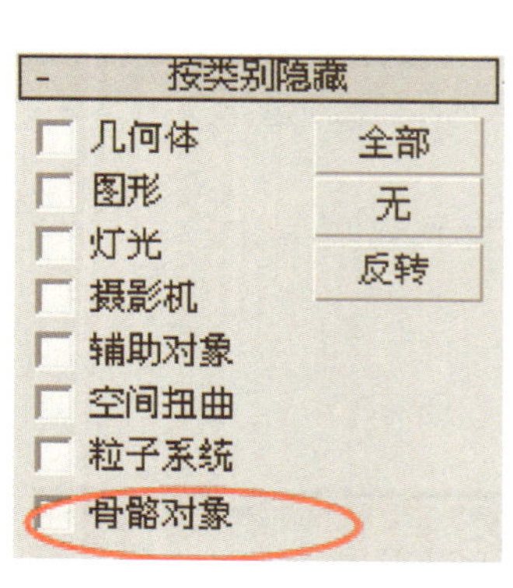


图6-10　取消隐藏骨骼对象

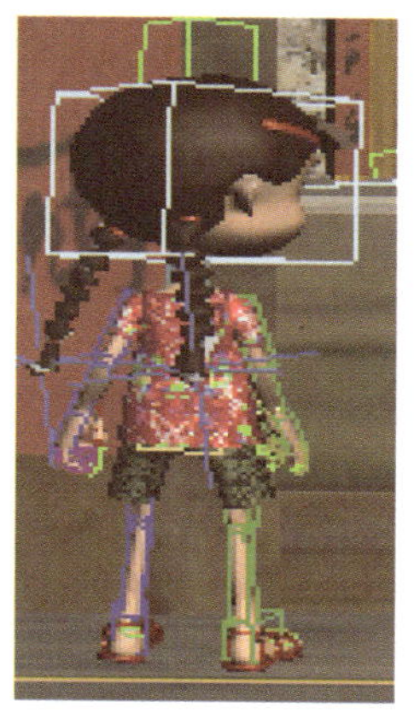

图6-11　显示骨骼的镜头

（5）在关闭体形模式下，选中要调的骨骼对象，单击自动关键点，每调一下必须设置一个“关键点”，如图 6-12 所示。

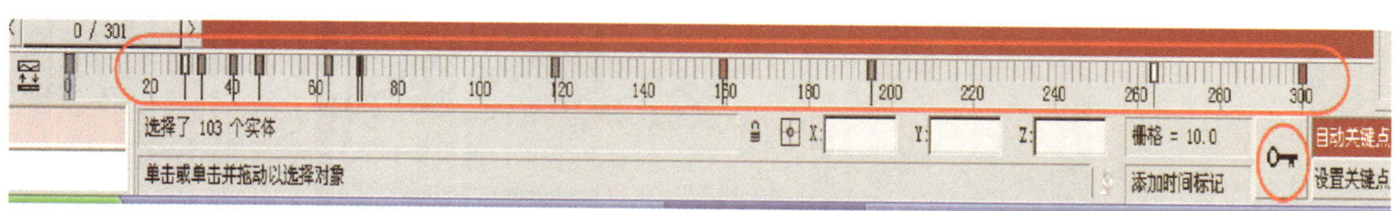


图6-12　单击自动关键点

（6）可以结合现实生活中的情节调动作，反复修改，直到每个动作都很连贯、没有穿帮的部位为止。如图 6-13、图 6-14 所示为调整的动作。

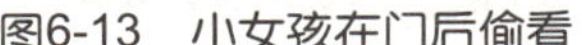

图6-13 小女孩在门后偷看

图6-14 父亲乞求地主的施舍

（7）现在我们关掉“自动关键点”，点击 播放，再一次仔细检查，如有不妥的地方再修改。最后单击“文件”里的“保存”即可。

### 3. Sc-22镜精调动作

（1）打开“3Dmax”选择“文件”> 打开 sc-22 的场景，把已经绑好骨骼的坏小孩的模型导入，在摆好的场景中确定男孩的位置，如图 6-15 所示。

图6-15 在场景中摆好小男孩的位置

（2）若导入的文件没有贴图，选择“工具”面板中的“更多…”选项，在工具栏中选择“位图 / 光度学路径”。这时右边“工具”面板的下拉菜单中会出现“路径编辑器”，选择“编辑资源”，将贴图选项全部选中“设置路径”。

（3）在“选择过滤器”中选中骨骼，为了使骨骼看起来更明确，我们将场景隐藏，只留下男孩。在“运动”面板中选择“关键帧工具”→“锚定右腿” 。

（4）在关闭“体形模式”下选择重心，根据踩踏次数和力量调节重心位置。这时，男孩的右腿与地面固定，不随着重心上下移动。设定踩踏时间，例如 4 秒，根据 1 秒 25 帧则需要 100 帧。打开“自动关键帧”，0 到 50 帧踩踏一次，重心上下往复一次。

（5）这样，根据运动规律调节左腿抬起的高度和踩下的位置，以及头部和上肢的动作，如图 6-16 所示。

（6）赋予小男孩表情，在影片中的表演将会更加生动。后面的 50 帧我们可以将前边已经调好的关键帧复制过去。如果剧情需要更多的踩踏次数还可以多复制几次。现在，我们关掉自动关键点，打开播放按钮如图 6-17 所示，看一下做好的动作是否连贯，有没有穿帮的地方，如果有再进行修改。

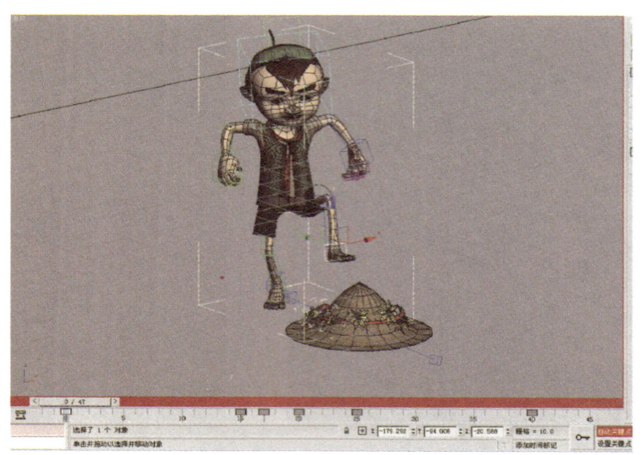

图6-16　调整踩踏动作

图6-17　打开播放按钮

（7）男孩动作调好后再对帽子进行调整，在“修改”面板中选中“可编辑多边形”卷展栏下的“顶点”选项，如图6-18所示。

（8）将帽子上部分的顶点选中，如图6-19所示。

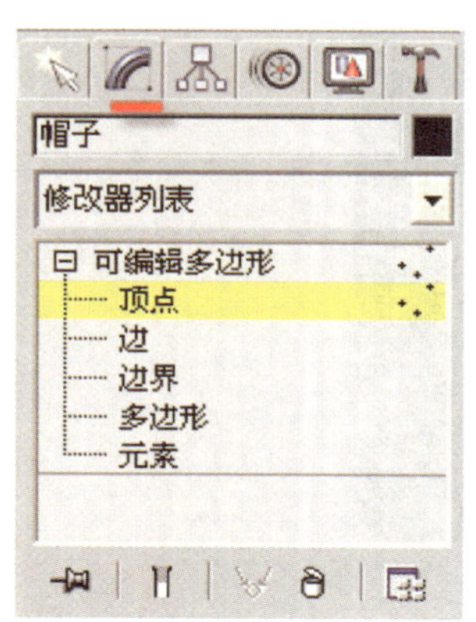


图6-18　在可编辑多边形中选择顶点

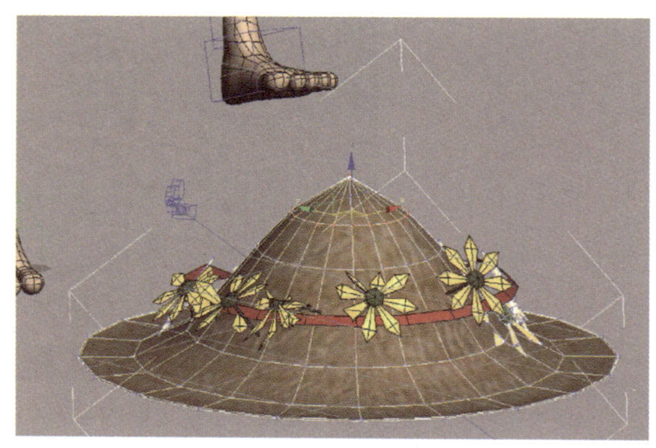

图6-19　用顶点调整帽子

（9）从男孩脚踩下那一帧开始，用移动工具调节选中“顶点”，帽沿部分还有帽子上装饰花的部分，使帽子呈现出一种被踩踏后破旧的效果，如图6-20所示。

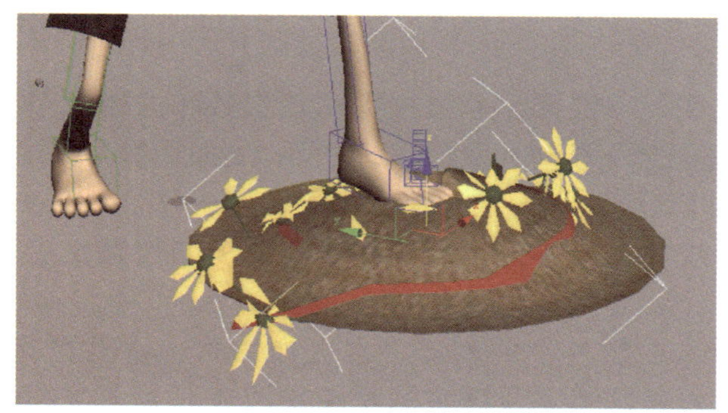

图6-20　调整好踩破帽子的镜头

（10）这样，小男孩踩帽子的部分就做出来了。

## 6.2 精调机位

（1）打开 SC-53.MAX 工程文件，如图 6-21 所示。

图6-21 父亲在坑中救出小男孩

（2）首先打开后映入眼帘的是一幅两个大人在救小孩的场景，虽然画面有些粗糙，但若有好的镜头的运用便可以弥补画面的不足，如图 6-21 至图 6-25 所示。

图6-22 俯拍父亲救起小男孩

图6-23 俯拍小男孩父亲

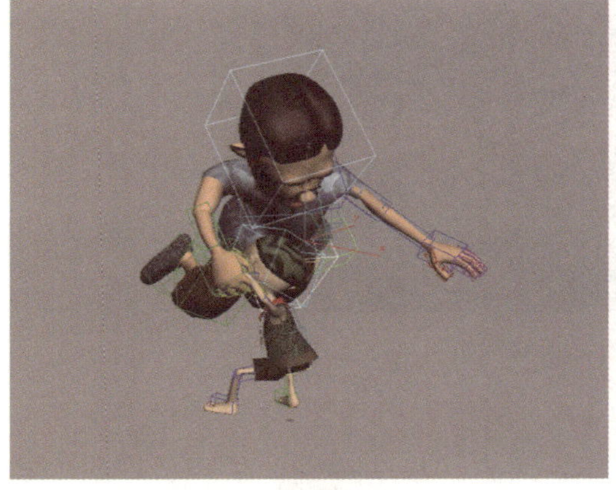

图6-24 小男孩终于获救

图6-25 父亲托起小男孩

（3）鼠标右键点击左上角的（透视），如图 6-26 所示。

（4）我们要选择的镜头 Camera02，左上角的透视变成 Camera02，如图 6-27 至图 6-29 所示。

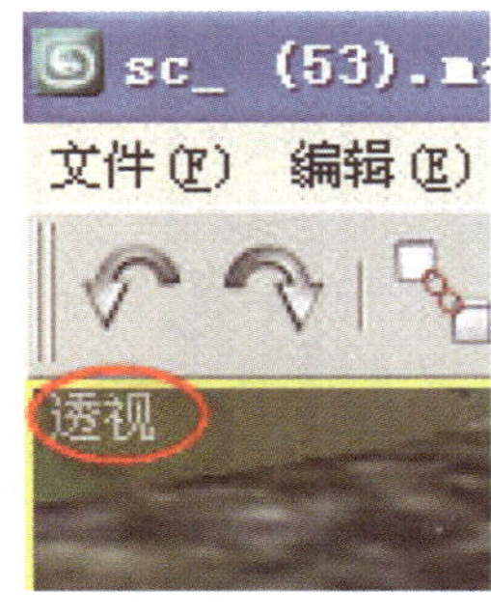


图6-26　右键点击透视

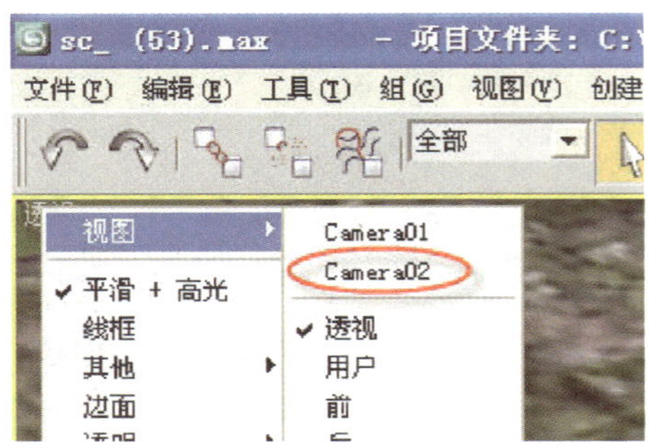


图6-27　点击Camera02

图6-28　镜头Camera02位置

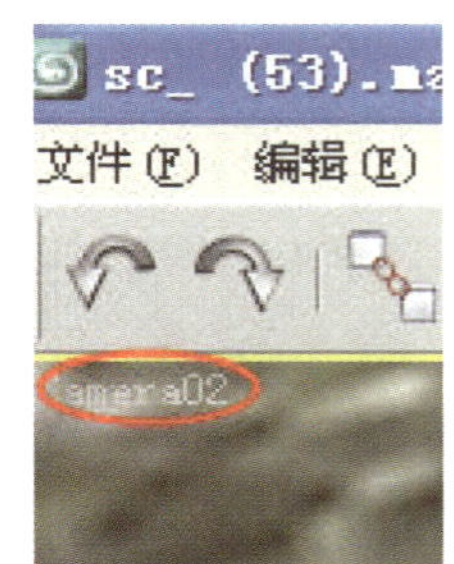


图6-29　左上角显示Camera02

（5）下一步我们在选择（C- 摄像机）按钮，如图 6-30 所示。

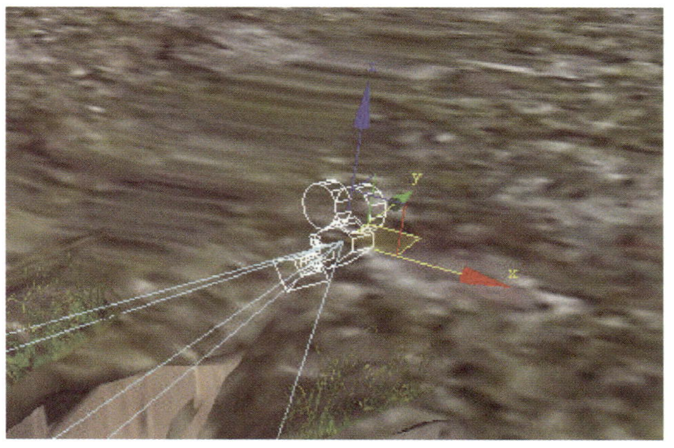

图6-30　选择摄像机

（6）点击你要选择的摄像机调节合适的角度。

（7）在关闭体形模式下，选中要调的摄像机对象，单击自动关键点，每调一下必须设置一个关键点，如图 6-31 所示。

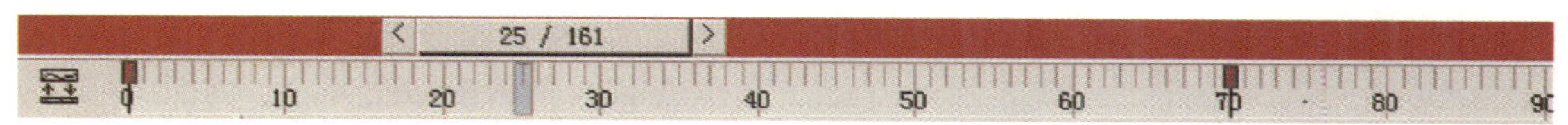


图6-31 调整摄像机的角度

（8）现在我们关掉“自动关键点”，点击播放，再一次仔细检查，如有不妥的地方再修改。最后单击“文件”里的“保存”即可。

## 6.3 精调表情

三维动画的动是一门技术，其中人物说话的口型变化、喜怒哀乐、走路动作等，都要符合自然规律，制作要尽可能细腻、逼真，因此动画师要专门研究各种事物的运动规律。如果需要，可参考声音的变化来制作动画，如根据讲话的声音制作讲话的口型变化，使动作与声音协调。

（1）打开“3Dmax”，选择“文件”>“打开 SC-25 的场景，为小女孩做哭的表情。首先，我们做含在眼里的眼泪，这里我们可以利用已经做好的眉毛。或者打开“创建”面板，选择“几何体”里的“标准基本体”，利用长方体调节点、线、面，如图 6-32 所示，使泪花呈现出一种溢满眼眶还未流出的状态。

（2）做出泪滴后，我们到“材质编辑器”调整材质。选中任意一个材质球将材质指定给选定对象，并且在视口中显示，这时泪滴变成了灰色，然后根据自己的需要调整不透明度高光级别，光泽度以及柔化值，如图 6-33 所示。

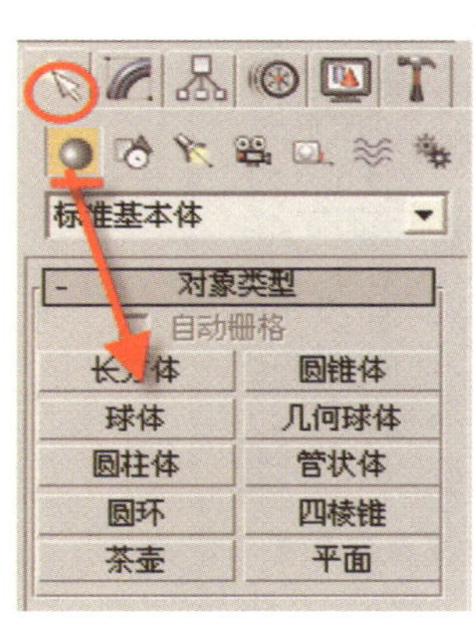


图6-32 选择标准基本体

图6-33 在材质球调整不透明度高光级别，光泽度以及柔化值

（3）一个泪滴就做好了，用选择移动工具将这个泪滴移动到眼眶中，另外一只眼睛也用同样的方法，或者用镜像工具做一个对称，如图 6-34 所示。

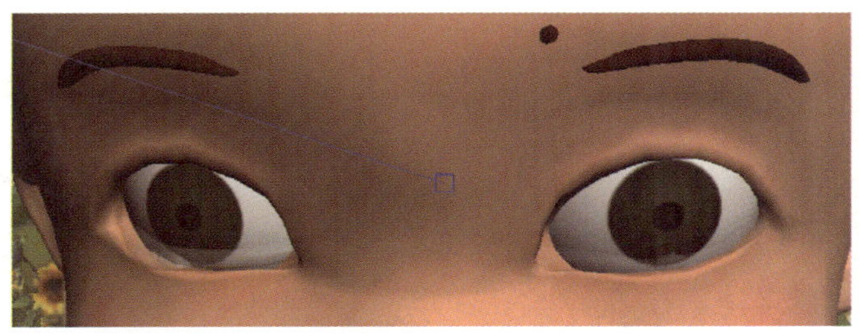

图6-34 做好的泪滴

（4）流出的泪滴做法也一样，调节点线面做出水滴状，调整材质，使它变透明，复制 4 至 5 个，打开自动关键点，从 0 帧开始，调节泪滴位置，这样流泪的表情就做出来了，如图 6-35 所示。

图6-35　小女孩哭的表情

（5）接下来我们做女孩哭时面部抽搐的表情，在“修改”面板中选择“变形器”，如图 6-36 所示。

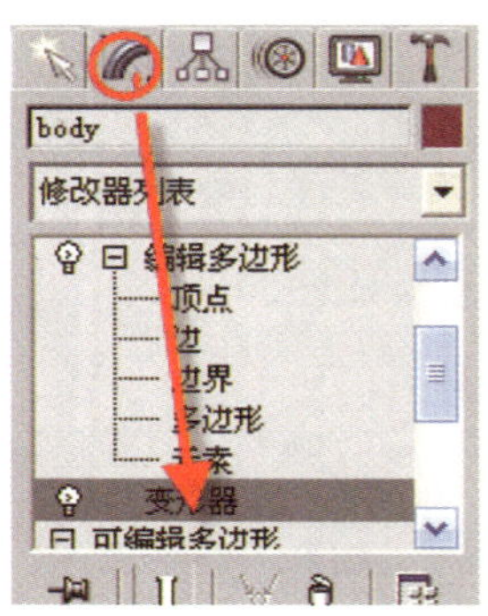


图6-36　点击修改面板中的变形器

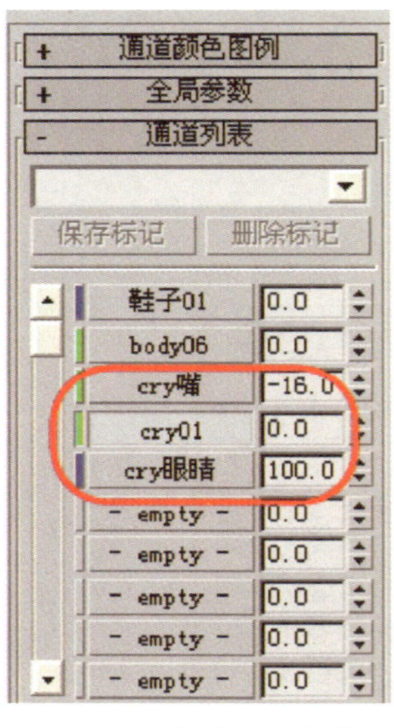


图6-37　修改通道数值

（6）分别在刚刚复制好的模型中建立眼睛哭，鼻子抽搐，嘴动的通道，调节好面部表情后，在自动关键点模式下，修改通道后的数值，控制表情的夸张程度和变化速度，如图 6-37 所示。

（7）这样完整的女孩哭的表情就做出来了。

## 本章小结

本章主要介绍了几个镜头的动作、表情、机位的细微调节。其实每一个镜头的质量会因创作者的艺术水平和技术含量而有所不同。我们学生在创作阶段不要只看教材，要充分到动画片的创作当中去实践，不断地去感受，去修改，去触摸才能不断地提高。

## 技能训练

精调你创作的每一个 LAYOUT 镜头的动作、表情、机位。

# 第7章　灯光渲染

【学习目标】

1. 学习MAX场景照明总论；
2. 学习如何根据剧情实例打光。

## 7.1　MAX场景照明总论

要想深入了解 MAX 的照明技术，就必须先了解 MAX 中灯光的工作原理。在 MAX 中，为了提高渲染速度，灯光是不带有辐射性质的。这是因为带有光能传递的灯光计算速度很慢，想一想光线追踪材质的运算速度就会明白。也就是说，MAX 中的灯光工作原理与自然界的灯光是有所不同的。如果要模拟自然界的光反射（如水面反光效果）、漫反射、辐射、光能传递、透光效果等特殊属性，就必须运用多种手段（不仅仅运用灯光手段，还可能是材质，如光线追踪材质等）进行模拟。在动画制作中，一秒钟的动画就需要渲染 20 多张图片（NTSC 式的为 30 帧 / 秒，PAL 式的为 25 帧 / 秒，电影为 24 帧 / 秒，如果要保持流畅的动感则至少需要 15 帧 / 秒），一分钟就要渲染 1000 多张图片，那么等待将是无穷无尽的。好在 MAX 有很多第三方开发的外挂插件，在灯光方面比较优秀的插件 RADIOSITY.MENTAL RAY（大型“灯光效果 + 特殊明暗器 + 高质量渲染”插件）等可供用户选择。不过运算速度上有点差强人意。当然，如果就渲染一张静态图片而不是做动画（如建筑效果图等）时，为了取得更好的效果与更方便的照明设置，等待一个小时也是可以的。MAX 中的灯光最大优势在于运算速度，照明质量其实是不错的。只要设置得当，同样可以产生真实，令人信服的照明效果。

在 MAX 中，并不是所有的发光效果都是由灯光完成的。对于光源来说也可能是由材质，视频后处理特效甚至是大气环境来模拟。萤火虫尾部的发光效果，用自发光材质来模拟恐怕是最为恰当的；火箭发射时尾部的火焰效果用大气环境中的燃烧装置来做效果也是不错的；而要模拟夜晚的霓虹灯特效，利用视频后处理中的发光（GLOW）特技来做则是个好主意。不过灯光作为在 MAX 三维场景中穿梭的使者，是 MAX 表现照明效果的最为重要手段。灯光作为 MAX 中一种特殊的对象，模拟的往往不是自然光源或人造光源的本身，而是它们的光照效果。在渲染时，MAX 中的灯光作为一种特殊的物体本身是不可见的，可见的是光照效果。如果场景内没有一盏灯光（包括隐含的灯光），那么所有的物体都是不可见的。不过 MAX 场景中存在着两盏默认的灯光，虽然一般情况下在场景中是不可见的，但是仍然担负着照亮场景的作用。一旦场景中建立了新的光源，默认的灯光将自动关闭。如果这时候场景中的灯光位置、亮度等不太理想，还赶不上默认灯光的效果。如果场景内所有灯光都被删除，默认的灯光又会被自动打开。默认灯光有一盏位于场景的左上方，另外一盏则位于场景的右下方。

### 7.1.1 灯光类型

在 MAX 中有五种基本类型的灯光，分别是泛光灯（OMNI）、目标聚光灯（TARGET SPOTLIGHT）、自由聚光灯（FREE SPOTLIGHT）、目标平行光（TARGET DIRECT）、自由平行光（FREE DIRECT）。另外在创建面板中的系统（SYSTEM）下，还有日光（SUN LIGHT）照明系统，其实是平行光的变种，一般在做室外建筑效果图时模拟日光。还有一种“环境光”（在“渲染 / 环境设置”对话框中可以设置）。环境光没有方向也没有光源，一般用来模拟光线的漫反射现象。环境光不宜亮度过大，否则会冲淡场景，造成对比度上不去而使场景黯然失色。有经验者一般先把环境灯光亮度值设为 0，在设置好其他灯光之后再做精细调整，往往能取得较好的照明效果，如图 7-1、图 7-2 所示。

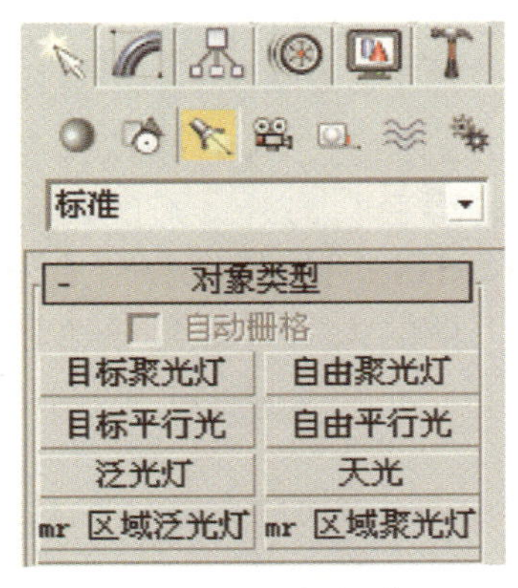


图7-1 灯光类型

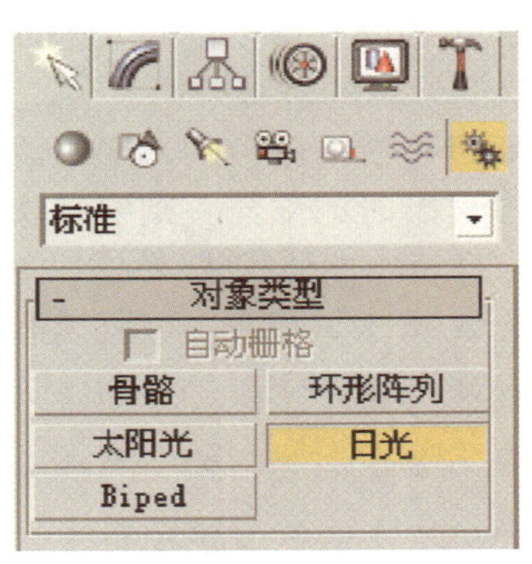


图7-2 日光系统

MAX 中的灯光默认情况下并不进行投影，但是可以根据需要设定成投影或不投影。阴影的质量、强度甚至颜色都是可调整的。如果要正确表示透明或半透明物体的阴影，请使用光线追踪（RAYTRACE）阴影方式。在不投影的情况下，MAX 中的灯光是具有穿透性的，楼房五层的灯光尽管有楼板阻隔也可以照亮一层的地板。非常有趣的是，如果把灯光的“倍增器”（MULTIPLIER）的值设置成负数，还可以产生吸光或负光的效果，可以产生某种颜色的补色效果（对与白色来说则是黑色）。在室内建筑效果图内通常来模拟光线分布不均匀的现象，或人为地把亮度大的物体表面“照黑”。如果动态变化灯光的亮度与倍增器的值，甚至还可以模拟闪电瞬间照明效果。MAX 中灯光还有一个重要的功能是能够通过“排除”（EXCLUDE）功能来指定灯光对哪些物体或不对那些物体施加影响（照明与投影两个方面），从而优化渲染速度或创造特殊效果，学习者千万不可忽视。

请记住 MAX 中灯光的两个原则。第一，灯光与物体距离越远，照亮的范围就越大，反之亦然。而对于一个物体来说，某一灯光与它表面所呈夹角（其实是入射角）越小，它的表面显得越暗；夹角越大则表面越亮。这跟太阳光与地面的关系很近似。如果一个灯光与一个平面（如地面）距离很远且与这个平面呈直角照射时，则照明效果是很均匀的。而如果同样的光放得太近，则由于接触表面的光线角度会有很大的变化，会产生一个“光池”（聚光区）。如果要使一盏灯光照亮尽量多的物体，请把把物体与灯光的距离拉大。而要使灯光把物体表面照得亮堂堂的，则还应该把灯光与物体表面的夹角调整得大些。有好多同学在创建灯光的时候遇到了麻烦，不建立自己的灯光照明效果觉得还好，一旦建立了自己的灯光，发现场景中的物体全部暗淡下来。这是灯光与物体的距离、夹角没有设置好的原因。好多同学不知道其中的奥妙，看到一盏灯还不够亮，再建一盏看看，结果一个简单的场景建立了10多盏灯以后场景中的照明更是显得非常奇怪。

其实MAX场景照明理论与现实中摄影照明的理论非常相似。对于较小的区域来说，可以采用所谓的“三点照明”（主光+背光+辅光）的方式来解决照明问题。对与大的场面如礼堂内部效果图则可以把大的场景拆分成一个个较小的区域再利用“三点照明”的方法来解决照明问题，如图7-3所示。

图7-3　三点光源法示意图

当然，针对不同情况进行灵活地处理有时能产生戏剧性的效果。另外要记住，尽量不要试图在透明图或摄像机中来创建灯光或移动灯光。在MAX中，灯光都具有衰减的属性，不过默认的情况下灯光是没有衰减的。为了更好地模拟现实（现实世界中的光线都是具有衰减性质的，即距离越远，亮度越小直到最终消失），通常需要手工打开灯光的衰减性质。一方面可以指定灯光的影响范围，另一方面创造出的灯光效果非常具有现实感。对于泛光灯，衰减影响的只是照明的距离；而对与聚光灯或平行光来说，不仅可以指定灯光能照多远，还能指定光圈边缘的衰减效果。

默认的灯光是不带有任何颜色的。通过改变灯光的颜色，可以模拟出各种照明效果。例如要模拟彩灯或把模拟日出时的阳光，则要调整灯光的颜色。另外，灯光配合环境特效可以产生特殊的效果。如配合环境中的体积光（VOLUME LIGHT）可以模拟舞台追光灯的效果，而泛光灯配合特效中的发光效果（GLOW）可以模拟普照大地的太阳。配合环境雾效（FOG）甚至还可以做出灯光穿过大雾的投影特效。

### 7.1.2　3D动画短片场景打光规划

在打光之前我们先把片子当中所有的镜头分组。

① 火车中场景组；（室内光加室外自然光）

② 教室上课场景组；（室内自然光）

③ 放学路上场景组；（黄昏时间自然光）

④ 小女孩家场景组；（室内夜灯光）

⑤ 小男孩儿家场景组；（室外自然晨光）

⑥ 爸爸救人场景组；（室外雨天自然光）

⑦ 小女孩儿家门口场景组；（室外自然光雨天）

⑧ 医院场景组；（室内自然光）

⑨ 小女孩家门口场景组；（室外自然晨光）

## 7.2　动画场景打光实例

### 7.2.1　自然室内光打光实例

#### 1. 火车场景打光实例

（1）打开“SC-4.max”，调入贴图，测试渲染Camera视图，如图7-4所示。

（2）打光之前首先分析此镜光照特点。女孩儿坐在车厢摆弄相机，是车厢室内自然光，车窗外是室外自然风景自然光，那么我们首先想到主光源是室外光透过车窗打进来照在女孩子身上，继而照亮了车窗。这就为打光提供了一个大概的思路。

（3）首先在车窗外创建一个“平行光”，透过车窗照进车厢里，如图7-5所示。

图7-4 默认光渲染效果

图7-5 创建平行光

（4）选择“平行光”，进入“修改器”面版，开启“高级光线跟踪阴影”。参数设置如图 7-6、图 7-7 所示。

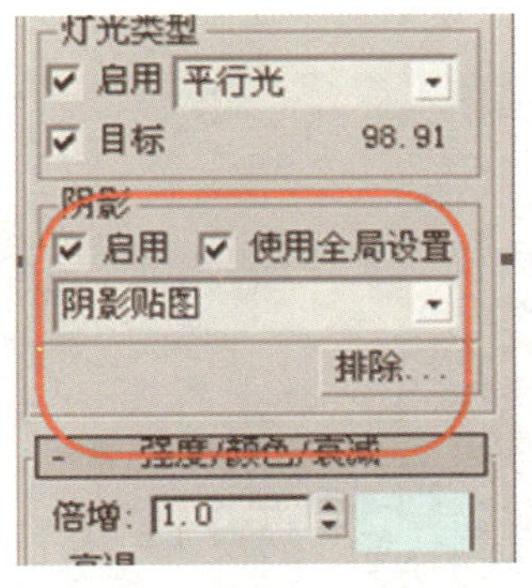

图7-6 平行设置

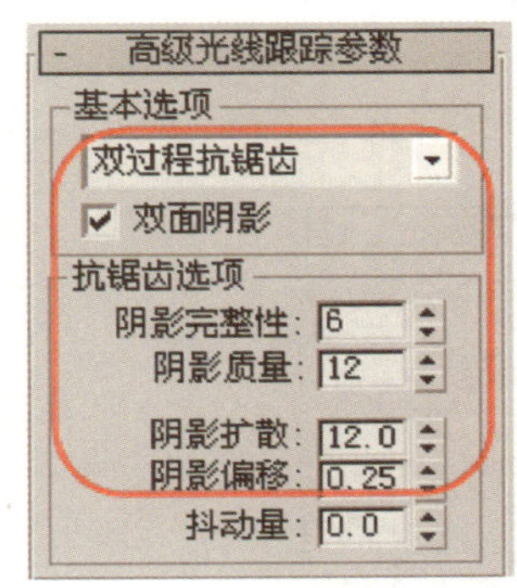

图7-7 平行阴影设置

（5）测试渲染，因为时间关系，测试渲染只要渲染一个低质量的小图看效果就可以，如图 7-8 所示。

（6）测试结果平行光基本没有产生任何效果，这是为什么呢，因为没有开启高级光线跟踪阴影的优化中的透明阴影，如图 7-9 所示。

图7-8 测试渲染效果图

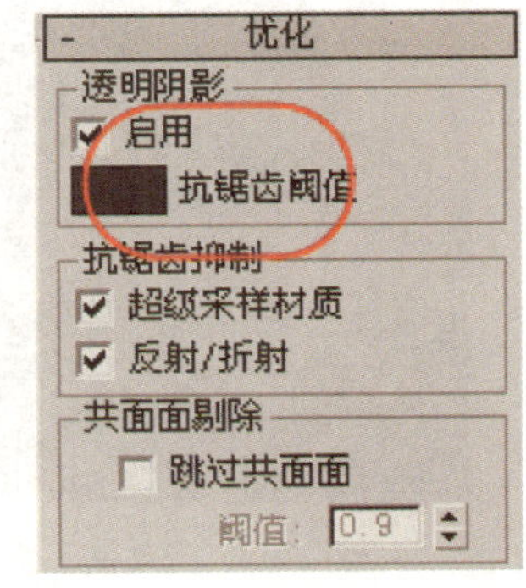

图7-9 高级光线跟踪阴影的优化

（7）再测试渲染一下看效果，如图 7-10 所示。已经有了一个正确的投影，室内的女孩子和景物还是黑的，用三点光源的原则加泛光灯作为女孩儿面部补光，如图 7-11 所示。参数设置如图 7-12 所示。因为主光源是冷光，那么补光要适当的偏暖。

（8）再次测试渲染一下看效果。我们看到车厢内已经亮起来了。但是这张图还是显得有些灰。特别是女孩子的面部显得很暗，如图 7-13 所示。

图7-10 测试渲染效果图

图7-11 女孩儿面部补光

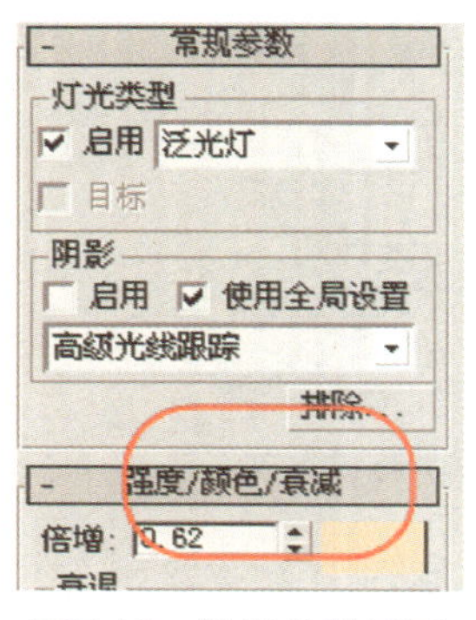


图7-12 补光参数设置

图7-13 再次测试渲染效果图

（9）再创建一个泛光灯，只照女孩子的是面部，把女孩子面部照亮，如图 7-14 所示。泛光灯参数设置，如图 7-15 所示。

图7-14 把女孩子面部照亮

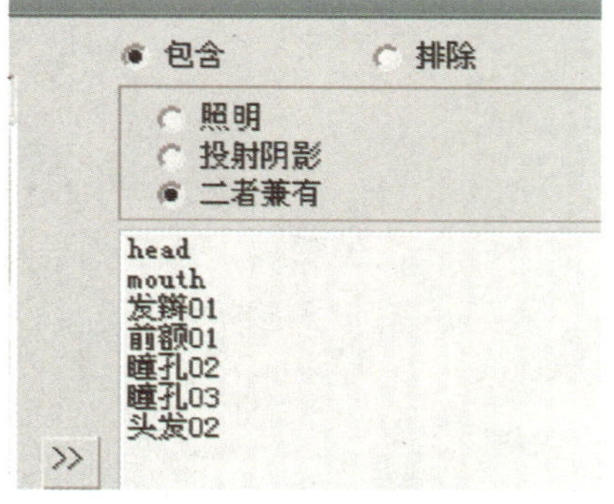


图7-15 泛光灯参数设置“包含”

（10）测试渲染一下看效果，如图 7-16 所示。此时灯光效果已经比较好，但是女孩子头顶部位还是有些虚，想要一个女孩子身后有淡淡一层光的效果。

图7-16 测试渲染效果

（11）在女孩子后上方创建一个平行光，如图 7-17 所示，此光只照女孩子的身体头部和头发，方法同上泛光灯。

图7-17 创建一个平行光

（12）测试渲染一下看效果，如图 7-18 所示。

图7-18 测试渲染一下看效果图

（13）角色的光照效果基本完好，那么窗帘和外面的风景都用贴图，所以想要窗帘发出一层淡淡的光，那么只要给窗和外面风景材质贴图加一个自发光级别就可以了，如图 7-19、图 7-20 所示。

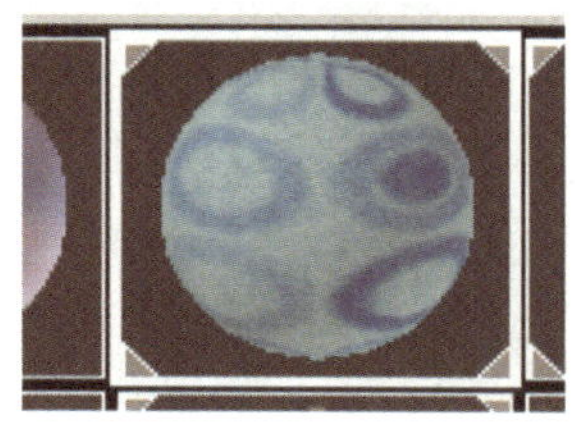

图7-19　窗帘标材质样本

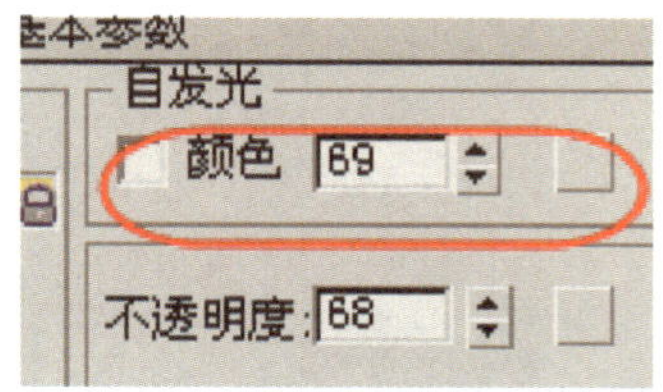


图7-20　自发光级别参数设法

（14）测试渲染一下看效果。如图 7-21 所示，我们可以看到一个比较完好的渲染效果。这样 SC-4 的光照我们就做完成了。接下来就可以用普通渲染器渲染高清级别的序列。

图7-21　正在渲染测试效果图

（15）打开默认扫描渲染器，参数设置如下图 7-22、图 7-23 所示。

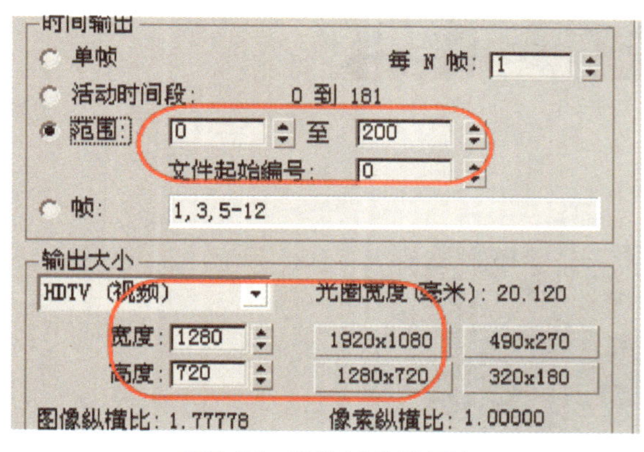


图7-22　渲染输出设置1

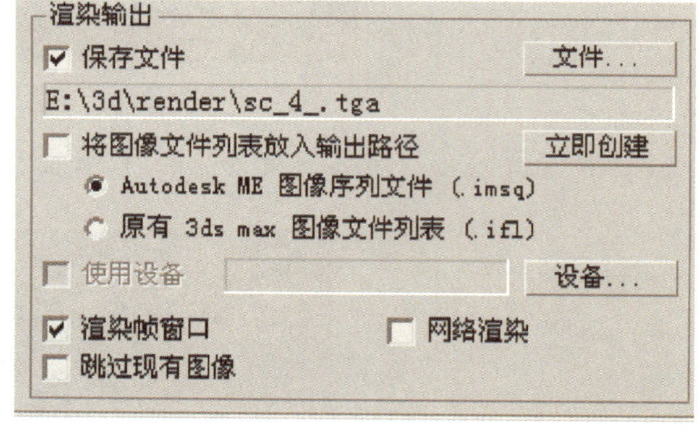


图7-23　渲染输出设置2

（16）这样我们就可以得到完整的高清级别的序列图片。

### 2. SC-17头打光实例

（1）用 3D max 选择“文件”打开“SC-17”场景，在“运行”工具栏选择“更多…”，在“工具”面板中选择“位图 / 光度学路径”，右边“工具”面板中出现了“路径编辑器”卷展览，点击“编辑资源…”选中全部，设置路径，将贴图全部贴上。如图 17-24 所示，是一幅系统默认室内灯光下的同学们上课的场景，没有投影，只是系统默认光源。

（2）可以看到，这是一个教师的大全景，镜头把班里所有小孩都拍了进去，典型的室内自然光。这里就要用到灯光脚本 E-Light。

图7-24 “SC-17”场景

（3）E-Light 作为 MAX 的一个灯光脚本，在一定程度上可以取代 MAX 自身提供的天光，在对渲染质量不是十分苛刻的项目中，我们可以利用 E-Light 模拟天光，进行制作用以达到需要。安装十分简单，只需将该脚本在 MAX 中直接运行即可。

（4）在“MAXScript“菜单栏选择“运行脚本”，在文件夹中找到“E-Light”插件，打开，选择“E-Light-MAX5”打开，如图 7-25 所示。

（5）打开插件后，弹出了 E-Light 对话框，如图 7-26 所示。

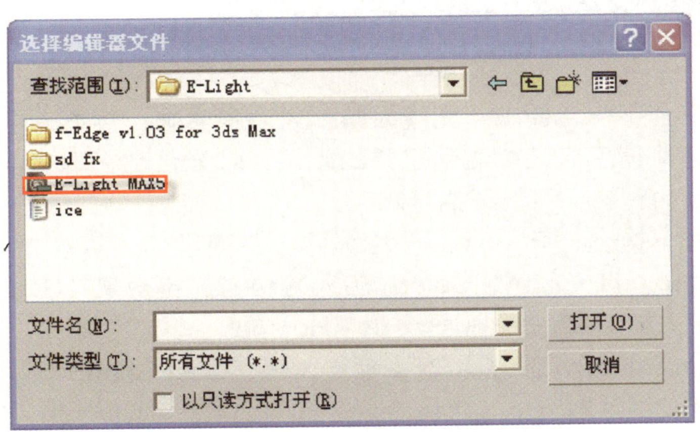


图7-25 选择“E_light”

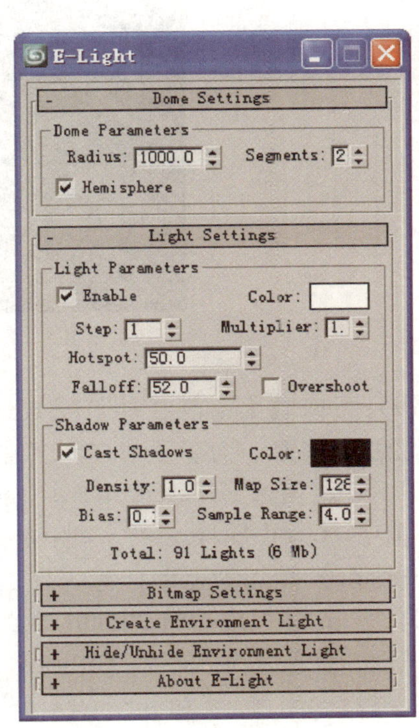


图7-26 E_light

（6）现在场景中并没什么变化，下面我们打开“Create Environment Light”卷展栏，点击“Create Environment Light”创建环境光。摄像机视图中变成了一片漆黑，从透视图中看，场景里多了一个覆盖着很多光椎的灰色半球体，如图 7-27 所示。

（7）接下来通过调整“E-Light”菜单中的参数改变光照，调节“Radius”可以改变灯光半径，也就是黑色半球的半径，灯光半径的具体数值要根据剧情需要随时调整，在这个场景中我们以刚好覆盖教室为准，如图 7-28 所示。

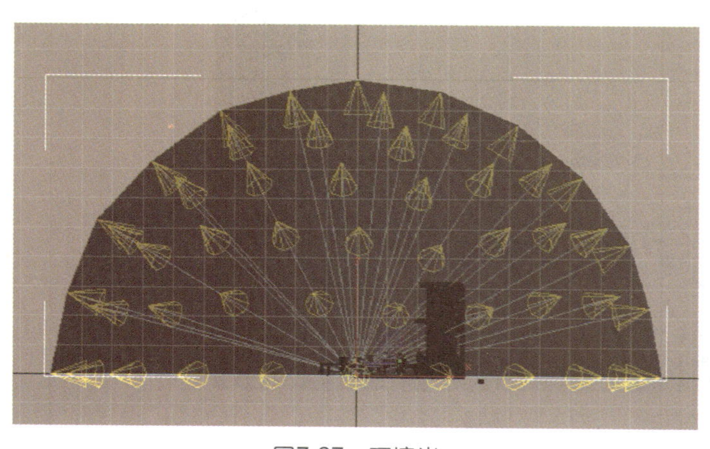

图7-27 环境光

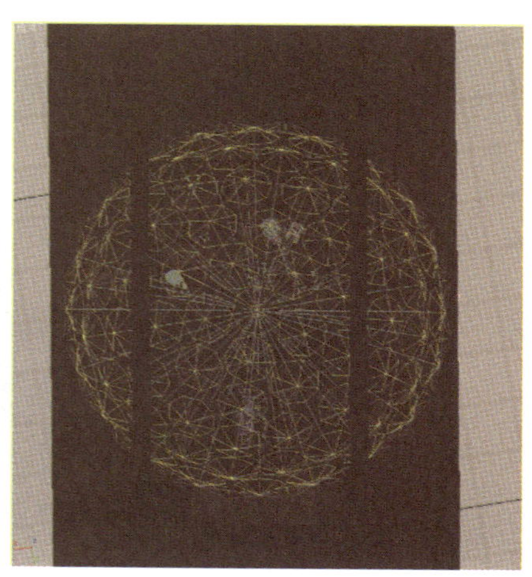

图7-28 覆盖教室

（8）下面，我们渲染一张单帧，测试一下灯光的效果，如图 7-29 所示。

图7-29 渲染测试效果图

（9）可以看出，现在的灯光效果完全不符合要求，光线太暗，光源不明确，接下来再对灯光参数进行调整。为了不影响计算机运算速度，又能达到想要的效果，灯光倍数“Segments”参数设为 2。勾选“Hemisphere”前面的对勾，可以开启半球。

（10）“Light Settings”是灯光参数，勾选“Enable”开启光锥，下面我们分析灯光颜色，这是一个阳光明媚的上午，室内是自然光，灯光颜色“Color”设为冷色，光锥数量“Step”参数设为 1，光学强度“Multiplier”参数设为 3，聚光灯光锥大小“Hotspot”参数设为 57，衰减参数“Falloff”设为 130，“Shadow Parameterwei”是投影参数，勾选“Cast Shadows”开启投影，将投影密度“Density”参数设为 2，贴图大小“Map Size”设为 140，偏移度数“Bias”参数设为 0.4，采样值“Sample Range”参数设为 4。这样室内主光源的参数基本确定，我们可以渲染一张单帧，如图 7-30 所示。

（11）可以看到，室内光影基本均匀合适，只是人物有些暗淡。

（12）下面在屋顶创建一盏泛光灯，打开“创建”面板中的灯光，点击“泛光灯”颜色设为暖色调，“强度 / 颜色 / 衰减”卷展栏中倍增数改为 0.336。

（13）泛光灯调好后再打一盏室外平行光作为从窗外射进的光线，平行光颜色设为冷色调，倍增数改为 0.966，开启“光线跟踪阴影”，这一组镜头的光线基本调整好了，再次渲染一张单帧看一下效果，如图 7-31 所示。

图7-30 渲染测试效果图1

图7-31 渲染测试效果图2

（14）这样我们就得到了比较完好的光照效果。同上，做图像序列渲染完成此镜的灯光渲染工作。

### 7.2.2 黄昏室外打光实例

SC-22 镜头打光实例如下：

（1）打开一个场景 SC-22，场景内容是一个小男孩踩帽子，首先分析时间是在下午时候的自然光照效果，如图 7-32 所示。

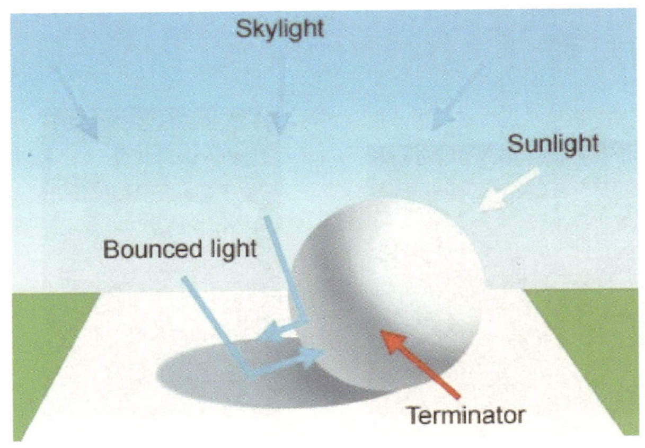


图7-32 黄昏时候的自然光照分析

分析：

① 图7-32表现的是一个晴朗的下午，主要光源为太阳。同时蓝天提供非常不同的第二个光源，一些光也正在白色卡片和白色球体之间相互反弹，形成的第三个光源。最明亮的光来自太阳并且是从一个小点散发的白色光，这使它投射的阴影非常锐利。

② 第二个光源，蓝天，是一个非常大的光源而且有非常软的阴影（一些来自太阳的直接光线被遮蔽了）。暂时记住，越小的光源阴影越为锐利。

③ 来自蓝天的光线投射有非常强烈的颜色，影响着场景中的一切。球体被蓝色的天光所照明，所以它的投影是蓝色的。球体屏蔽了来自太阳的白色光线，它自身未被阳光直接照到，部分会呈现出天光的蓝色色调。

④ 最后被反射在卡片和球体之间的光也主要是蓝色的（即使卡片和球是白色的），两个比较靠近的表面能够比分别较远的区域更多地接受这个反射光，因为球体的底部更加的接近白色卡片，所以球体的底部要比中部更亮。

⑤ 同理SC-22镜也要从这几个角度考虑。

（2）选择“创建”面版，单击“创建灯光”。单击“灯光”下的“目标聚光灯”如图7-33所示，首先先创建一个主光源。

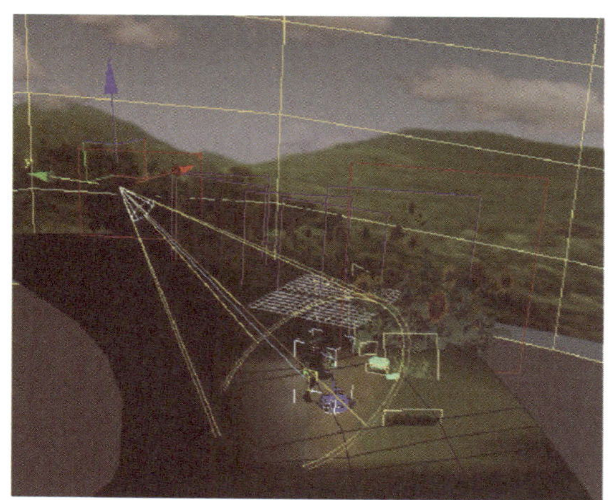

图7-33　创建一个主光源

（3）调整目标聚光灯。

（4）打开“修改”面板，勾选“常规参数”→“阴影”→“启用”，如图7-34所示。

（5）这样是为了让场景内的物体都有一个投影。

（6）打开“强度/颜色/衰减”卷展栏，“倍增”数值调小到0.75左右，后面的颜色调成暖色，其他数值不变，如图7-35所示。

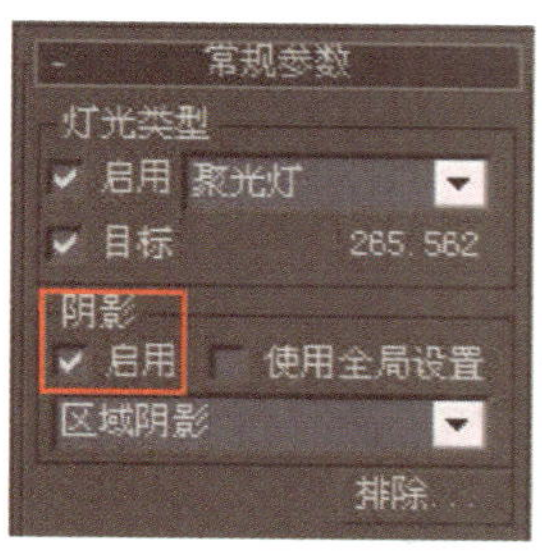


图7-34　勾选阴影启用

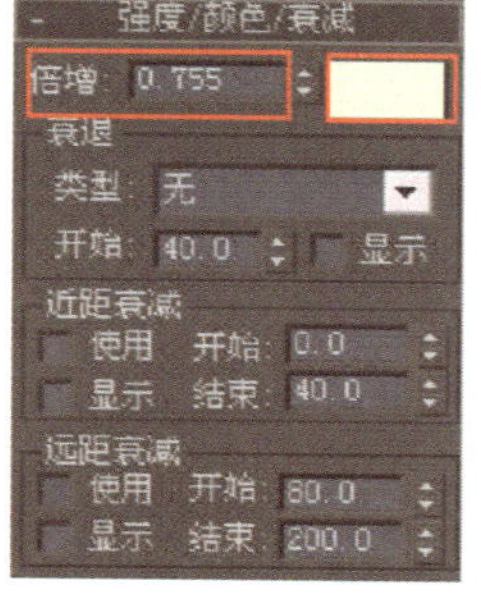


图7-35　光学倍增数值设置

（7）注："倍增"就是灯光的强度，颜色就是灯光打出的颜色。

（8）打开"聚光灯参数"卷展栏调整"聚光区/光束"和"衰减区/区域"的参数，如图7-36所示，把两个数值调大，在摄像机视图查看范围尽量不要出现找不到的物体，如图7-37所示。

（9）注："聚光区"就是光束完全遮罩的部分"衰减区"就是光束逐渐减弱的区域。

（10）观察到摄像机视图的左上方聚光灯没有照到，因为按照主体人物来打的灯光，调整完后就不会再动了。所以不能再调整灯光本体，需要调整远处物体。

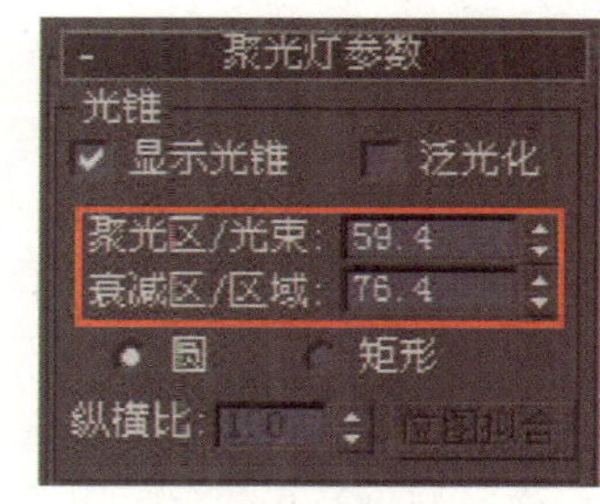


图7-36　调整"聚光区/光束"

图7-37　观察摄像机视图

（11）选择远处的风景，打开"材质编辑器"或按键盘上的"M"键来打开，用吸管工具找到远处物体的材质贴图，在"Blinn基本参数"中把"自发光"勾选调整数值到100，如图7-38所示。

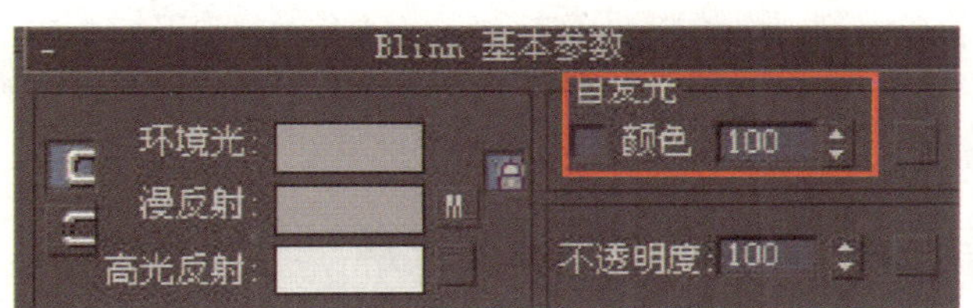


图7-38　Blinn基本参设置

（12）这样远处物体就不会受到灯光的影响，并且不会变暗。

（13）渲染一张摄像机视图，发现小男孩有点黑，没有从视图中凸显出来。这时要为小男孩打一盏灯光。

（14）找到"泛光灯"在小男孩的右上方，右前方各打一盏泛光灯，调整泛光灯参数，如图7-39、图7-40所示。

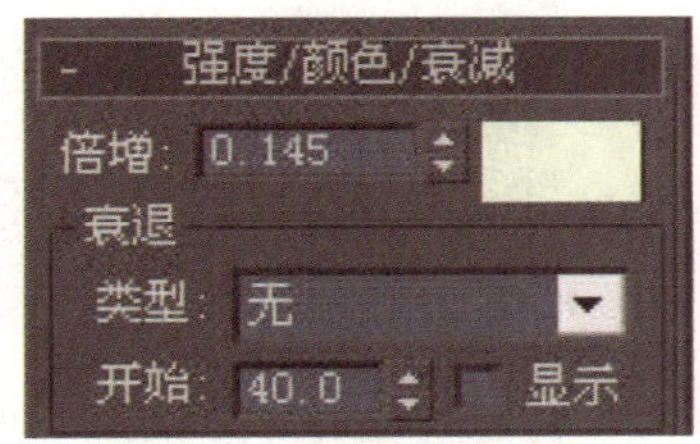


图7-39　泛光灯参数设置1

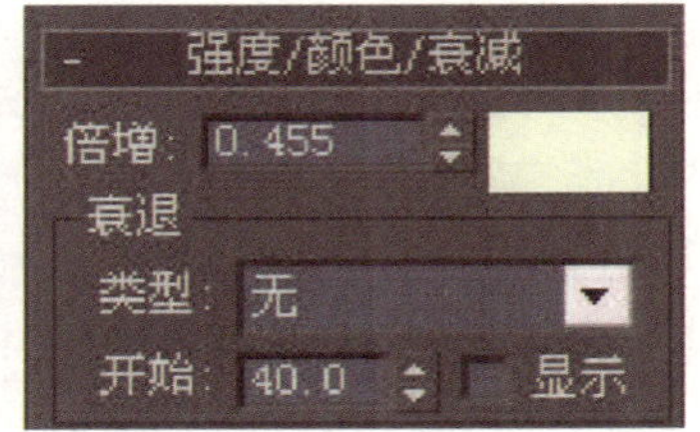


图7-40　泛光灯参数设置2

（15）由于我们一直在调整小男孩的亮面，所以我们还要给他的暗面打一盏灯光让他的暗面的反光合理。同样加一盏泛光灯调整数值，如图 7-41 所示。

（16）再次渲染，小男孩的投影边缘太明显，所以我们需要调整阴影的参数，在透视图中选中聚光灯，在聚光灯卷展栏下找到“阴影参数”进行调整，结果如图 7-42 所示。

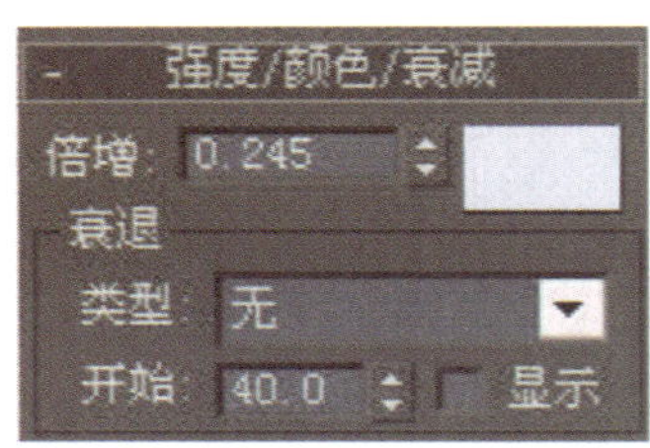


图7-41　泛光灯调整数值

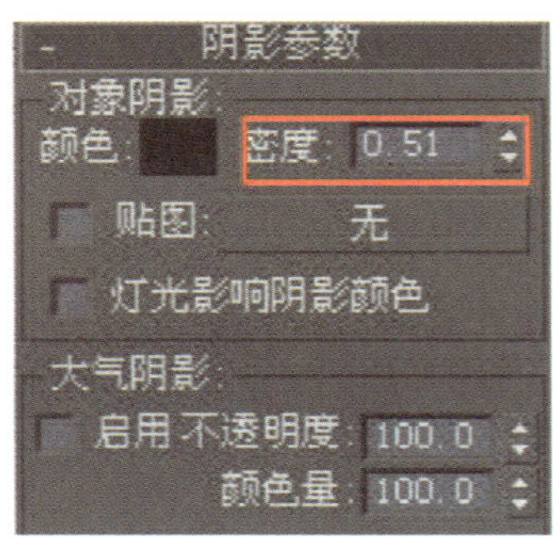


图7-42　调整阴影参数

（17）最后再次测试渲染结果，如图 7-43 所示效果。

图7-43　测试渲染结果

（18）渲染是指根据场景的设置，赋予物体的材质，贴图和灯光等，由此绘出一幅完整的画面或一段动画。三维动画必须渲染才能输出，造型的最终目的是得到静态或动画效果图，而这些都需要渲染才能完成。灯光渲染这里只介绍最简单的调整灯光的方法，后面我们还会了解 3D 其他高级灯光的渲染方法。那么此场景分层渲染，角色和帽子渲染一个图像序列，背景渲染一个图像序列。这样我们在后期合成的时候可以更好地加一些特效，以便更好地实现场景的画面效果。

### 7.2.3　室内灯光打光实例

SC-28 场景打光实例如下：

（1）打开场景“SC-28.MAX”，调入贴图。渲染测试一下看效果，如图 7-44 所示。

（2）这是一个室内灯光的效果，首先必须想到室内油灯是个跳动的小火苗，所以产生的影子也是随首火苗跳动的。其发出的光为暖光源，而且是一个封闭的空间，可以用全局光效果来渲染。

（3）在跳动的火苗上创建一个泛光灯，参数设置如下图 7-45、图 7-46 所示。

图7-44　渲染测试效果图

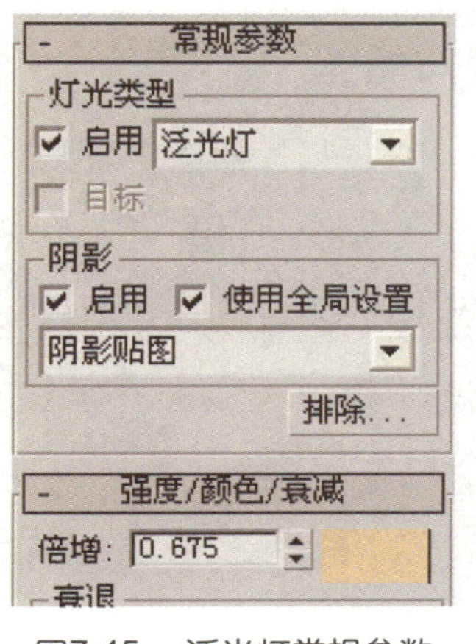


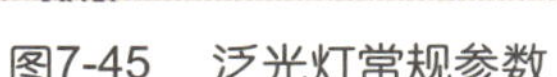


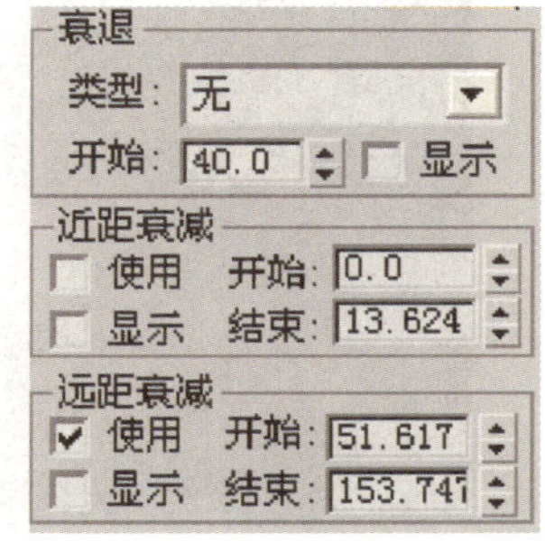


图7-45　泛光灯常规参数　　图7-46　泛光灯衰减范围

（4）测试渲染看一下效果，如下图 7-47 所示。

图7-47　测试渲染效果

（5）得到一个很好的主灯光效果。接下来打开“自动关键点”自动关键点设置，在当前位置设立“关键贞”，然后把向后五贞再设立关键点并将泛光灯的参数设置如图 7-48、图 7-49 所示的修改。

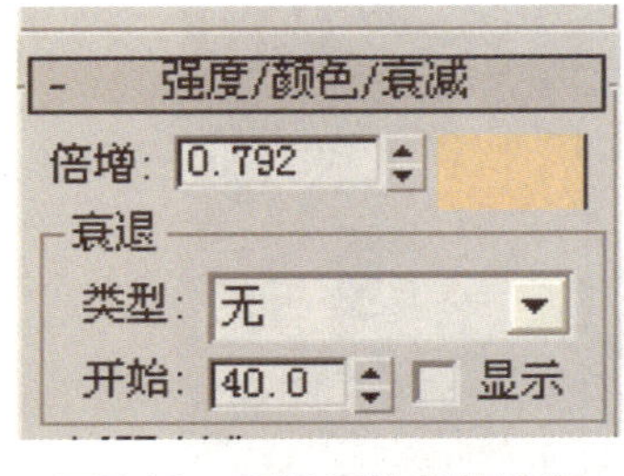


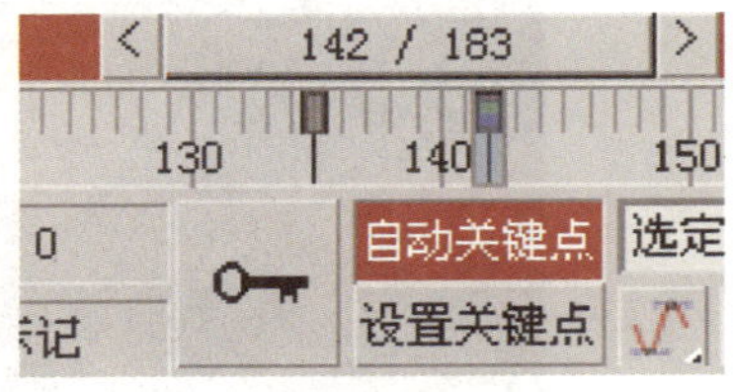


图7-48　泛光灯的参数设置　　图7-49　设立“关键贞”

（6）渲染测试一下，就得到如图 7-50 的效果。

（7）对比图 7-47 和图 7-50 我们就可以看到火苗跳动的变化。然后我们复制这两个火苗变化的关键贞，如图 7-51 所示，播放就可以得到一个自然的火苗跳动下的投影。

图7-50

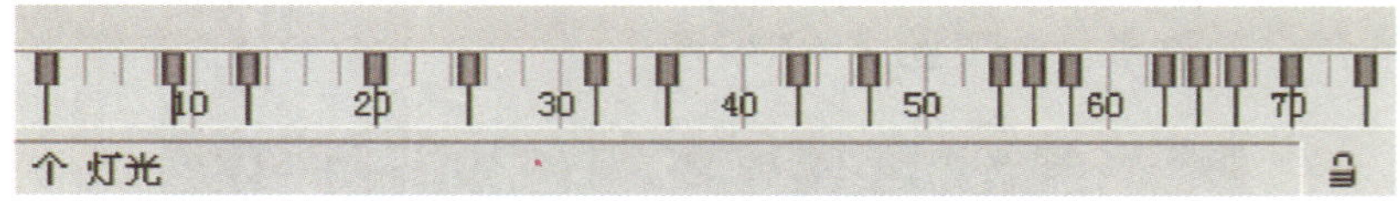


图7-51 复制这两个火苗变化的关键贞

（8）接下来我们调整灯光的投影。首先调整灯光的衰减范围，然后调节它的阴影参数设置如图 7-52、图 7-53 所示。

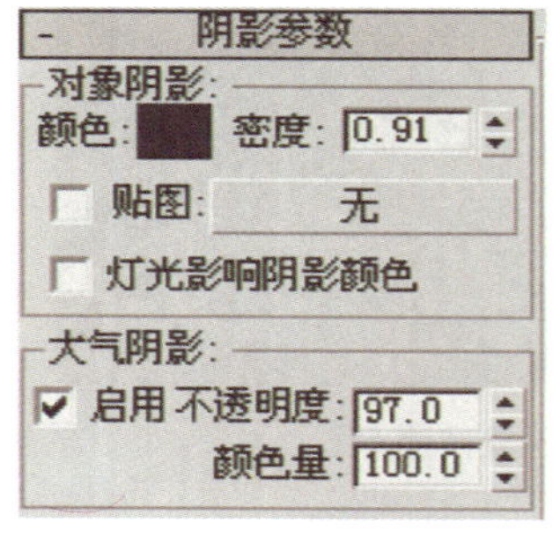


图7-52 阴影参数设置1

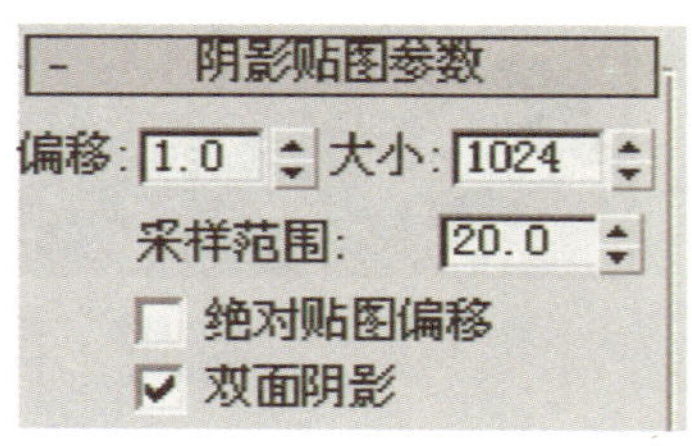


图7-53 阴影参数设置2

（9）测试渲染效果如图 7-54 所示。

图7-54 测试渲染效果

（10）这样就得到了一个比较完整的投影效果，接下来处理一下所有物体与角色的暗部。在小女孩的左侧创建一个泛光灯，参数设置如图 7-55 所示。

（11）在碗的正面创建一个泛光灯作为碗的补光，其参数设置如图 7-56 所示。测试渲染，我们得到如图 7-57 相对完好的效果。

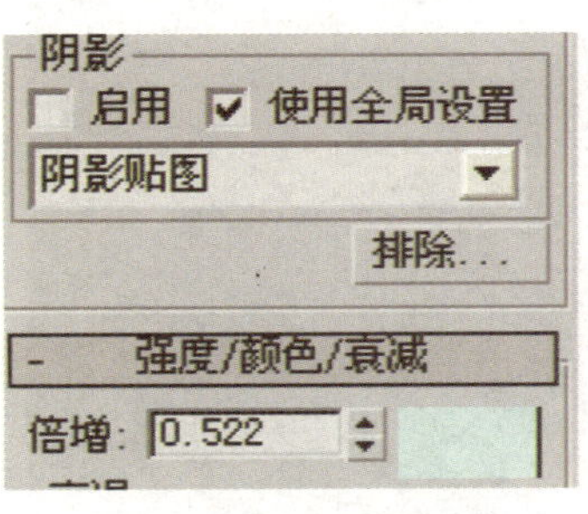


图7-55　参数设置1

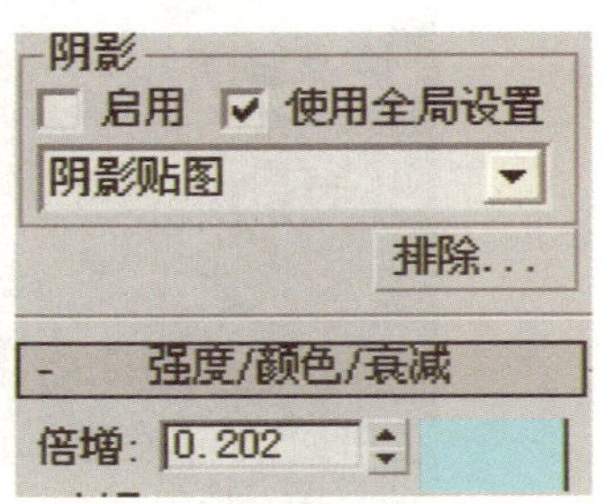


图7-56　参数设置2

图7-57　相对完好的效果图

（12）接下来就可以渲染输出，其参数设置如下图 7-58、图 7-59 所示。

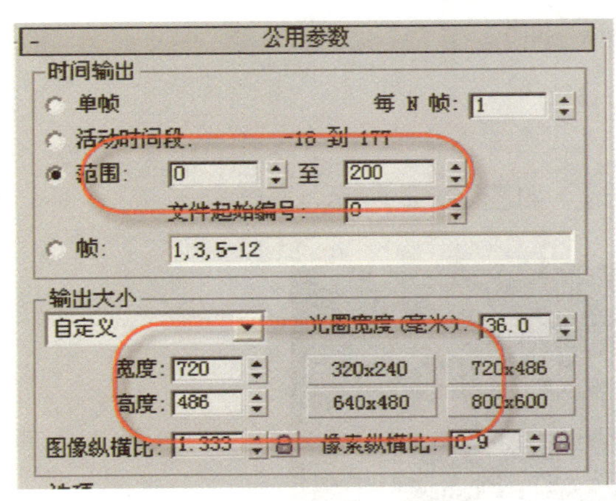


图7-58　渲染输出参数设置1

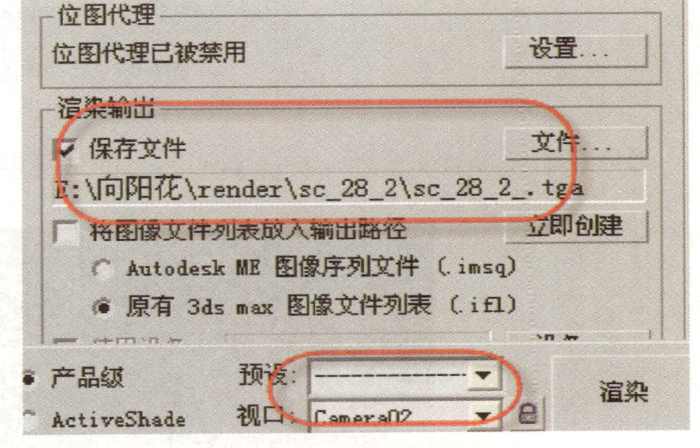


图7-59　渲染输出参数设置2

（13）最后点击渲染按钮就可以得到我们想要的图像序列了。

### 7.2.4　雨天打光实例

SC-57 场景打光实例如下：

（1）打开 SC-57 场景的工程文件，调入并赋予贴图，测试渲染 Camera 视图，默认光照下，如图 7-60 所示。

图7-60　渲染测试效果图

（2）分析场景内的内容，（如：天气，雨；光照，自然光）

（3）点击“MAXScript”中的“运行脚本”选择“E-light”中的“E-light-MAX5”。

（4）因为场景 SC-57 为雨天场景，所以冷光源为主，在 E-light 中勾选“Enable”和“Cast Shadows”的“color”，如图 7-61 所示。

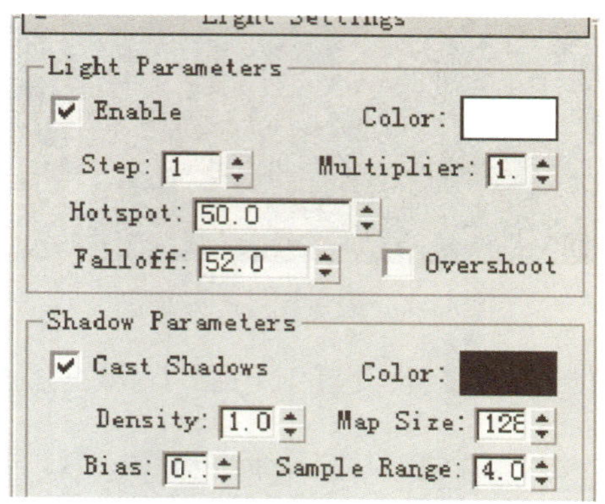


图7-61　E-light参数设置

（5）点击 Create Environment Light! “创建环境光”，如图 7-62 所示。

图7-62　创建环境光

（6）根据场景的需要调节各项数值，将环境光缩放至适当大小，测试渲染，效果如图 7-63 所示。

图7-63 测试渲染效果图1

（7）效果过于黑了，容易在加特效后看不清画面，需调节灯光的颜色和光学倍增参数。之后渲测试，如下图 7-64 所示。

图7-64 测试渲染效果图2

（8）点击创建面板下的“平行光”，将灯光放至适当位置，开启“mentlray 阴影”。测试渲染看效果，如图 7-65 所示。

图7-65 测试渲染效果图3

（9）上图灯光过于亮了，回到“修改器”面板，调节平行光的“光学倍增”设置，如图 7-66 所示。

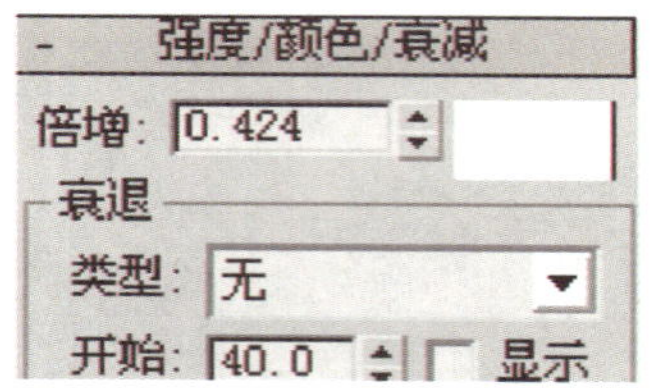


图7-66　平行光的“光学倍增”设置

（10）渲染该图片查看效果，如图 7-67 所示。

图7-67　测试渲染效果图

（11）我们看到整体效果还可以，现在我们测试第 180 贞动画，如图 7-68 所示。

图7-68　测试渲染效果图

（12）我们发现小男孩儿脸部过暗，影响画面效果，所以要单独给角色的面部加一个光源。这个光源只照小男孩儿的面部而不对其他事物产生任何影响。创建一个泛光灯，其参数设置，如图 7-69、图 7-70 所示。

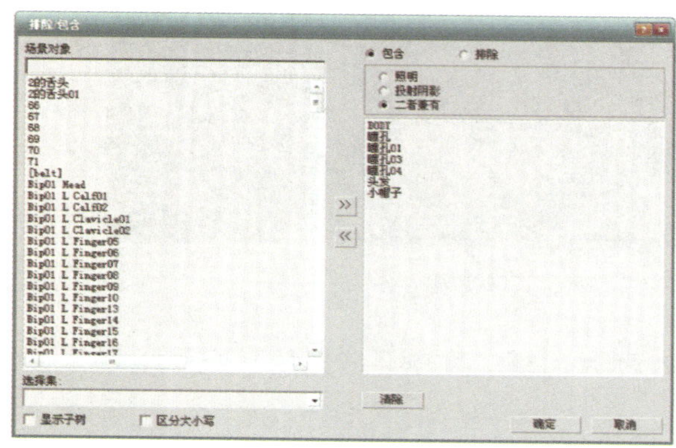

图7-69　泛光灯参数设置

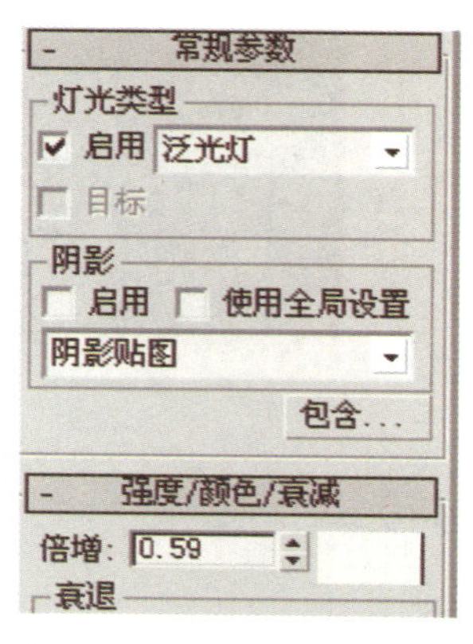


图7-70　泛光灯参数设置

（13）测试渲染看效果，如下图 7-71 所示。我们看到这个效果的基本理想。

图7-71

（14）最后同上，输出图像序列就可以了。

### 7.2.5 黄昏室内打光实例

SC-68 场景打光实例如下：

（1）给一个镜头打光照，首先要分析镜头的细节。光照的方向、形式、亮暗、大小、颜色、以及场景大小。有的时候还需要考虑镜头要表达的情绪。逐个分析确定然后才能进行光照调节。比如下面的镜头，首先分析这个镜头的外界条件，设定是黄昏，场景是屋内，如图 7-72 所示。

图7-72 SC-68场景

（2）打开 SC-74 镜，初步确定光源位置是在窗户的方向，室内较明亮，然后进行光照的设置。

（3）在灯光创建面板选择目标聚光灯，对镜头打光，如图 7-73 所示。

（4）如上图，一旦对场景打光，场景中所有模型的默认光照就会被取消，光照不到的地方就为黑色。然后我们对光源进行调节将其设置在我们需要的位置上，如图 7-74 所示。

（5）选中聚光灯，进入“修改器”面板，参数设置如下图 7-75、图 7-76 所示。

图7-73 创建目标聚光灯

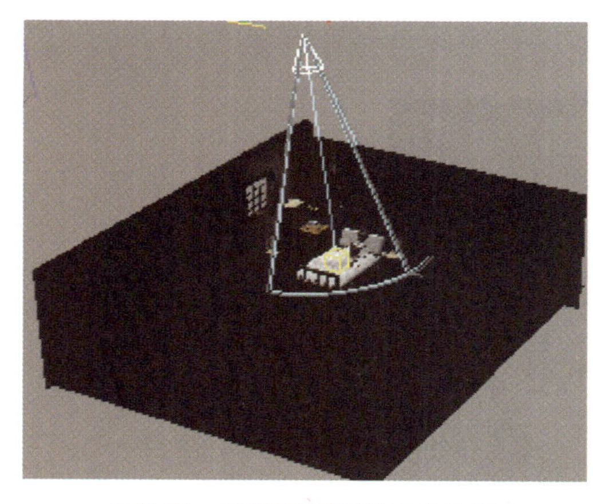

图7-74 调节目标聚光灯的位置

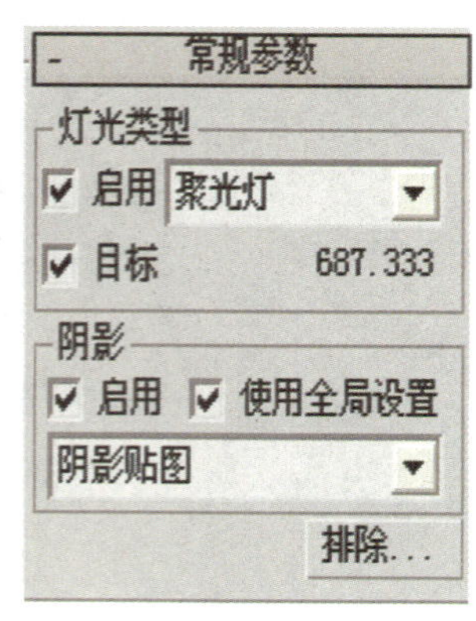

图7-75 参数设置1

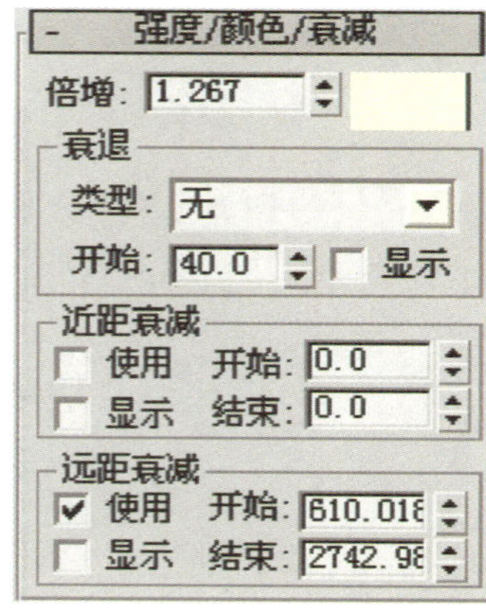

图7-76 参数设置2

(6) 通过修改此面板的参数，进行光线地调节，如图 7-77 所示。

图7-77 光线调节

(7) 通过摄像机视图看到，光照范围不够而且颜色也不对，镜头内有很多没有被光照到的地方。

(8) 所以要调节光的大小以及颜色、距离、范围，对聚光灯进行适当的调节。这里的参数需要反复渲染进行测试，知道符合标准为止，如图 7-78 所示。

图7-78 测试渲染效是图

（9）上图可以看到，摄像视图（右）中，主体的光照足够，但是墙面很暗。由于我们要模拟自然光，墙面不会这么暗所以我们再创建一个泛光灯，来模拟自然光照射到室内的效果，如图 7-79 所示。

图7-79　创建泛光灯

（10）光照颜色，泛光灯的调节也和目标聚光灯一样，渲染测试看效果，如图 7-80 所示。

图7-80　测试渲染效是图

（11）调节好光，我们调节阴影参数，其设置如图 7-81 所示。
（12）这里对阴影的大小、质量、颜色进行调节，如图 7-82 所示。

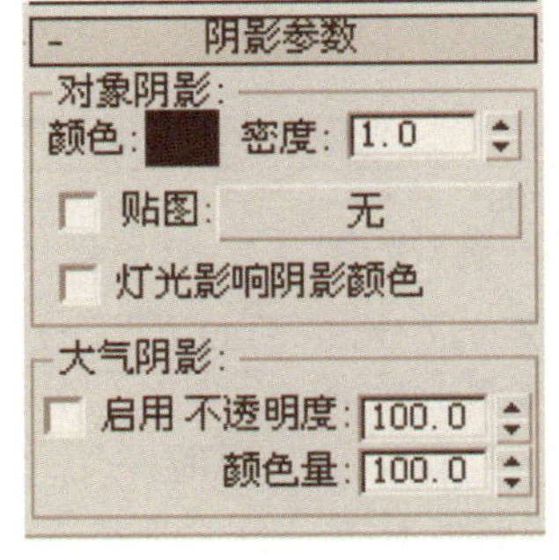


图7-81　阴影参数设置

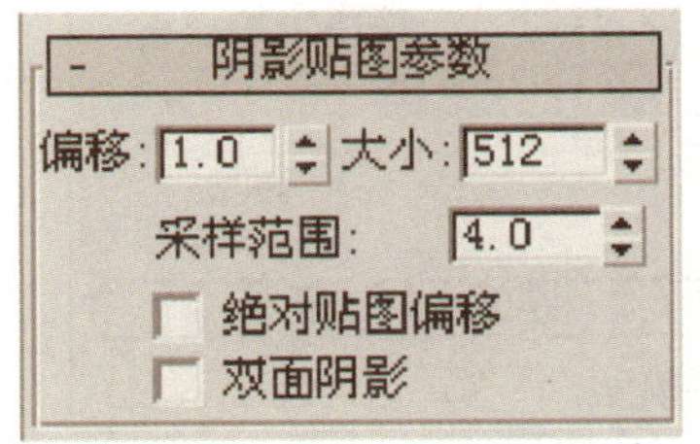


图7-82　阴影参数设置

（13）测试渲染，如图 7-83 所示，反复调试直到满意为止。

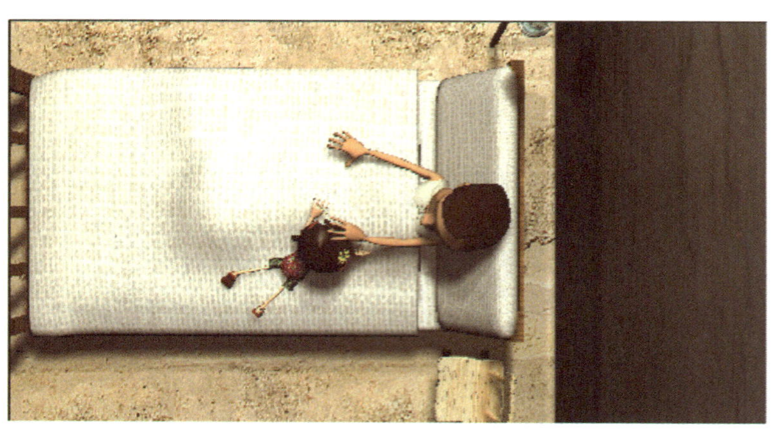

图7-83 测试渲染效果图

### 7.2.6 黄昏室外打光实例

SC-83 场景打光实例如下：

（1）打开“SC-83.max”，导入贴图，渲染一下摄像机视图，看到默认没有打光的效果，如图 7-84 所示。

图7-84 测试渲染效果图

（2）这是一个逆光状态下的背景近拍人物，从剧情得知人物是由黑暗模糊到清晰明了的。

（3）背景和花都是用的贴图，所以在打光之前先给它们加一个自发光级别，这样打光就不会影响到它们。

（4）首先在人物背后创建一个平行光，其参数设置如下图 7-85、图 7-86 所示。

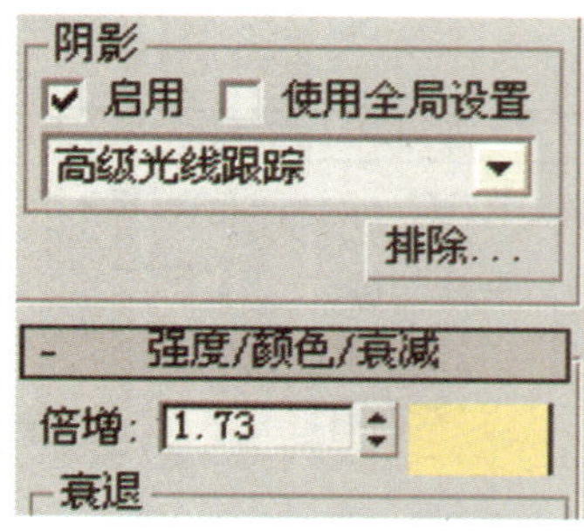


图7-85 平行光阴影参数

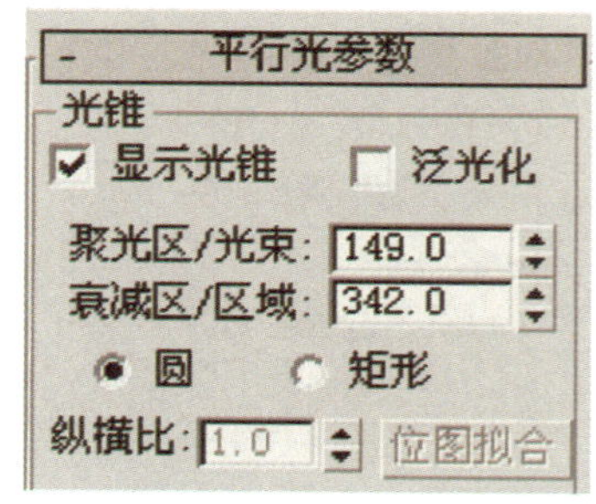


图7-86 平行光参数设置

（5）测试渲染一下看到如图 7-87 所示的效果。

图7-87　测试渲染效果图

（6）从上图看到人物的投影和人物全是黑的。从三点光源法的角度考虑人物的身上应有层淡淡的光，所以我们在人物的侧上方再创建一个平行光，这个平行光只照人物而不照其他的物体。其参数设置如图 7-88、图 7-99 所示。

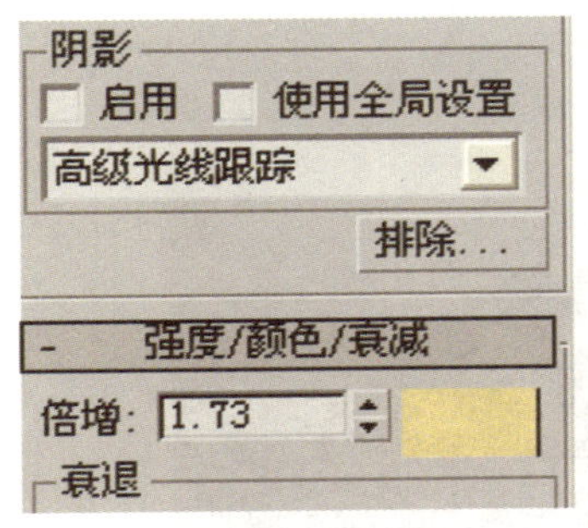


图7-88　平行光阴影参数

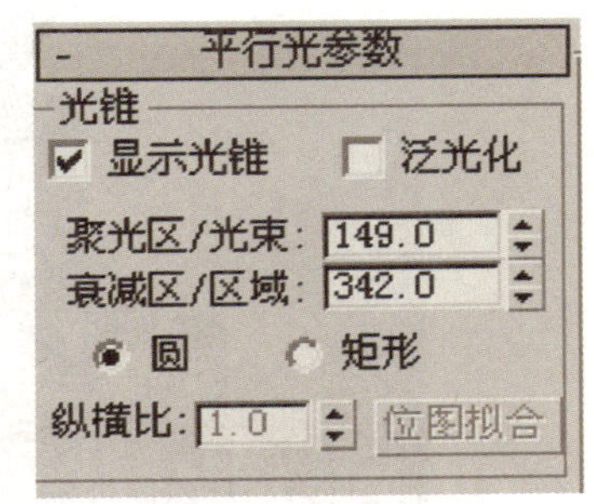


图7-89　平行光参数设置

（7）测试渲染一下看到如图 7-90 所示的效果。

图7-90　测试渲染效果图

（8）我们看到人物本来很好的投影效果变的不对了，是因为我们的第二个平行光对地面产生的效果。这样我们给平行光加一个排除照射地面的设置，如图 7-91 所示。

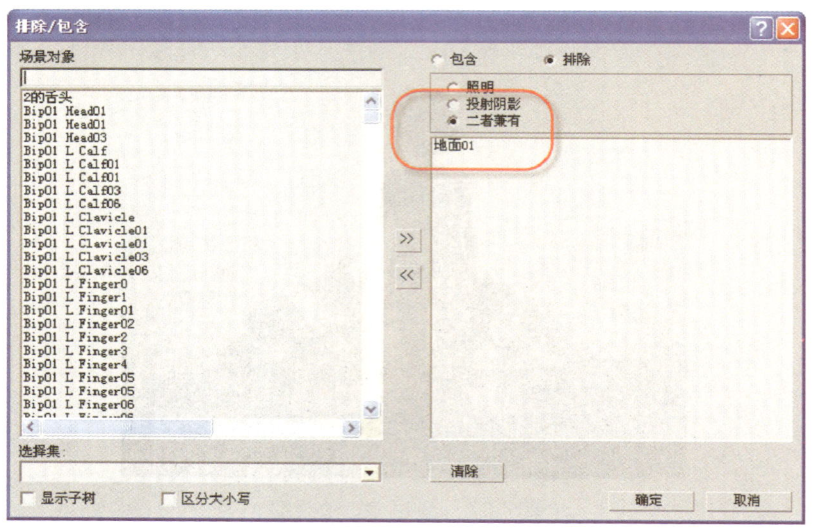


图7-91　排除照射地面

（9）测试渲染一下看到，如图 7-92 所示的正确投影效果。

图7-92　测试渲染效果图

（10）这时人物还是太黑，我们适时地加一个泛光灯作为补光把人物的暗部提亮，其参数设置如图 7-93 所示。

（11）测试渲染一下看到，如下图 7-94 所示的正确明暗效果。

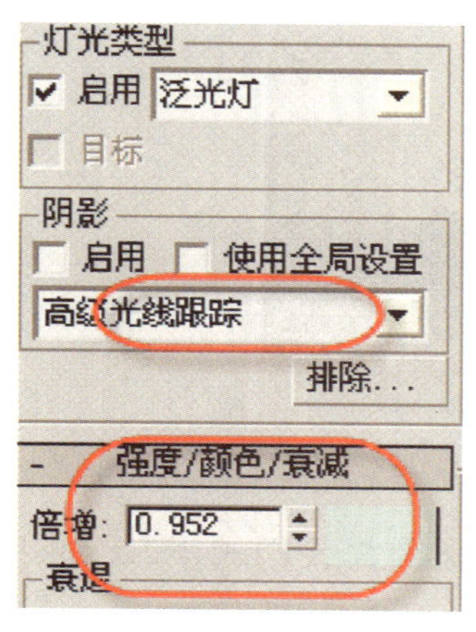


图7-93　补光参数设置

图7-94　测试渲染效果图

（12）提高第一个平行光的阴影质量，这样我们得到一个相对比较完美的渲染效果，如图 7-95 所示。

图7-95 测试渲染效果图

（13）考虑到后期特效的制作，我们最后渲染输出序列时分层渲染，也就是先把背景隐藏，单独渲染人物，之后在单独渲染场景，最在再后期合成。

## 本章小结

灯光是3DS MAX中模拟自然光照效果最重要的手段，称得上是MAX场景的灵魂。但是，复杂的灯光设置，多变的运用效果，却是让许多新手极为困扰的一大难题，如何得到令人满意的照明效果使很多同学感到头痛不已而又无可奈。本章主要目的是带领大家深入通过给三维动画短片童年的记忆系列之《向阳花》的84个镜头打光来了解3DS MAX中的灯光设置，彻底解除各位同学的困惑，从而创造出更真实更如意的MAX场景，从而很好地完成片子的打光。

## 技能训练

1. 小组讨论灯光在三维动画创作当中的重要性。
2. 为你动画创作的每一个镜头打光。

# 第四篇

# 后期合成

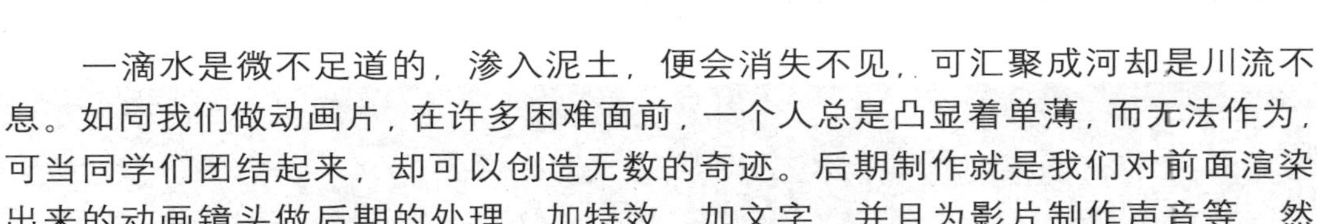

一滴水是微不足道的，渗入泥土，便会消失不见，可汇聚成河却是川流不息。如同我们做动画片，在许多困难面前，一个人总是凸显着单薄，而无法作为，可当同学们团结起来，却可以创造无数的奇迹。后期制作就是我们对前面渲染出来的动画镜头做后期的处理，加特效，加文字，并且为影片制作声音等，然后剪辑输出使其形成完整的影片的过程，是一个收获的阶段。

# 第8章　后期合成

**【学习目标】**

1. 学习后期特效实例；
2. 学习如何在后期把握片子整体的色调；
3. 学习在后期剪辑中如何控制节奏；
4. 学习如何做后期音效。

## 8.1　后期特效

首先统一检查我们所有渲染好的素材当中有多少个需要做后期特效的镜头。具体规划如下：

① 虚实焦关系；

② 灯光火苗的光晕；

③ 粒子雨；

④ 镜头光晕的特效。

⑤ 每一组找出一个镜头做具体讲解。

以下为虚实关系特效的案例：

### 1. SC_16镜虚实焦关系的特效

（1）“After Effects”是Adobe公司的特效软件。用它作特效又快又好。在中国做特效基本都用它。首先打开Adobe After Effects CS4，创建一个新的composition。具体参数设置如图8-1所示。

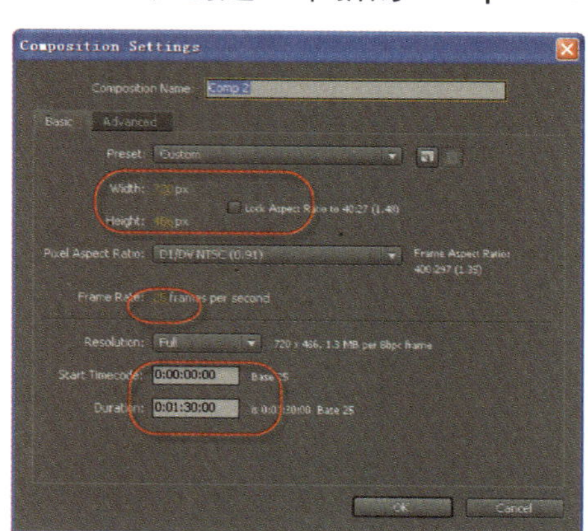


图8-1　创建一个composition

（2）依次导入我们已经渲染好的角色序列层和场序列层。File → import → File，如图 8-2 所示。

（3）点击打开看在弹出窗口里做如下设置，如图 8-3 所示。

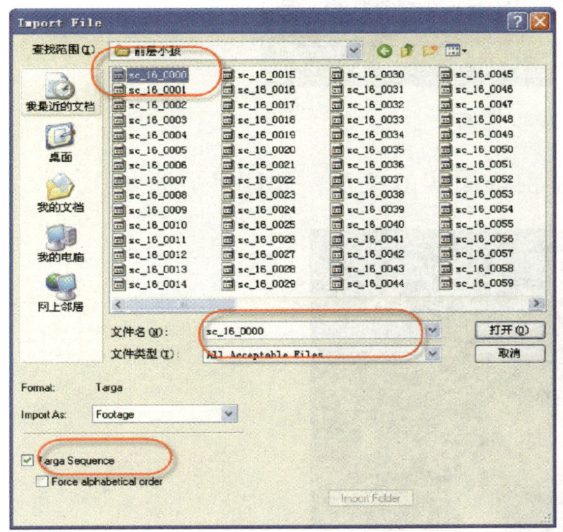


图8-2 导入角色序列层和场序列层　　图8-3 点击Straight-Unmatted

（4）同样的道理再导入背景层，然后把角色层和背景层拖入时间轴，我们就可以看到两个图层在 AE 软件里的整体工作的一个布局，如图 8-4 所示。

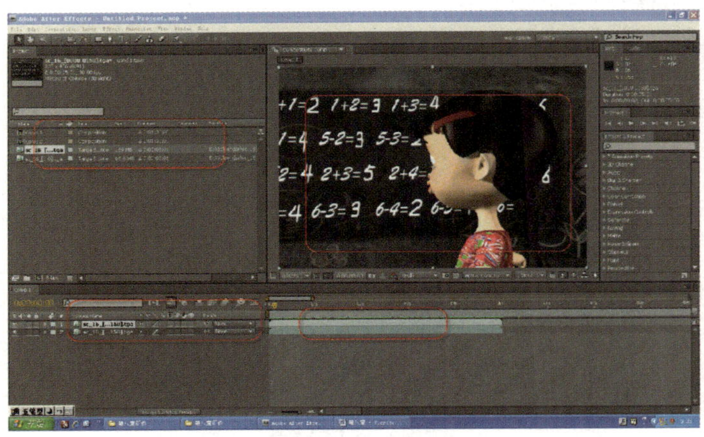

图8-4 AE界面

（5）拖动时间指轴，我们看到前后两层的清晰度是一样的，怎么才能改变前后两层的虚实关系呢。首先选择角色层，点右键选择 Effect → Blur ＆ shapen → Gaussian blur，如图 8-5 所示。

（6）展开 Effect 如图 8-5 所示，把时间轴拖到第 2 秒，设置关键帧。

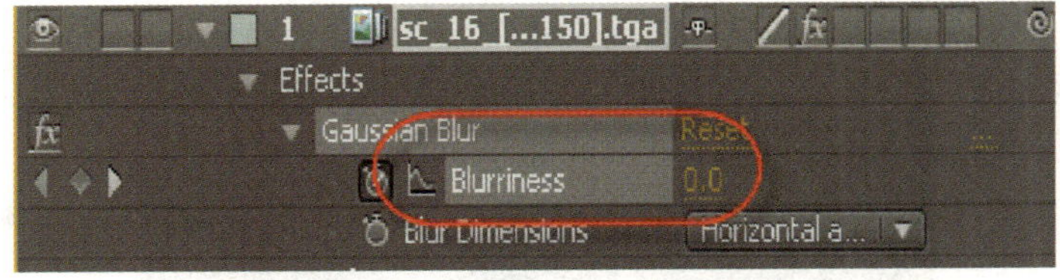


图8-5 点右键选择Effect→Blur ＆ shapen→ Gaussian blur

（7）把时间轴拖到第 0 帧，设置 Blurriness 值为 5，如图 8-6 所示。

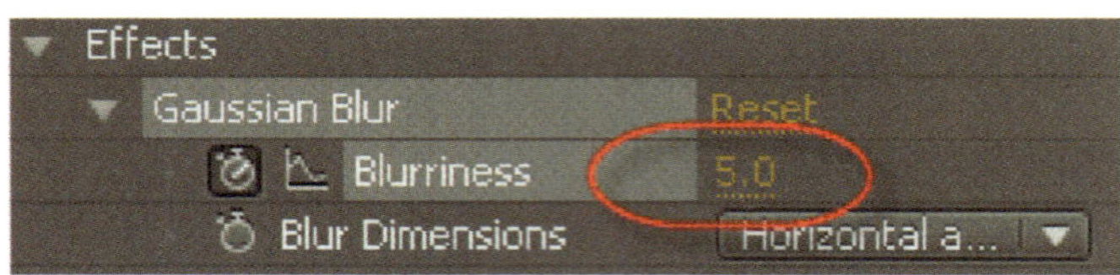


图8-6　设置Blurriness 值为5

（8）这时我们看到 compositionp 视口中的一个前虚后实的关系，如图 8-7 所示。

图8-7　视口中的图片有了虚实关系二小女孩变虚

（9）同理我们在小女孩转过头来以后把后面的粉笔字转虚小女孩变实，如图 8-8 所示。

图8-8　背景变虚

（10）这样一个镜头的虚实焦的关系我们就设置完了，接下来输出 GA 图像序列就可以了。

### 2. SC_31镜火苗光晕特效

（1）在 AE 里新建一个 composition，导入渲染的 SC_32 图像序列和火苗的图像序列。把两个图像序列拖入时间滑块。调整火苗的位置，使之与原来的火苗相重合，其属性参数设置如图 8-9 所示。

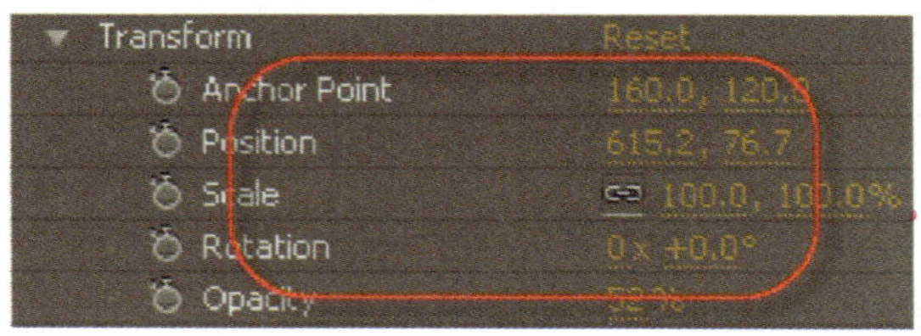


图8-9　调整火苗的属性参数

（2）选择火苗层点右键选择 Effect → Blur ＆ shapen → Gaussians blur 特效，其具体参数设置如图 8-10 所示。

图8-10　修改火苗参数

（3）其视频效果如图 8-11 所示。

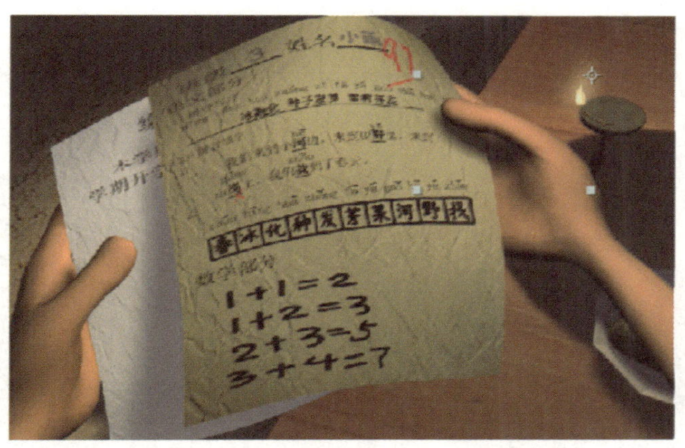

图8-11　修改后的火苗效果

（4）测试一下觉得效果满意就可以输出我们想要的图像序列。选择 composition 下的 Pre-render，如图 8-12 所示，设置输出文件的路径。

（5）在 Render queue 栏里点击 based on "lossless with Alpha"，在弹出窗口里做如下设置，如图 8-13 所示。

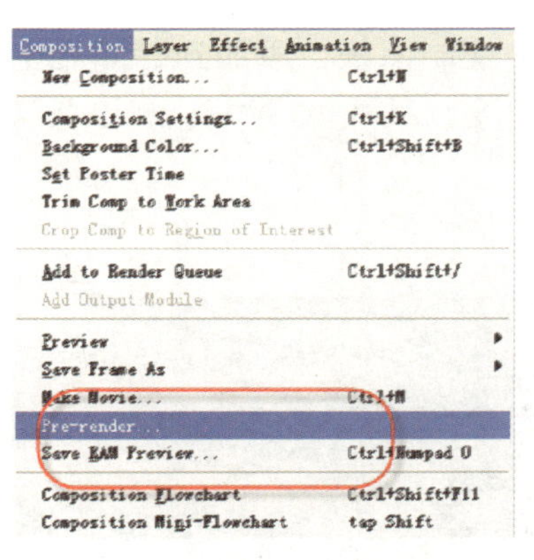


图8-12　设置输出文件的路径

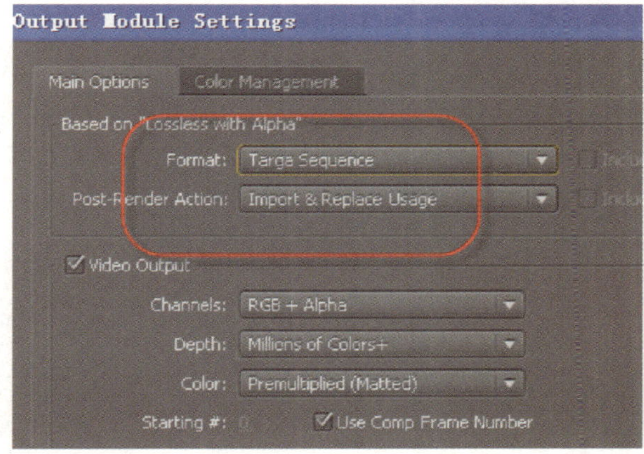


图8-13　Render queue 栏里点击 based on "lossless with Alpha"

（6）回到 Render queue 里来点击 Render 就可以输出图像序列了。

### 3．SC_54粒子雨特效

（1）在 AE 里新建一个 composition，导入渲染的 SC_54 角色层图像序列和背景层图像序列，同时托入时间滑块，得到如图 8-14 所示效果。

图8-14 导入图片

（2）选择角色层，右键选择 Effect → Simulation → CC Rain，其参数设置如图 8-15 所示。

（3）其视频效果如图 8-16 所示。然后我们同上输出图像序列就可以了。

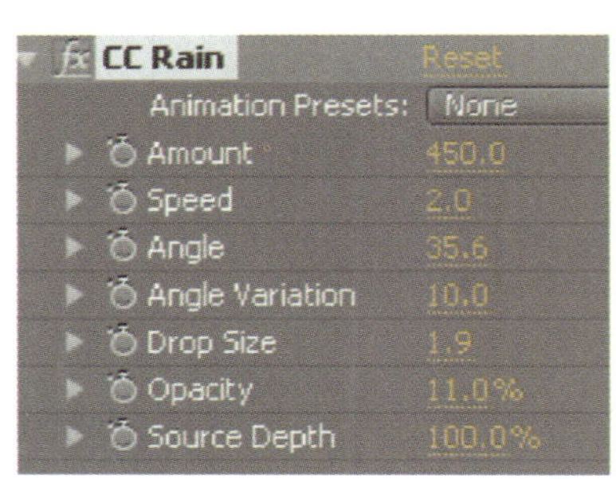


图8-15 选择Effect→Simulation→CC Rain

图8-16 输出图象

### 4. SC_84镜头光晕的特效

（1）在 AE 里新建一个 composition，把要素材拖入下面的时间轴中，选择角色层，右键选择 Effect → Generate → Lens flare。打开调节面板，双击控制面板，添加到时间轴上，共 4 项，Flare Center( 光晕坐标 )，Flare Brightness （光晕暴光度），Lens Type( 光晕类型 )，Blend With Original( 光晕透明度 )。 其参数设置如图 8-17 所示。

（2）我们可以得到如图 8-18 所示的视频效果。

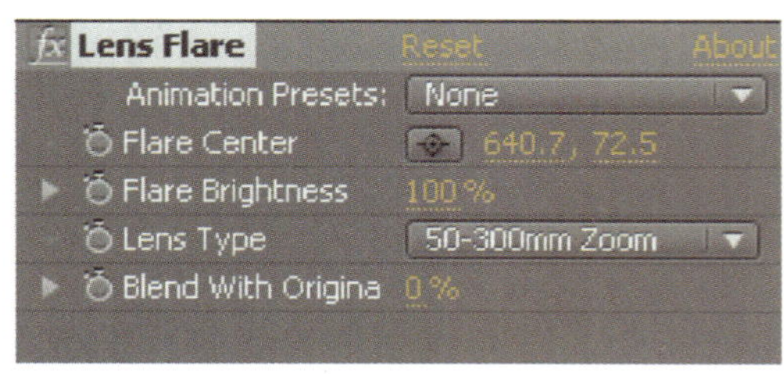


图8-17 调节面板

图8-18 效果图

（3）托动时间滑块，点击“小闹钟”，设置开始关键帧。移动时间帧，到我们要到的时间点，把光晕的坐标点改变，系统自动将该点作为关键帧。这样，从开始关键帧到这点关键帧之间，就有了一个光晕的动作。做其他光晕特效是同理的，具体关键帧设置如图 8-19、图 8-20 所示。

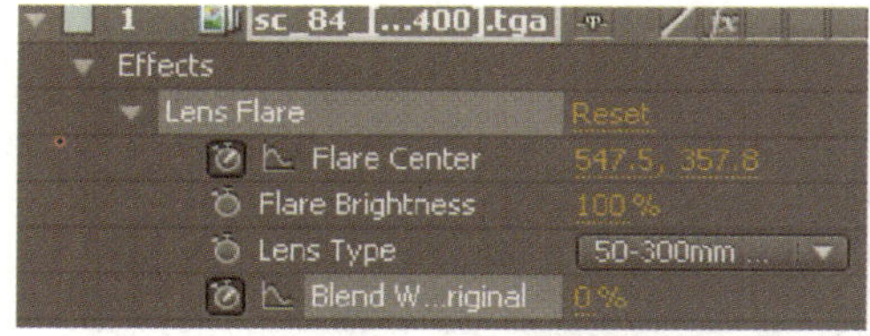


图8-19　光晕特效

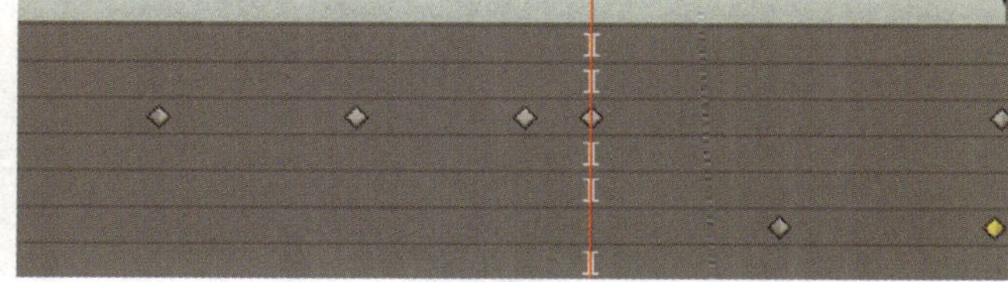

图8-20　设置关键桢

（4）这样我们得到一个很好的镜头光晕的视频特效，如下图 8-21 至图 8-24 所示。

图8-21　视频特效效果1

图8-22　视频特效效果2

图8-23　视频特效效果3

图8-24　视频特效效果4

（5）最后我们输出图像序列就好了。

## 8.2　整体的色调把握

说到表情作用，色彩又胜过形状一筹，那落日的余晖以及地中海碧蓝色彩所传达的表情，恐怕是任何确定的形状也都望尘莫及的。

——爱因汉姆

色彩赋予形体以灵魂，正如声音赋予语言以情感。在人的视觉世界里，色彩是情感的象征。色彩的作用是强烈的，因为它在现实主义——真实地再现自然之外，还承担着将现实纯化和强化的功能，它能传达着人的情绪与心理状态，是人的内心世界外化的表现，是指涉精神世界的无形之物的符号。把之前所有做好的素材，统一放在一起先不要剪辑，只做简单的排队，从头到尾地播放。然后在根据不同场景里的不同需要对色彩，色相，饱和度进行微调。

比如：

（1）火车里早上自然光线的效果，给人以平和、宁静的感觉，如图 8-25 所示。

（2）夕阳调成暖暖的饱合的色调，女孩儿放学时的效果正是这样，如图 8-26 所示。

图8-25　早上的光线

图8-26　夕阳

（3）阴天的场景，调成淡淡的冷色，如图 8-27 所示。

（4）灯光下爸爸和女儿吃饭的场景又是另一种温暖的色调，如图 8-28 所示。

图8-27　阴天的效果

图8-28　室内灯光下的效果

当然实例很多，在此不再一一讲解。把所有的色调过完以后，从头至尾再放一遍，觉得满意我们就可以剪辑了。

## 8.3　剪辑中节奏的整体控制

节奏是事物运动和生命的表现形式。当动画片表情动作的节奏控制与人们心中的生活积淀发生同构时，传情效果就实现了，动画片的节奏也就具有了传达情感的功能。

在此之前我们所有的工作都是为剪辑做充分的素材，努力为我们的片子做一些强有力的沉淀。剪辑的过程就是把之前所有的素材综合在一起用视听语言组成一个完整故事的过程。

（1）在桌面找到“Adobe Pemiere Pro CS3”并双击鼠标点开。

（2）进入新建页面，选择新建项目，如图 8-29 所示。

图8-29　Adobe Pemiere Pro CS3

（3）点击新建项目，选择自定义设置，在编辑模式中选择自己需要设置的视屏输出模式。定义片名及储存的位置，如图 8-30 所示。

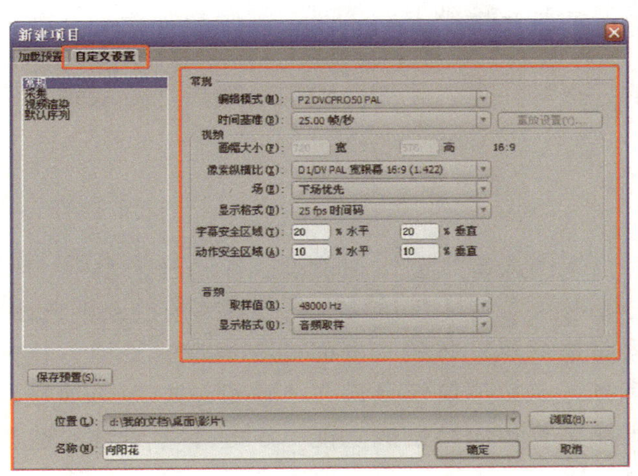


图8-30 选择视频输出模式

（4）即桌面生成名为《向阳花》的文件夹。随即进入由 7 大部分组成的工作界面。在项目一栏里导入所有的图像序列。

（5）将这些渲染镜头依次导入时间轴，如有音频可加载相关音频，如图 8-31 所示。

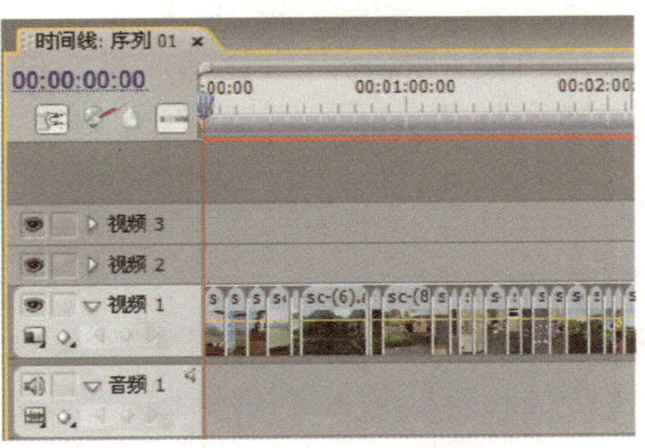


图8-31 加载相关音频

（6）调节时间轴可用键盘上的[-][+]或拖动滚轴。

（7）依据动接动，静接静的剪辑原则，拖动工具栏中所有的可用工具灵活地对所有的镜头删减与添加等来完成对影片的剪辑。

（8）在效果控制界面中可加入不同效果，如图 8-32 所示。使用前设置开头关键点。

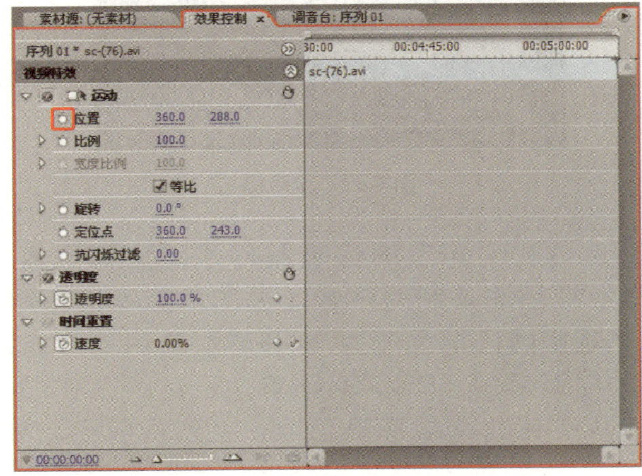


图8-32 加入不同效果

（9）剪辑完毕，保存并输出，我们就可以得到一个完整的动画片视频。

所以，剪辑是一个细活，剪一版输出后要和同学反复地看，有不对地方记下来，回过头来再剪。如此下来，从故事节奏到整体细节，从时间控制到整体把握都让人感觉和谐统一了才算告一段落。

当然对同一个事物的好与坏，见仁见智。如何有选择地听取别人建议也是衡量一个优秀创作者的标准之一。

## 8.4 后期音效创作

输出完整的视频之后，就进入音效创作和阶段。在动画艺术中，声音起着非常重要的作用。适当而夸张的声音效果与精彩的视频画面共同构成一部完整的动画艺术作品。

在动画片中声音和画面是浑然一体的，画面需要声音的支持，补充和丰富，声音也离不开画面而单独存在，但是两者之间又不仅仅是声音 + 画面这样简单地叠加，或声音只是作为画面的补充存在，画面和声音都具有各自特别的功能，都是不可或缺的造型手段。动画画面的具像生动和声音的独特质感相互配合，扬长避短、锦上添花，这样就形成 1+1>2 的视听表现力，形成全新的审美创造。

在做后期音效创作之前，我们要先分析：

（1）这是一个什么样的题材、什么风格的片子，针对风格和感觉创作与之相协调的音乐。音乐可以通过不同的音乐节奏和音乐语言，来表达这些节奏，迎合故事不同的风格、不同的场景。从某种程度上说，音乐对电影的作用是任何形式都不能替代的。《向阳花》是一个北方乡材题材的三维动画短片，首先要符合我们传统中国北方农村的风格。在乐器的选择上最好选择我们中国传统的丝竹音乐。导演如何决定和使用音乐？导演与作曲家之间的关系是怎样的？一旦音乐以及音响与画面相结合，那么会给我们留下一个什么样的整体印象呢？背景音乐与动画关系如何？作曲家是怎样着手创作电影音乐的，我们最后音画结合后要产生什么样的效果？这要在音乐创作过程中导演与作曲家做很好地协调和沟通。

（2）动画音效地素材质量一定要高。首先统计一下片子需要多少动画音效。哪些是普通的可以在一般的素材库里找到，哪些是特殊的需要进录音棚制作录音。《向阳花》里大部分的动画音效都能在素材库里找到，比如下雨、雷电、跑步、开门的声音等。但也有一些是比较特殊的比如写字的声音、吃饭的声音、小女孩的说话声等需要进棚录音，如图 8-33 所示。

图8-33　录音棚

（3）目前在专业影视制作中，声音的剪辑制作手段愈加丰富。通过多种非线性音频剪辑工作站，已可以充分地把前期录制的声音通过艺术意识进行制作。目前市面上的音频剪辑软件种类繁多，较为推荐的仍旧是根据使用范围及用途进行后期音频剪辑系统的选择，如目前北京电影制片厂使用的“PROTOOLS”等音频工作站，主要原因是由于相关音频软件不断升级改版，从最初的苹果系统运行一直到目前 PC 兼容不但做到保留各种插件功能，并在设备成本上做到了很大地节约。如目前的"PROTOOLS 6.9"已经能够在"Win-dows XP"操作系统上实现同第三方音色库管理器的完美兼容，并能够通过"Send to DigiDelivery(发送到DigiDelivery)"命令来加强传输系统的合作。并且专门推出了韩语版和简体中文版的用户界面。所以面对这些庞大的音频系统我们如何入手成为接下来的问题。

通过数字音频工作站可以对原本真实的声音效果进行混音，和声，滑音，回声和变调等实时插件效果，进行不受时间线性的非线形录制，还可以通过对每个单轨效果进行音量，声道平衡，速率和频率的单节点的微调和合成为另外一个符合创作要求的音效。如此一来，进入声音制作的数字技术，一方面是高清晰的保真度另外一方面则是扩大声音的非自然幻觉功能。

相对比较更挑战制作手段的动画片声音制作:《海底总动员》是奥斯卡获奖制作小组继《TOY STORY I、2》、《A bug's life》、以及《Monsters Inc》之后在2003年夏季推出的第五部迪士尼•皮克斯电脑动画作品。为了配合影片的三维动画风格，录音师不但在声音制作中结合了普通平面动画片音效技法还使用大量真实影片制作电影声效的技法。在电影中我们可以发现每条鱼都有她们独特的游水声，比如胆小怕事的父亲"马林"，他的尾巴总是摆个不停，这需要一种短促有力的声音，而主角小鱼"多瑞"在大多数时候不摆尾巴。制作效果的不同可以同时进行角色，声音场景的变换成为动画电影中声音制作的重点，如图8-34所示。

图8-34 电影《海底总动员》

近几年国内拍摄的优秀动画片如《喜洋洋与灰太狼》、《蓝猫淘气三千问》等片中由动画片的音效可以看出虽然是动画片但却有着三维的纵深感，这样才能给人以更真实的空间感。动画片的音响设计，需要的是一种能够通过科技手段把艺术创作展现出来的非常手段。想通过听觉渲染画面效果，就得了解声音是通过何种方式激发人类的各种情感的，同时，也得掌握可以实现这种效果的尖端音频制作和处理手段。

今年由著名导演詹姆斯·卡梅隆执导，二十世纪福克斯出品的《阿凡达》。电影《阿凡达》(Avatar)一经出世，全世界电影人均为之顶礼膜拜。所有看过《阿凡达》的人，都被片中震人心魄的音响效果以及炫目的画面所震撼，如图8-35所示。

整部影片全部的编辑工作平台都是在"Avid"的工作平台上完成。导演Jams Cameron的制作团队使用ISIS作为媒资存储系统，利用"Avid Media Composer"和"Nitris DS"完成视频的编辑，全部离线素材采用"DNx36"高清编码方式。而在音频方面，《阿凡达》的制作团队利用最新版本的"Sibelius"和"Pro Tools"完成全部的作曲和录制工作，使用"M-Audio"的音频接口和耳机进行音频拾取和监听，使用两台Icon调音台级联工作进行混音工作，如图8-36所示。

图8-35　电影《阿凡达》

图8-36　“Avid”的工作平台

动作较多的场景制作：斯皮尔伯格在制作《少数派报告》时，录音师要做的一切就是找到与未来社会和科技相配的声音。所以在片中，听到了许多稀奇古怪的声音包括洗衣机和电动牙刷，效果并没有预期的优秀，并在一些程度上影响了声音的融合度，可见一味地追求夸张和变形的设计和处理无法实现声音制作的最终目的，如图 8-37 所示。

图8-37　电影《少数派报告》

由于场面的宏大拍摄环境的局限，很多的现场声无法在当场完成录制，但是在后期制作中巧妙地运用麻雀群、车水马龙的街道环境和当时社会背景相吻合的戏曲音乐作为环境音效，达到事半功倍的效果。该方法在声音剪辑时值得推荐。

另外准备并熟悉适当的音效素材也不可缺少，不仅仅局限于音乐素材的累积，应搜集目前市面上可以购买的相关音效库作为储存。例如一套由“Hollywood Edge”公司出品的电影特效音色库，每一张音色盘都各具特色。"Mel Gibson"(梅尔吉普森)指导的电影"BRAVEHEART"(勇敢之心），在这部电影中使用了库中的大量音效，并因其出色的表现获得了奥斯卡金像奖。其中包括以战争为背景，收录了步兵、骑兵以及战马行进）中锋。枪林弹雨的特殊音效，共有150多种。甚至包括有方便选择的各种以欧洲神话为背景，内含了丰富的神话角色及器具的特效，包括海蛇、神龙、巫师的小屋、杠杆、斩首的宝剑等，此类素材适用于各种声音制作——广告，影视。纪录片等。更有 Urban Atmospheres——世界上第一套真正的5.1特效库，是目前高质量的环绕声节目制作特效的唯一选择。其凭借5.1声道做到了真正的优秀的声音空间，如图8-38、图8-39所示。

图8-38　电影《勇敢的心》剧照

图8-39　电影《勇敢的心》海报

在后期声音制作中，做到把握合适的声音比例，对听觉想象力的添加，一分分地酌情增减都会给制作出的作品产生新的诠释。

把所有的素材和背景曲子都准备好以后，掌握了一定的音频知识和技术以后就可以做音频编辑了，在编辑的过程中不断反复测试，直到最终满意为止。最后输出一条音轨，在合成软件里与视频合成输出就可以得到我们最后的完整的动画片了。

## 本章小结

本章从后期特效，整体的色彩把握，剪辑中的节奏整体控制，后期音效创作等几个方面介绍了三维动画短片童年的记忆系列之《向阳花》的后期创作过程。

## 技能训练

1. 你认为影片创作后期最应该注意什么？
2. 总结你的作品的后期创作心得，写一篇不少于 3000 字的论文。

# 附 录 一

三维角色动画的工作流程
Overview of the Computer Animation Process
前期
故事和剧本
Story development and Scriptwriting
视觉表现与角色设计
Visual developnent and Character Design
故事版
Storyboards and Storyreel
草图的视觉化放映
Animatics and Previsualization
中期
场景和任务分配
Breakdown and Task Assignments
角色建模
Modeling Character
(Hi Res and proxies)
扫描绘制材质
Paint and Scan Texture
场景和道具建模
Model Sets and Props
骨骼装配
Set up Animation Controls
编写材质脚本/程序
Writing Shades
角色动画
Animate Characters
特效动画
Animate Effects
运动捕捉
Capture Motion on Live Set
灯光设置
Light the Scene
实际拍摄
Shot Live Action
场景布置
Layout Scene and
Setup Camera Move
运动匹配
Macth Camera Move
最终常渲染整个场景或层
Fibalrendering entirescene or layers
后期
合成
Composing
后期制作(剪辑配音/音乐/音响)
Postprocessing
最后输出和发布
Final output and Release

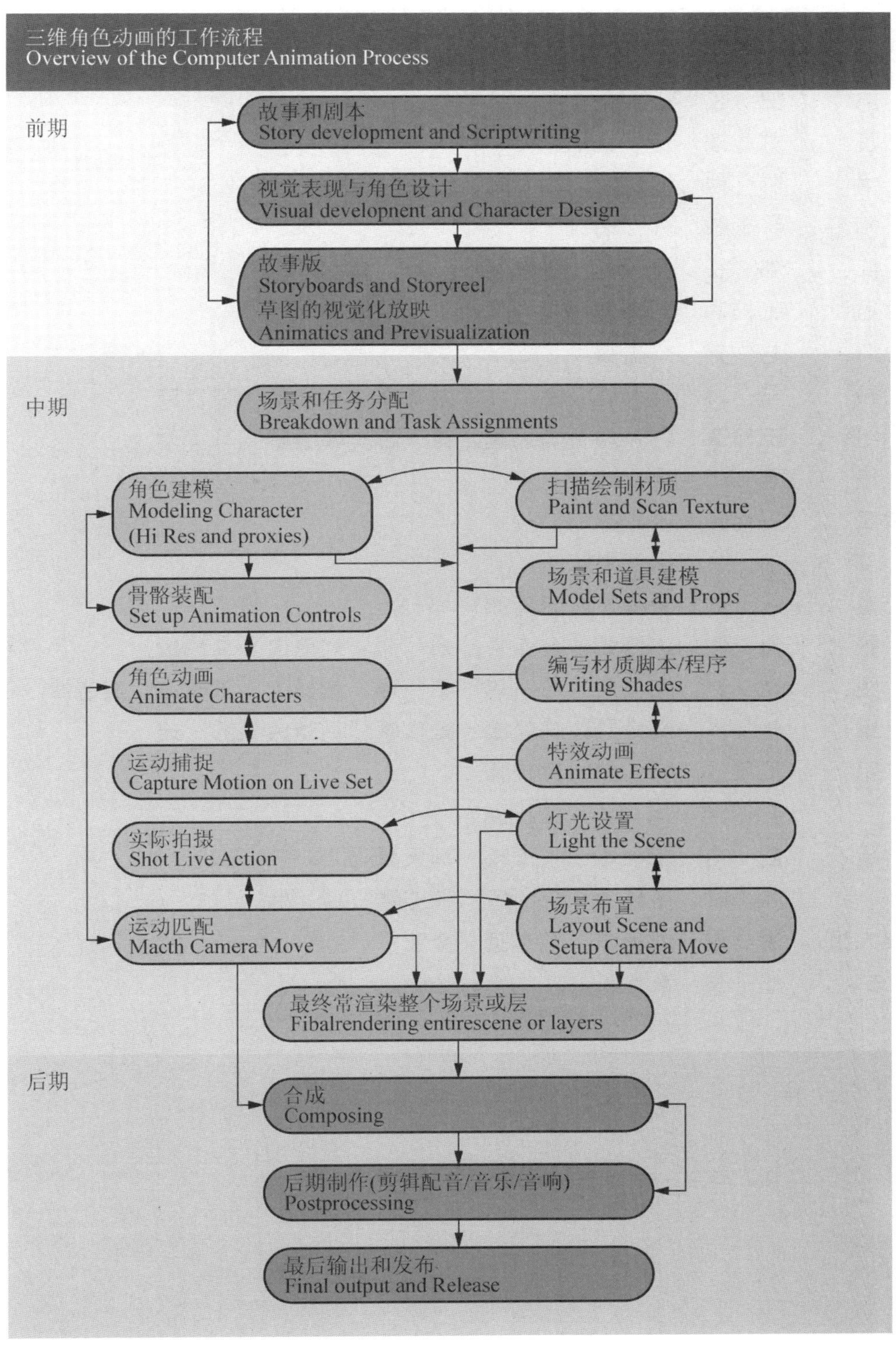

# 附 录 二

## 《向阳花》工作室名单

管 理 部：部　长：张玉麟
副 部 长：苏　瑞
秘　　书：苏　瑞　马慧敏　马　琳
监　　制：张玉麟　苏　瑞
艺 术 部：部　长：赵　昇　张梓涵
编剧总监：张梓涵　刘思谦
艺术总监：赵　昇　梁嘉骥
分镜绘画：马　琳　马天翼　赵　昇　梁嘉骥　王翰章　苗　苗
上色小组：王翰章　苏　瑞　马天翼　崔　岩　郭清鹏　马　琳
摄 影 组：余　辉　张　叶
后期剪辑：王怡频　张　叶
技 术 部：部　长：谢　俊
技术总监：谢　俊　章昊天　郭清鹏
建 摸 组：谢　俊　王怡频　金亚宁　刘　沛　刘思谦　马慧敏
材 质 组：崔　岩　章昊天　苏　瑞　于　洋　章昊天　王翰章　吴晓峰
动 画 组：赵　昇　章梓涵　马慧敏　梁嘉骥　马慧敏　苏　瑞
灯 光 组：王程浩　郭　然　吴晓峰
孔德龙　赵　昇　章梓涵
特效合成：苗　苗　崔　岩　张玉麟　马天翼
苏　瑞　马慧敏　余　辉　张玉麟　马　琳
黑超四人组：谢　俊　刘思谦　梁嘉骥　金亚宁
外 联 部：部　长：章昊天

# 参考文献

1. 刘一兵、张民 . 虚构的自由——电影剧作本体论 [M]. 北京：中国电影出版社，2002.
2. 张会军 . 影象造型的视觉构成——电影摄影艺术理论 [M]. 北京：中国电影出版社，2002.
3. 悉德 • 菲尔德 [ 美 ]. 电影剧本写作基础 [M]. 北京：中国电影出版社，2002.
4. 张燕、谭政、黄会林 . 影视概论教程 [M]. 北京：北京师范大学出版社，2004.
5. 十一郎 . 动画创作理论基础教程 [M]. 北京：清华大学出版社，2004.
6. 中国动画联盟 网址：http://www.auchina.net
7. 百度知道　网址：http://www.baidu.com

## 版权声明